Konrad Zuse und die Schweiz

Wer hat den Computer erfunden?

von
Herbert Bruderer

Oldenbourg Verlag München

Herbert Bruderer ist Medienbeauftragter des Ausbildungs- und Beratungszentrums für Informatikunterricht der ETH Zürich.

Kontaktadressen:

Herbert Bruderer, ETH Zürich, Professur für Informationstechnologie und Ausbildung, CAB F 15.2, Universitätsstrasse 6, CH-8092 Zürich
Telefon: +41 44 632 73 83, Telefax: +41 44 632 13 90
www.ite.ethz.ch, www.abz.inf.ethz.ch, herbert.bruderer@inf.ethz.ch

Herbert Bruderer, Bruderer Informatik, Seehaldenstrasse 26, Postfach 47, CH-9401 Rorschach
Telefon: +41 71 855 77 11, Telefax: +41 71 855 72 11
herbert.bruderer@bluewin.ch

Gedruckt mit freundlicher Unterstützung durch die Schweizerische Post und die Eigenössische Technische Hochschule Zürich (Departemente für Mathematik und Informatik).

Bibliografische Information der Deutschen Nationalbibliothek

Die Deutsche Nationalbibliothek verzeichnet diese Publikation in der Deutschen Nationalbibliografie; detaillierte bibliografische Daten sind im Internet über http://dnb.d-nb.de abrufbar.

Rosenheimer Straße 145, D-81671 München
Telefon: (089) 45051-0
www.oldenbourg-verlag.de

Lektorat: Kathrin Mönch, Dr. Gerhard Pappert
Herstellung: Constanze Müller
Titelbild: Konrad Zuse. Acrylgemälde. © Ingrid Zamecnikova, Bratislava, 2011
Einbandgestaltung: hauser lacour
Gesamtherstellung: Grafik & Druck GmbH, München

Dieses Papier ist alterungsbeständig nach DIN/ISO 9706.

ISBN 978-3-486-71366-4

Zum Geleit

Der 100. Geburtstag von Konrad Zuse am 22. Juni 2010 bietet den willkommenen Anlass, dieses Informatikpioniers zu gedenken. Zuses Wirkungsfeld war in erster Linie Deutschland, und so wird er naturgemäss vor allem dort gewürdigt. Dass er aber auch am Entstehen einer Informatik-Kultur in der Schweiz wesentlich beteiligt war, darf nicht vergessen werden. So begrüsse ich es sehr, dass Herr Bruderer die Mühe nicht gescheut hat, die verstreuten Dokumente dieses Wirkens zusammenzutragen.

Wenn man von *Konrad Zuse und die Schweiz* spricht, dann geht es ja im Wesentlichen um die ETH Zürich und die dortigen Hauptakteure. Da sind vor allem zwei Namen zu nennen. Der erste ist Prof. Eduard Stiefel, ursprünglich ein sogenannter "reiner" Mathematiker, der 1948 das Institut für angewandte Mathematik (IAM) der ETH gründete und es in weiser Voraussicht fertigbrachte, 1950 den Relaisrechner Z4 von Zuse an sein Institut zu holen. Die Schilderung der Konsequenzen dieser Tat bilden einen wesentlichen Teil des Inhalts dieser Festschrift.

Der Zweite im Bunde war Prof. Heinz Rutishauser. Er war ein Experte im numerischen Rechnen – heute spricht man oft vom "wissenschaftlichen Rechnen" – und hat dieses mit dem damals noch neuen Ideengut des automatischen Rechnens kombiniert und so späteren Entwicklungen, wie z.B. den Programmiersprachen, vorgegriffen. Rutishauser war es auch, der die wesentlichen mathematischen Konzepte für die ERMETH geschaffen hat. Diese wurden dann durch eine Gruppe von Ingenieuren um Ambros Speiser am Stiefelschen Institut realisiert.

Da in der vorliegenden Schrift Zuse die Hauptperson ist, sei es mir vergönnt, einige eigene Reminiszenzen zur Z4 anzufügen. Während meines Studiums an der Abteilung für Mathematik und Physik der ETH wurde im Vorlesungsverzeichnis ein "Praktikum am Rechenautomaten" angekündigt. In jugendlichem Snobismus hielt ich diese Veranstaltung für uninteressant; ich wollte mich mit höherer Mathematik befassen und nicht mit einer besseren Tischrechenmaschine! Die Bekehrung kam, als ich 1954 mein Studium abgeschlossen hatte und mit 26 Jahren Assistent am IAM wurde. Dort, im 2. Stock des Hauptgebäudes, stand auch die Z4, und ich begann, mich für den Apparat zu interessieren. Selber arbeitete ich bereits in der Schlussphase an dessen Nachfolger mit, der ERMETH. Abends blieb ich manchmal länger und pröbelte an der Z4. Mich faszinierte jetzt, was die Maschine konnte. Anders als die damals gebräuchlichen Tischrechner konnte sie selbstständig Befehle mit wechselnden Zahlen durchführen. Wenn ich spät noch mit dem Computer experimentierte, brauchte ich handwerkliches Geschick: Meine Rechenoperationen liess ich von der Z4 auf ausgediente Filmstreifen lochen, klebte diese eventuell zu einer Schleife und fädelte sie in den Computer ein. Der tastete sie noch mit Stäbchen ab. Meine Kollegen fütterten abends die Z4 mit Filmstreifen, und sie rechnete dann die ganze Nacht. Allerdings mit Betreuung; allzuoft erforderte ein unerwarteter Unterbruch den Neustart.

Ich bin Konrad Zuse einige Male begegnet. Dieser musste vor allem zu Beginn mehrmals aus Deutschland anreisen, weil sein Computer gelegentlich keinen Wank mehr tat. Zudem entwickelte er ihn für die Bedürfnisse der ETH weiter. Ich hatte – sehr subjektiv! – Zuse als wenig zugänglich, als eigenbrötlerischen Tüftler und Bastler in Erinnerung. Gesprochen habe ich kaum mit ihm; als Grünschnabel traute ich mich nicht. Später lernte ich ihn dann zum Glück von einer anderen Seite kennen, als warmherzigen, sympathischen Menschen. Und schliesslich war ich begeistert mit dabei, als Zuse 1991 auf Antrag der Abteilung für Informatik mit dem Ehrendoktorat geehrt wurde.

Peter Läuchli
em. Prof. für Informatik, ETH Zürich

Konrad Zuse als Künstler

Konrad Zuse hat nicht nur Rechenautomaten gebaut. Er hat sich auch – unter dem Namen „Kuno See“ – als Künstler betätigt. Er schuf zahlreiche Zeichnungen, Ölgemälde und Holzschnitte, darunter viele Porträts deutschsprachiger Informatikpioniere. Zuse hat 1981 eine Auswahl seiner Werke im Kuppelraum des Hauptgebäudes der ETH Zürich ausgestellt. Ingrid Zamecnikova aus der Slowakei hat für uns dieses Acrylgemälde gemalt.

Konrad Zuse. Acrylgemälde. © Ingrid Zamecnikova, Bratislava, 2011

Die Pioniere der ersten Stunde

Bilder: ETH-Bibliothek Zürich, Bildarchiv

Eduard Stiefel (1909–1978) . Aufnahme 1955

Heinz Rutishauser (1918–1970)

Ambros P. Speiser (1922–2003)

Vorwort

Konrad Zuse hatte eine besonders enge Beziehung zur Schweiz. Die ETH Zürich verschaffte ihm durch die fünfjährige Miete des Relaisrechners Z4 die wissenschaftliche Anerkennung, die ihm lange Zeit anderswo versagt blieb. Und der Auftrag der Schweizer Remington Rand für den Bau des Rechenlochers M9 verhalf ihm zu dringend benötigten Geldmitteln für den Aufbau der Zuse KG. – Anlass für diese Schrift war der 100. Geburtstag des Informatikpioniers Konrad Zuse am 22. Juni 2010. Die Untersuchungen weiteten sich wegen der überraschenden Ergebnisse immer mehr aus. So kamen viele bisher unbekannte Schriftstücke, Zeichnungen und Fotos zum Vorschein, und ein bislang völlig unbeachtetes Gerät, die M9, tauchte wieder auf.

Die Schweiz hat in manchen Bereichen wegweisende Beiträge zum Rechnerbau und zur Informatik geleistet. Dieses Werk beleuchtet die Anfänge der Informatik in der Schweiz. Die Frühzeit des automatischen Rechnens an der ETH Zürich ist eng verknüpft mit dem legendären Rechenautomaten „Zuse 4“. Die Nutzung der Z4 ist auch ein Meilenstein in der europäischen Informatikgeschichte, denn 1950 war die ETH Zürich dank der Z4 die einzige Universität auf dem europäischen Festland mit einem betriebsfähigen Computer. Zudem baute Zuse im Auftrag der Schweizer Remington Rand in den 1950er Jahren den Rechenlocher M9. Die fünfjährige Miete (1950–1955) der Z4 durch die ETH Zürich und der Folgeauftrag für die M9 bildeten die wirtschaftliche Grundlage für Zuses Firma.

Der runde Geburtstag von Konrad Zuse war ein Beweggrund, die damaligen Ereignisse nachzuzeichnen. Weil der Erfinder, Konrad Zuse, und die drei Pioniere aus der Gründerzeit des Instituts für angewandte Mathematik (IAM), Eduard Stiefel, Heinz Rutishauser und Ambros Speiser, sowie viele weitere Zeitzeugen gestorben sind, waren die Nachforschungen äusserst langwierig und zeitraubend. Besonders erfreulich ist, dass in dieser Schrift gleich drei Zeitzeugen der Z4 zu Wort kommen: Urs Hochstrasser (Erfahrungsbericht), Peter Läuchli (Geleitwort) und Heinz Waldburger (Nachwort). Die Z4 und die ERMETH standen im Institut für angewandte Mathematik. Martin Gutknecht vom Seminar für angewandte Mathematik (Rechtsnachfolger des IAM) schildert in einem weiteren Beitrag den Aufschwung des wissenschaftlichen Rechnens.

Der Rechenlocher M9 geriet über die Jahre selbst bei Fachleuten in Vergessenheit

Der geschichtlich bedeutsame Rechenlocher M9 der Zuse KG, der in der Schweiz vertrieben wurde, geriet in Vergessenheit. In diesem Zusammenhang schreibt Konrad Zuse in seinen

Lebenserinnerungen (Seiten 108–109): „Die Aufstellung der Z4 in Zürich führte bald zu weiteren wichtigen Geschäftsverbindungen. In der Folge bauten wir für die Schweizer Remington-Rand eine Serie von Rechenlochern, die nicht mehr rein mechanisch, sondern mit elektromagnetischen Relais arbeiteten. Vor den Computern im heutigen Sinne stellten diese Rechenlocher wohl die höchste Stufe der Rechenmaschinentechnik dar". Unseres Wissens gibt es weltweit nur noch einen einzigen Rechenlocher M9. Er befindet sich im Museum für Kommunikation in Bern. Die Bedeutung dieser Maschine wurde jahrzehntelang völlig verkannt.

Grosse deutsche Museen wie das Deutsche Museum in München, das Deutsche Technikmuseum Berlin und das Heinz-Nixdorf-Museumsforum in Paderborn oder die Siemens AG haben kein solches Gerät. Manche Unternehmen, die ab Mitte der 1950er Jahre diesen Rechenlocher verwendet haben, sind verschwunden oder in weltweit tätige Konzerne einverleibt worden, so dass Erkundigungen schwierig sind.

Der erste Schweizer Transistorrechner

Im November 2011 wurde bekannt, dass in der Schweiz in den 1960er Jahren ein Transistorrechner entwickelt wurde. Die Cora genannte Maschine hat mit Zuses Geräten zwar nichts zu tun, es bestehen aber personelle Verflechtungen. Nach bisherigen Erkenntnissen hat nur eine einzige Cora 1 überlebt, sie ist im Musée Bolo der ETH Lausanne ausgestellt.

Hochgeheime Flatterrechnungen für den P-16

Anfänglich habe das Kampfflugzeug P-16 nicht mit Überschallgeschwindigkeit fliegen können, erzählt Hans Rudolf Schwarz. Er hat für die Flug- und Fahrzeugwerke Altenrhein Flatterrechnungen auf der Z4 durchgeführt. Die Flügel seien zwar in Ordnung gewesen, aber das Höhenleitwerk habe ab 0,8 Mach geflattert. Die Ingenieure hätten seinen Berechnungen keinen Glauben geschenkt, der Testpilot habe jedoch seinen Befund bestätigt. Um diese Schwäche zu beheben, sei bei der Vorderkante des Höhenleitwerks Blei eingebaut worden, was 1,4 Mach erlaubt habe. Der Treibstoff sei in den Flügelendtanks auf drei Kammern verteilt worden. Um dem Flattern vorzubeugen, sei zuerst der Treibstoff der hinteren, dann der mittleren und schliesslich der vorderen Kammer verbraucht worden.

Der Speicher der Z4 sei klein gewesen. Daher musste Schwarz für die Schweizerischen Bundesbahnen tage- und nächtelang mit einem Madas-Tischrechner den Eigenwert ermitteln. Bei hoher Geschwindigkeit seien beim Eisenbahnwagen Schwingungen aufgetreten. Die Lösung habe im Einbau eines eisernen T-Balkens im Boden bestanden.

Schwierige Aktenlage

Das Aktenarchiv der Zuse KG gilt als verschollen. Im historischen Archiv ABB Schweiz, Baden, sind keine Unterlagen vorhanden. BBC (heute ABB) hatte die Zuse KG 1964 übernommen. Das Konzernarchiv der Siemens AG in München, zu der Zuses Unternehmen 1967 kam, hat lediglich ausschnittweise Akten und einen kleinen Fotobestand. Laut Frank Wittendorfer hat Siemens das Zuse-Firmenarchiv damals nicht übernommen. Unisys unterhält kein eigenes Archiv. Das Hagley-Museum in Wilmington, Delaware (USA), beherbergt u.a. die Archive der Sperry Corporation, welche Material über Remington Rand enthalten.

Nur zwei Originalmaschinen aus der Frühzeit haben überlebt

Von den Modellen Z1 bis Z10 haben nur zwei Originalmaschinen überlebt, die Z4 (Deutsches Museum, München) und die M9 (Museum für Kommunikation, Bern). Dass es in der Schweiz eine M9 (=Z9) gibt, wurde erst im Zusejahr 2010 (öffentlich) bekannt.

Schönfarberei: kein nächtelanger Betrieb der Z4 ohne Aufsicht

Über Konrad Zuse wurde schon viel geschrieben. Dennoch gelang es, neue Erkenntnisse zu gewinnen – etwa zum Einsatz der Z4 in Zürich und zur M9. Die Berichte von Urs Hochstrasser und Heinz Waldburger entlarven die Aussagen von Zuse und Speiser über die Zuverlässigkeit der Z4 als Schönfärberei. Die Suche nach dem fehlenden Relaisgehäuse der Berner M9 und nach weiteren Exemplaren des Rechenlochers blieb erfolglos.

Wer erfand den Computer?

Um die Zuseschen Erfindungen einordnen zu können, wurde eine umfassende weltweite Untersuchung über die frühen digitalen Rechenmaschinen durchgeführt. Es ist allerdings schwierig, nach so langer Zeit an zuverlässige Angaben aus erster Hand zu kommen. Sie sind überdies weit verstreut. Die Ergebnisse werden in Form von Übersichten dargestellt. Dabei wird auch auf die (gedanklichen und wirklichen) Geräte der Wegbereiter Charles Babbage, Alan Turing und John von Neumann eingegangen.

Ein Vergleich der diesseits und jenseits des Atlantiks entwickelten Anlagen offenbart, dass in Amerika eher Masse und Quantität vorherrschten, in Europa hingegen mehr Wert auf Geist und Qualität gelegt wurde, was schon Alan Turing festgestellt hatte. Die Z4 war in mancher Beziehung weiter fortgeschritten als die schwerfälligen Ungetüme Harvard Mark 1/IBM ASCC und ENIAC. Das Wiener Mailüfterl war viel bescheidener ausgelegt als der amerikanische Whirlwind (Wirbelwind), ähnliches gilt für britische Automaten (z.B. Colossus, A-CE).

Die jahrzehntealte Frage der Urheberschaft des Speicherprogramms und des Von-Neumann-Rechners ist bis heute offen. Die nicht immer sachlich ausgetragene, nationalistisch geprägte Fehde hat teilweise eigenartige Züge angenommen. Manche Forscher behaupten *nachträglich*, Schöpfer der erwähnten Errungenschaften zu sein. Sie bestehen darauf, dass auch sie diese Eingebung gehabt hätten. Manche Technikhistoriker entdecken in den wenigen überlieferten Texten Verdienste, die darin nur mit viel Fantasie auszumachen sind. Es besteht die Gefahr, dass angebliche Erfindungen hineingedeutet und den Verfassern zugeschrieben, mit anderen Worten *angedichtet* werden. Die Wahrheit lässt sich in vielen Fällen wohl nicht mehr ermitteln. Als Miturheber des Speicherprogamms wird häufig Presper Eckert genannt, Alan Turing bleibt meist unerwähnt.

Rätselhaftes Treffen zwischen Alan Turing und Konrad Zuse

Um Zuse und seine Rechner gibt es unzählige Geheimnisse. Schleierhaft ist beispielsweise, wie Eduard Stiefel von der ETH Zürich vom Rechenautomaten Z4 Wind bekam. Es wird vermutet, dass ein 1949 in der Zeitschrift für angewandte Mathematik und Mechanik erschienener Beitrag ihn auf die richtige Fährte brachte.

Alle angefragten britischen und deutschen Fachleute haben keine Kenntnis von einer Begegnung zwischen Alan Turing und Konrad Zuse. Dennoch haben sich die beiden Informatikpioniere wahrscheinlich im Spätsommer 1947 in Göttingen getroffen. Die Zusammenkunft glich wohl einem Verhör, was erklären könnte, weshalb Zuse sie – im Gegensatz zu Heinz Billing – in seinen Lebenserinnerungen verschweigt.

Bibliografie zur Informatikgeschichte

Für die Nachforschungen wurden über 500 Schriften ausgewertet. Die Quellensammlung hat sich zu einem umfangreichen Schriftenverzeichnis gemausert. Aufgenommen wurden vor allem Werke in deutscher, englischer und französischer Sprache.

Danksagung

Der Verfasser ist folgenden Personen zu grossem Dank verpflichtet: Urs Hochstrasser, Peter Läuchli, Max Engeli, Hans Rudolf Schwarz und Heinz Waldburger (Zeitzeugen der Z4), Max Forrer, Werner Huggler, Ernst Inauen, Hansjürg Stadelmann, Josef Steinmann und Fred Winteler (Zeitzeugen der M9), Walter Gander, Martin Gutknecht, Juraj Hromkovic, Jörg Waldvogel und Carl August Zehnder (ETH Zürich) sowie Beatrice Tobler (Museum für Kommunikation, Bern) und den Mitarbeiterinnen und Mitarbeitern der ETH-Bibliothek.

Ein besonderer Dank gebührt Kathrin Mönch und Constanze Müller vom Oldenbourg-Wissenschaftsverlag (München) für die umsichtige und liebenswürdige Betreuung des Werks. Überaus verdienstvoll sind die Beiträge der Schweizerischen Post, Bern (Marc Santschi), des Seminars für angewandte Mathematik (Christoph Schwab) sowie von Jürg Gutknecht, Hans Hinterberger und Juraj Hromkovic (Departement Informatik) an die Druckkosten. Ein herzlicher Dank geht schliesslich an die Malerin Ingrid Zamecnikova für die prächtigen Acrylgemälde, die sie für das Departement Informatik der ETH Zürich gemalt hat.

Für ihre Mitarbeit an dieser Schrift möchte der Verfasser allen Mitwirkenden herzlich danken: Richard Adler, Laura Ashby, Alarich Baeumler (†), Alfred Bauder, Nicola Behrens, Marlis Betschart, Marcel Bloch, Peter Blum, Hans-Joachim Böckenhauer, Corrado Böhm, Isabelle Böhmler, Yves Bolognini, Stefan Bondeli, Ralf Bülow, Rory Cook, Jack Copeland, Edo Dooijes, Hadwig Dorsch, Hubert Draxler, Peter du Rietz, Erwin Engeler, Markus Forrer, Christoph Frank, Wilhelm Füssl, Beatrice Gander, Alfred Ganz, Hans-Dieter Hellige, Andrew Hodges, Janine Hosp, Wolfgang Karl, Holger Klän, Paul Kleiner, Mathias Knauer, Frank Köpnick, Eva Kudrass, Emil Lanker, Jan Lichtensteiger, Matthias Meili, Thomas Misa, Otmar Moritsch, Rolf Moser, Hans Neukom, Thomas Neukom, David Pantalony, Hartmut Petzold, Hans Primas, Kristin Qualls, Ute Schiedermeier, Katharina Scholz, Roland Schubert, Giovanni Serafini, Giovanni Sommaruga, Andreas Sprock, Andreas Stolte, Thomas Strahm, Paul Szigeti, Anja Thiele, Katharina Thiemann, Astrid Tönnies, Peter Toth, Marco Wende, Tobias Wildi, Jürgen Winkler, Heinz Zemanek, Regula Zürcher, Horst Zuse.

Der Verfasser ist für Hinweise auf Fehler sowie für Vorschläge für Verbesserungen und Ergänzungen sehr dankbar.

Herbert Bruderer
Dezember 2011

Zusammenfassung

Der deutsche Bauingenieur **Konrad Zuse** hat 1941 die **Z3** vorgeführt, den ersten frei programmierbaren und in binärer Gleitpunktrechnung arbeitenden Rechner der Welt. Zudem entwickelte er mit seinem **Plankalkül** erste Ideen für eine allgemeine Programmiersprache. Vor 100 Jahren wurde der Informatikpionier in Berlin geboren. Als einzige Universität auf dem europäischen Festland hatte die ETH Zürich 1950 eine betriebsfähige programmgesteuerte Rechenmaschine, die gemietete **Z4**. Die Z4 ist eine Weiterentwicklung der im Krieg zerstörten Z3. Dank der mit diesem Gerät durchgeführten Forschungsarbeiten wurde das damalige von Eduard Stiefel geleitete Institut für angewandte Mathematik in kurzer Zeit weltberühmt. Die Erfahrungen mit der Z4 erleichterten den Eigenbau **ERMETH.**

Diese Schrift enthält einen ausführlichen **Zeitzeugenbericht** zur Z4. Der Verfasser, Urs Hochstrasser, ist einer der wichtigsten Nutzer und ein guter Kenner der Z4. Sein Beitrag räumt auf mit dem weit verbreiteten Märchen, dass die Z4 dank ihrer hohen Zuverlässigkeit nächtelang ohne Aufsicht in Betrieb war.

In diesem Werk wird erstmals ein umfassendes Personalverzeichnis (= Liste der Zeitzeugen) des Instituts für angewandte Mathematik der ETH Zürich für die Zeit der Z4 und der ERMETH veröffentlicht. Zudem wird zum ersten Mal eine umfangreiche Übersicht über die mit der Z4 von 1950 bis 1955 ausgeführten Arbeiten allgemein zugänglich gemacht. Der Bericht stellt ferner zahlreiche neu entdeckte, bisher unveröffentlichte Dokumente zur programmgesteuerten Rechenmaschine **M9** vor. Die Zuse KG hatte diesen Rechenlocher in den 1950er Jahren für die Schweizer Remington Rand gebaut. Die Nachforschungen ergaben, dass – nach bisherigem Wissen – weltweit nur ein einziges Exemplar der M9 überlebt hat. Es befindet sich im Berner Museum für Kommunikation. Die ETH Zürich hatte seinerzeit zwei Stück des Nachfolgemodells **M10** bestellt.

Von dem 2011 wieder entdeckten, in Zürich entwickelten ersten Schweizer Transistorrechner **Cora** wusste selbst die Fachwelt nichts. Wahrscheinlich ist nur ein Gerät erhalten geblieben, es ist im Musée Bolo der ETH Lausanne ausgestellt.

Konrad Zuse ist nicht der alleinige Erfinder der programmgesteuerten Digitalrechenmaschine. Um seine Errungenschaften in einen grösseren Zusammenhang zu stellen, wurde die weltweite Frühgeschichte der Rechentechnik näher unter die Lupe genommen. Im Mittelpunkt der Untersuchung standen die Geburtsstätten des Rechenautomaten: Deutschland, England und die Vereinigten Staaten von Amerika.

Ausführlich wird dabei der heiklen Frage **„Wer erfand den Computer?“** nachgegangen. Für Meinungsverschiedenheiten sorgen auch die Themen **„Wer erfand den Von-Neumann-Rechner?“** und **„Wer schuf das Speicherprogramm?“** (Daten und Programm sind im gleichen Speicher abgelegt, so dass sich auch die Anweisungen verändern lassen). Kaum bekannt ist, dass das erste programmierbare mechanische Rechengerät 100 Jahre vor den ersten Zusemaschinen zur Welt kam, die (unfertige) analytische Maschine von **Charles Babbage**. Schliesslich kommt auch die universelle Turingmaschine zur Sprache. Von ihrem Schöpfer, dem Begründer der theoretischen Informatik und Namengeber des „Informatik-Nobelpreises", haben wohl nur die wenigsten gehört: **Alan Turing** (1912–1954). 2010 war das Zuse-Jahr, 2012 findet das Turing-Jahr statt.

Inhalt

Zum Geleit V

Konrad Zuse als Künstler VII

Die Pioniere der ersten Stunde IX

Vorwort XI

Zusammenfassung XVII

Inhalt XIX

Abbildungsverzeichnis XXIII

Tabellenverzeichnis XXV

1 Zuses Pionierleistung: erste arbeitsfähige programmgesteuerte Rechenmaschine der Welt 1

Plankalkül, erster Ansatz zu einer höheren Programmiersprache ... 2
Welche Geldgeber hatte Zuse? ... 2

2 ETH Zürich mietet den legendären Relaisrechner Z4 5

Wie kam es zum Besuch im Allgäu? ... 6
Wie zuverlässig war die ratternde Z4? ... 7
Wozu wurde die Z4 in Zürich gebraucht? ... 8
Das Schicksal der Z4 und der Zuse KG ... 10
Die Odyssee der Z4 ... 11
Automatische Rechenplanfertigung ... 12
Merkmale der an der ETH Zürich eingesetzten Z4 ... 12
War es wirklich eine Differenzialgleichung? ... 14
Prüfbericht zur Z4 ... 15
Geheimnis um die Beschaffung der Zusemaschine Z4 gelüftet ... 15
Z4, ein bis heute geheimnisumwitterter Digitalrechner ... 16
Verhalf eine unscheinbare Fussnote der ETH Zürich zu Weltruhm? ... 16
Weshalb wurde der Mietvertrag mit der Zuse KG nicht verlängert? ... 17
Wie kam es zum Zeitzeugenbericht? ... 18

3 Ein Zeitzeuge berichtet über seine Erlebnisse mit der Z4 19
Meine ersten Erfahrungen mit programmierbaren Rechenautomaten, insbesondere der Z4..20
Berechnungen rund um die Uhr für die Talsperre Grande Dixence 20
„Ich musste praktisch ständig vor der Maschine stehen und sie bedienen" 21
Zwischenergebnisse müssen wegen Speicherplatzmangels auf Filmstreifen gelocht werden 21
Fehlerhafte warme Telefonrelais und verbogene Speicherbleche stören den Betrieb 22
Die leicht programmierbare Z4 erleichtert langwierige Rechnungen wesentlich 22
Nächtelanger Betrieb der Z4 ohne Überwachung führt zu böser Überraschung 23
Kinostreifen mit alten deutschen Filmen, aber kein Projektor zum Abspielen 23
Z4 hilft bei Flatterrechnungen für das Düsenflugzeug P-16 24
IBM-Anlagen zuverlässiger und schneller als die Z4, aber schwer zu programmieren 24
Zehn Meter langer Filmstreifen steuert die Z4 eine Stunde lang 25
Simulation naturwissenschaftlicher und technischer Prozesse 25
Erste programmierbare Rechenmaschinen nur für einen Teil dieser Aufgaben geeignet 26
Stürmische Entwicklung der Informatik kaum vorausgesehen 27

4 Tabellen zur Z4 29
Erläuterungen zu den Tabellen (Aufträge für die Z4 sowie Personalverzeichnis IAM) 29
Liste der 1950 bis 1955 mit der Z4 ausgeführten Aufträge und mathematischen Untersuchungen 30
Voll- und teilzeitlich angestelltes Personal in den Jahren 1948 bis 1964 40

5 Die Maschinen von Charles Babbage, Alan Turing und John von Neumann 43
75 Jahre universelle Turingmaschine (1936) 44
Was ist eine Turingmaschine? 44
Turing und das Konzept der Speicherprogrammierung 46
Bestandteile der Turingmaschine 47
Brief an Premierminister Winston Churchill 48
Turings speicherprogrammierter Rechner ACE (1945) 49
Alan Turing und die Schweiz 49
Von-Neumann-Rechner 50
Von-Neumann-Architektur 51
Speicherprogramm 52
Wer hat das Konzept des Speicherprogramms gefunden? 52
Analytische Maschine von Charles Babbage 53
Ist der Begriff „Von-Neumann-Rechner" zutreffend? 54

6 Wer hat den Computer erfunden? 61
Entstehung des Computers in drei Ländern 61
Rechnerbau in Deutschland 62
Zeittafel: frühe Digitalrechner im deutschsprachigen Raum (Auswahl) 63
Alan Turing und Konrad Zuse haben sich 1947 in Göttingen getroffen 64
Augenzeuge Heinz Billing vom Münchener Max-Planck-Institut berichtet 65
Befragung Zuses in England 65
Mehrere Institutionen wähnen sich als Geburtsstätte des Computers 66

Computerpioniere 67
Einflussreiche Rechenanlagen 68
Vom mechanischen zum magnetischen Speicher 69
Erste marktgerechte Geräte 70
Technisch-wissenschaftliche und kaufmännisch-gewerbliche Rechner 71
Welches waren die ersten Computer? 72
Problemfälle: ABC, BINAC, ENIAC, IBM SSEC, Manchester Baby, Z1 72
Zeittafel: frühe elektromechanische und elektronische Digitalrechner (Meilensteine) 73
Wer gewinnt das Wettrennen? 74
Zeittafel: frühe britische Digitalrechner (Auswahl) 76
Zeittafel: frühe amerikanische Digitalrechner (Auswahl) 77
Vom Menschen zur Maschine 77
Schon damals gab es Raubkopien 78
Cora, der erste in der Schweiz entwickelte Transistorrechner 79
Cora 1 steuerte einen hoch präzisen Zeichentisch 80
Cora 1 in Lausanne ausgestellt 80
Cora 2 für Skyguard, Seaguard und Fieldguard 80
Verkehrsbetriebe Zürich nutzten die Cora 2 für die Steuerung des Funkverkehrs 81
Wer war an Cora beteiligt? 81
Eidgenössische Technische Hochschule Zürich (ETHZ) 81
Eidgenössische Technische Hochschule Lausanne (ETHL) 82
Hinweise zu den Tabellen 83

7 Eigenbau des Röhrenrechners ERMETH 107
Schweizer Industrie verkennt Bedeutung von angewandter Mathematik und Rechentechnik 110
Wild Heerbrugg war an der Entwicklung des Zeichentischs Z64 beteiligt 111
Wo stehen wir heute? 112
Meilensteine aus den Anfängen der Informatik an der ETH Zürich 113

8 Der Aufschwung des wissenschaftlichen Rechnens 115
Rechnergestützte Wissenschaften im Aufwind 115
Von der Z4 zum massiv parallelen Vektorrechner 116

9 Schweizer Remington Rand mit programmgesteuerter Rechenmaschine M9 117
M9 – das Gesellenstück 118
Abgekürztes Rechnen dank Verschlüsselung der Binärzahlen mit 3 119
Wie sah die M9 aus? 121
Zusatzgerät zum Rechenlocher „Powers M9" der schweizerischen Remington Rand 121
Wo wurde die M9 verwendet? 123
Z1 bis Z11 124
ETH Zürich wartet vergeblich auf den Rechenlocher M10 125
Geheimnisvolle Mithra 125
Weltweit einzige M9 im Museum für Kommunikation, Bern 127

Videogespräch mit Zeitzeugen der M9 ... 128
Wie kam es zu den Nachforschungen zur M9? ... 129
Unterlagen zur M9 ... 129
Lochkartentechnik ... 130

10 Quellen- und Schriftenverzeichnis 163
Gedruckte Schriften ... 163
Charles Babbage-Institut, Minneapolis ... 197
Zeitschrift zur Geschichte der Informatik ... 197
Elektronische Dokumente ... 198
Schriften zur M9 ... 198
Webseiten ... 199
Schulratsprotokolle ... 200
Dokumente zum Stichwort „Zuse" ... 200
Dokumente zum Stichwort „ERMETH" ... 201
Museen mit Zuse-Maschinen ... 202
Zeitzeugen ... 204

Nachwort 205

Sach- und Personenverzeichnis 209

Abbildungsverzeichnis

o. Nr. Konrad Zuse. Acrylgemälde VII
o. Nr. Eduard Stiefel IX
o. Nr. Heinz Rutishauser IX
o. Nr. Ambros P. Speiser IX
Abb. 2.1 Konrad Zuse (1910–1995) 5
Abb. 2.2 Der mechanische Speicher der Z4 8
Abb. 2.3 Relaisschränke der Z4 9
Abb. 2.4 Der Relaisrechner Zuse Z4 an der ETH Zürich 11
Abb. 2.5 Filmstreifenleser der Z4 14
Abb. 3.1 Urs Hochstrasser, 1944 19
Abb. 5.1 Alan Turing. Acrylgemälde 45
Abb. 6.1 Der erste Schweizer Transistorrechner Cora 1 mit seinem Schöpfer Peter Toth 82
Abb. 6.2 Der wieder entdeckte Transistorrechner Cora 1 im Musée Bolo der ETH Lausanne 83
Abb. 7.1 Elektronische Rechenmaschine der ETH (ERMETH) 108
Abb. 7.2 Verleihung des Ehrendoktortitels 1991 an der ETH Zürich 110
Abb. 7.3 Mitarbeitende des Instituts für angewandte Mathematik im Jahr 1954 111
Abb. 7.4 ERMETH-Belegschaft im September 1963 112
Abb. 9.1 Addition im Drei-Exzess-Code 122
Abb. 9.2 Gespräch mit Zeitzeugen im Depot Schwarzenburg des Berner Museums für Kommunikation 128
Abb. 9.3 Ernst Inauen, ehemaliger Wartungstechniker der Remington Rand, erklärt die Arbeitsweise der Relais 130
Abb. 9.4 Umtauschwerte von Lochkartenmaschinen (Remington Rand) 131
Abb. 9.5 Gesamtansicht der programmgesteuerten Rechenmaschine M9 (Spinnerei & Weberei Dietfurt) 132
Abb. 9.6 Max Forrer von der Spinnerei & Weberei Dietfurt während einer Wartung am Relaisschrank 132
Abb. 9.7 M9 in der Spinnerei & Weberei Dietfurt, Lochkartenstation sowie Rechen- und Speicherwerk 133
Abb. 9.8 Gerät für die Lochkarteneingabe und -ausgabe (Untergestell) in geschlossenem Zustand 134

Abb. 9.9 Auswechselbare, verdrahtete (d.h. gelötete) Schalttafel für die M9 135
Abb. 9.10 M9: Vorderseite der Recheneinheit. Hier wird die austauschbare Schalttafel eingesetzt (I) 135
Abb. 9.11 M9: Vorderseite der Recheneinheit. Hier wird die austauschbare Schalttafel eingesetzt (II) 136
Abb. 9.12 Gesamtansicht der programmgesteuerten Rechenmaschine M9 (Prospekt Remington Rand) 137
Abb. 9.13 Rechenlocher M9 für die Schweizer Remington Rand (Museum für Kommunikation, Bern) 138
Abb. 9.14 Untergestell der M9 (Lochkarteneinheit) 139
Abb. 9.15 Panneau-Relais-Schrank der M9 (Rechen- und Speicherwerk) 140
Abb. 9.16 Bedienungstafel der M9 141
Abb. 9.17 Schaltwalze der M9 (I) 141
Abb. 9.18 Schaltwalze der M9 (II) 142
Abb. 9.19 Auswechselbare Schalttafel der M9 (Panneau, Panel), Teil 1 143
Abb. 9.20 Auswechselbare Schalttafel der M9 (Panneau, Panel), Teil 2 144
Abb. 9.21 Schaltplan der M9 145
Abb. 9.22 Programmkette M9, erster und zweiter Durchlauf bei einer Plankostenrechnung 146
Abb. 9.23 Relaisrahmen mit 242 Relais 147
Abb. 9.24 Gesamtwirkbild der M9 148
Abb. 9.25 Wirkbild des Untergestells der M9 (Lochkarteneinheit) 149
Abb. 9.26 Wirkbild der Division bei der M9 150
Abb. 9.27 Auf- und Abrundung bei der M9 151
Abb. 9.28 Übersicht über den Speicher der M9 152
Abb. 9.29 Speicherbelegungsschaltung der M9 153
Abb. 9.30 Sandwichkontakte der Abfühlbox (Untergestell der M9) 154
Abb. 9.31 Wartungsplan der M9 vom 19. Juni 1958 (Remington Rand) 156
Abb. 9.32 Lagerverwaltung im Toggenburger Textilunternehmen 157
Abb. 9.33 Ermittlung von Nutzeffekt, Stillstandszeit und Dauer der Webstuhlvorbereitung 158
Abb. 9.34 M9 im Verbund mit einer Sortiermaschine und einer Tabelliermaschine (Drucker) 159
Abb. 9.35 Statistische Berechnung mit 90-spaltigen Lochkarten 160
Abb. 9.36 Lohnabrechnung: Karten für Präsenzzeit und Schichtzulage 161
Abb. 9.37 Lohnabrechnung. Karten für Teuerungszulage und Bruttolohn 162

Tabellenverzeichnis

Tab. 2.1 Übersicht über Zuses frühe Rechenmaschinen Z1 bis Z4 7
Tab. 2.2 Bauzeit und Betriebsdauer der Zuse Z4 und der ERMETH 10
Tab. 4.1 Liste der an der ETH Zürich von 1950 bis 1955 mit der Z4 ausgeführten Arbeiten 30
Tab. 4.2 Personalverzeichnis des Instituts für angewandte Mathematik der ETH Zürich (1948–1964) 40
Tab. 5.1 Bauweise bedeutender Digitalrechner 58
Tab. 6.1 Wer hat den Computer erfunden? 67
Tab. 6.2 Die ersten arbeitsfähigen elektromechanischen und elektronischen Digitalrechner 86
Tab. 6.3 Weitere arbeitsfähige elektronische Digitalrechner 90
Tab. 6.4 Frühe elektromechanische und elektronische Digitalrechner: alfabetische Gesamtübersicht 93
Tab. 6.5 Frühe elektromechanische und elektronische Digitalrechner: zeitliche Gesamtübersicht 95
Tab. 6.6 Frühe elektromechanische Digitalrechner (Relaisrechner) 96
Tab. 6.7 Frühe elektronische Digitalrechner (Röhrenrechner) 97
Tab. 6.8 Frühe dezimale Digitalrechner 98
Tab. 6.9 Frühe binäre Digitalrechner 98
Tab. 6.10 Frühe digitale Festkommarechner 99
Tab. 6.11 Frühe digitale Gleitkommarechner 100
Tab. 6.12 Frühe parallele Digitalrechner 100
Tab. 6.13 Frühe serielle Digitalrechner 101
Tab. 6.14 Frühe digitale Spezialrechner 101
Tab. 6.15 Frühe digitale Universalrechner 102
Tab. 6.16 Frühe programmgesteuerte Digitalrechner 103
Tab. 6.17 Frühe speicherprogrammierte Digitalrechner 104
Tab. 6.18 Frühe einzelgefertigte Digitalrechner 105
Tab. 6.19 Frühe seriengefertigte Digitalrechner 106
Tab. 7.1 Merkmale der ersten beiden Rechenautomaten, die an der ETH Zürich verwendet wurden 109
Tab. 9.1 Binär verschlüsselte Dezimalzahlen für die M9 (Stibitz-Code) 119

Tab. 9.2 Wartungstechniker der Remington Rand und Kunden aus Industrie und öffentlicher Verwaltung 120
Tab. 9.3 Übersicht über die Zusemaschinen Z1 bis Z11 124
Tab. 9.4 Vergleich des Rechenautomaten Z4 mit dem Rechenlocher M9 126

1 Zuses Pionierleistung: erste arbeitsfähige programmgesteuerte Rechenmaschine der Welt

Die Geschichte der Informatik beginnt mit dem seit dem Altertum benutzten Zählrahmen Abakus und der Entstehung der Zahlensysteme. Die heutigen Computer haben zahlreiche Vorläufer. Die ersten funktionsfähigen programmierbaren Rechengeräte wurden jedoch erst gegen Mitte des 20. Jahrhunderts vorgestellt. Der deutsche Bauingenieur Konrad Zuse (22. Juni 1910 – 18. Dezember 1995) ist einer der Väter dieser Universalmaschinen. Er baute in Berlin seit 1936 Rechenanlagen. Nur ein einziges Gerät, die 1945 fertig gestellte Z4, überlebte den zweiten Weltkrieg. Zuse versuchte anschliessend erfolglos, in- und ausländische Universitäten sowie Hersteller von Büromaschinen für seine Entwicklungen zu gewinnen. Damals konnte sich offenbar niemand vorstellen, dass ein programmgesteuertes Rechengerät einer handelsüblichen Rechenmaschine überlegen war.

Nach Friedrich Bauer von der Technischen Universität München ist Konrad Zuse der „Schöpfer der ersten vollautomatischen, programmgesteuerten und frei programmierbaren, in binärer Gleitpunktrechnung arbeitenden Rechenanlage.“ Die Z3 war 1941 betriebsfähig, sie wurde am 12. Mai 1941 in Berlin vorgeführt. Ab den 1940er Jahren gab es ähnliche Entwicklungen in den USA: Rechenautomaten ABC (Atanasoff Berry Computer), BINAC, Complex Number Calculator (Bell Labs Model 1), EDVAC, ENIAC, Harvard Mark 1 (IBM ASCC), IAS Computer, IBM 650, IBM 701, IBM SSEC, Univac, Whirlwind u.a. sowie in Grossbritannien: z.B. ACE, Colossus, EDSAC, Ferranti Mark, Leo, Manchester Mark und SSEM (Manchester Baby). In den 1950er Jahren zogen weitere Länder nach: Australien, China, Dänemark, Frankreich, Israel, Japan, Niederlande, Österreich, Polen, Rumänien, Russland, Schweden, Schweiz, Tschechien, Ukraine. Zuses Pionierleistungen in der Rechentechnik und in der Informatik wurden sowohl in Europa als auch in den USA lange Zeit verkannt. Das deutsche Patentamt verweigerte ein Patent für die Z3. Das Bundespatentgericht hatte am 14. Juli 1967 die Patentanmeldung endgültig zurückgewiesen.

Plankalkül, erster Ansatz zu einer höheren Programmiersprache

Konrad Zuse war nicht nur ein Meister im Rechnerbau, sondern auch in der Entwicklung einer Programmiersprache. Er erfand eine formale, algorithmische Sprache, in der sich Lösungsverfahren für beliebige Probleme beschreiben lassen. Sein 1945 im Allgäuer Bergdorf Hinterstein aufgesetzter Plankalkül gilt als Vorläufer der höheren Programmiersprachen. Er wurde erst 1972 (vollständig) veröffentlicht, und im Jahr 2000 wurde dafür erstmals ein lauffähiges Übersetzungsprogramm vorgestellt. Nach Raul Rojas wurden im Februar 2000 die ersten Plankalülprogramme mit einem modernen Rechner ausgeführt (Hans Dieter Hellige (Hrsg.): Geschichten der Informatik. Visionen, Paradigmen, Leitmotive, Springer-Verlag, Berlin, Heidelberg 2004, Seite 216).

Welche Geldgeber hatte Zuse?

Beeindruckend ist, dass Zuse seine Erfindungen zu Beginn weitgehend im Alleingang und ohne finanzielle Unterstützung durch den Staat machte. Die Z1 und die Z2 wurden privat finanziert. Die Z3 wurde durch die Deutsche Versuchsanstalt für Luftfahrt teilfinanziert. Geldgeber für die Z4 war das Reichsluftfahrtministerium.

Zu Zuses Beziehung zu seinen Geldgebern seien hier einige Zitate aus dem Werk: Konrad Zuse: Der Computer – Mein Lebenswerk (Springer-Verlag, Berlin, Heidelberg, 5., unveränderte Auflage 2010) angeführt:

„Die Vorführung der Z2 hatte genügt, die Deutsche Versuchsanstalt für Luftfahrt zu interessieren. Deren technischer Direktor, Professor Bock, hielt mir zwar einen langen Vortrag, ich solle mir nur ja nicht einbilden, dass ich als Erfinder ein reicher Mann werden, ein Schloss am Meer besitzen und im Horch – damals einem der elegantesten Autos – herumfahren würde. Gleichwohl aber einigten wir uns auf einen Vertrag: die schon im Bau befindliche Z3 wurde von der Deutschen Versuchsanstalt für Luftfahrt teilfinanziert. Sie war 1941 fertig gestellt und das erste Gerät, das wirklich voll funktionsfähig alle wichtigen Elemente einer programmgesteuerten Rechenmaschine für wissenschaftliche Zwecke nach dem Stand der Technik enthielt“ (Autobiografie, Seite 55).

„Er [Dr. Funk] liess sich davon nicht beirren, und so schickte ich ihn schliesslich zu den Henschel-Flugzeug-Werken zu Professor Wagner, der meine Aufträge gegenüber dem Reichsluftfahrtministerium betreute“ (Autobiografie, Seite 81).

Zu Zuses Förderern gehörte auch Prof. Teichmann (Deutsche Versuchsanstalt für Luftfahrt): „Teichmann hätte am liebsten schon während des Krieges einen Auftrag über ein grosses elektronisches Rechengerät mit zweitausend Röhren befürwortet. Wegen der mangelnden Dringlichkeitsstufe hätten wir aber weder Personal noch ausreichendes Material dafür bekommen. Es war schon schwierig genug, Geräte in der verhältnismässig einfachen und robusten Relaistechnik zu bauen“ (Autobiografie, Seite 70).

„Ich selber lernte in Berlin Professor Herbert Wagner kennen. Er war Leiter der Sonderabteilung F bei den Henschel-Flugzeug-Werken und entwickelte dort ferngesteuerte fliegende

Bomben. „Ihre Rechengeräteentwicklung ist sicher sehr interessant, aber dafür kann ich Sie nicht vom Militärdienst befreien. Ich kann aber einen Statiker gebrauchen", meinte er. Für diese unmittelbar der Waffenentwicklung dienende Tätigkeit wurde ich schliesslich „uk" gestellt" (Autobiografie, Seite 53; uk = Unabkömmlichkeitsstellung).

„Die Z3 wurde während des Krieges mehreren Dienststellen vorgeführt; sie wurde indes nie im Routinebetrieb eingesetzt. Dazu wäre unter anderem meine Unabkömmlichkeitsstellung für diese Aufgabe nötig gewesen. Offiziell aber galt die Z3 nicht als dringlich. Sie wurde mehr oder weniger als Spielerei und als das Privatvergnügen meiner Freunde und mir angesehen. Meine „uk-Stellung" galt nach wie vor ausschliesslich für meine Tätigkeit als Statiker" (Autobiografie, Seite 57).

Dazu Friedrich Bauer (Technische Universität München): „Konkrete Berührung hatte Zuse mit dem Machtapparat des Dritten Reiches nur sehr indirekt über seine Tätigkeit für die Deutsche Versuchsanstalt für Luftfahrt (DVL). Seine unmittelbaren Ansprechpartner waren wie Alwin Teichmann Wissenschaftler und wie Herbert Wagner (der die Flügelbomben konstruierte) Ingenieure, keine Parteibonzen. Kurt Pannke, der Rechenmaschinenfabrikant, den Zuse in der Frühzeit kontaktierte und der ihn finanziell unterstützte, ist ebenfalls unverdächtig" (Raul Rojas (Hrsg.): Die Rechenmaschinen von Konrad Zuse, Springer-Verlag, Berlin, Heidelberg 1998, Seite 18).

Der Historiker Hartmut Petzold schreibt zu den Kriegsaufträgen: „Die gesellschaftspolitische Situation im Deutschen Reich der 30er Jahre boten für Konrad Zuse keine andere Möglichkeit der Realisierung seiner Pläne als im Schlepptau der Rüstung" (Hartmut Petzold: Rechnende Maschinen. Eine historische Untersuchung ihrer Herstellung und Anwendung vom Kaiserreich bis zur Bundesrepublik. VDI-Verlag, Düsseldorf 1985, Seite 510).

Hinweis: Hans Dieter Hellige von der Universität Bremen leitet eine „Fachgruppe Informatik und Zeitgeschichte", die sich u.a. mit Zuse befasst. Die deutsche Gesellschaft für Informatik hat 1993 eine Fachgruppe Informatik- und Computergeschichte eingerichtet.

2 ETH Zürich mietet den legendären Relaisrechner Z4

Der Mathematiker Eduard Stiefel (1909–1978) gründete Anfang Januar 1948 an der ETH Zürich das Institut für angewandte Mathematik. Daraus entwickelte sich 1968 die Fachgruppe für Computerwissenschaften, und schliesslich entstand daraus das heutige Departement Informatik. Damit beginnt die Geschichte der Informatik in der Schweiz. Das Institut für angewandte Mathematik heisst seit 1970 Seminar für angewandte Mathematik. Stiefel erkannte die Bedeutung der Rechenautomaten sehr früh. Er plante den Eigenbau einer solchen Anlage. Es gab einen grossen Bedarf nach umfangreichen numerischen (technischen) Berechnungen, auch für die Zusammenarbeit mit der Schweizer Maschinenindustrie. Auf der Suche nach mehr Rechenleistung erfuhr Stiefel von der Zusemaschine.

Abb. 2.1 *Konrad Zuse (1910–1995). © ETH-Bibliothek Zürich, Bildarchiv*

Daher besuchten Eduard Stiefel und Max Lattmann am 13. Juli 1949 Konrad Zuse in Hopferau bei Füssen (Ostallgäu). Die Z4 stand im Keller des Mehllagers der Bäckerei Martin. Zuse war im März 1945 kurz vor dem Fall Berlins mit der riesigen „Zuse 4“ mit der Bahn nach Göttingen und einige Wochen später mit einem Lastwagen nach Bayern geflohen. Er führte die Z4 in der Aerodynamischen Versuchsanstalt in Göttingen vor. Die von 1942 bis 1945 gebaute Z4 hiess ursprünglich V4 (Versuchsmodell 4). Der Gleichklang dieser Abkürzung mit dem Kürzel für die so genannten Vergeltungswaffen V1 und V2 hat laut Konrad Zuse dieses Gerät gerettet. Obwohl die elektromechanische Z4 eine schon damals veraltete Technik (Relais statt Elektronenröhren) nutzte, entschied sich Stiefel trotz Warnungen für ihren Einsatz. Für ihn war die Verfügbarkeit von maschineller Rechenleistung wichtiger als die modernste Technik. Dieser mutige Entscheid erwies sich später als wegweisend. Das wissenschaftliche Rechnen mit der Z4 machte sein Institut binnen weniger Jahre weltberühmt.

Das Institut für angewandte Mathematik mietete die Z4 für fünf Jahre (für insgesamt 30 000 Franken). Sie stand vom 11. Juli 1950 bis April 1955 im zweiten Stock des Hauptgebäudes (Raum G 39) der ETH Zürich. Der Dauerbetrieb begann Anfang August 1950. Heute befindet sich hier das Forschungsinstitut für Mathematik. Der Mietvertrag wurde am 7. September 1949 in der Gaststätte des Badischen Bahnhofs in Basel unterzeichnet. Vor der Inbetriebnahme wurden an der Maschine erhebliche Erweiterungen (z.B. Gebrauch bedingter Sprungbefehle) durchgeführt. Die Z4 war der erste Rechenautomat an der ETH und auf dem europäischen Festland, der dem wissenschaftlichen Rechnen diente. An der ETH konnten so viele Anregungen und Erfahrungen gesammelt werden, die später für den Bau einer eigenen programmgesteuerten Rechenmaschine hilfreich waren. Eduard Stiefel und seine Mitarbeiter Heinz Rutishauser und Ambros Speiser haben dank der Z4 wesentliche Beiträge zur angewandten Mathematik und zur Entwicklung der Rechentechnik sowie der Informatik geleistet.

Wie kam es zum Besuch im Allgäu?

Im Dezember 1947 wurde eine Forschungskommission für die Konstruktion von Rechengeräten eingesetzt. Vorsitzender war Eduard Stiefel. Max Lattmann, technischer Direktor der Contraves, Zürich, war Kommissionsmitglied. Im Schulratsprotokoll vom 6. Oktober 1949 (Seite 268) ist zu lesen: „Im Juli 1949 erfuhr die Kommission von einer Rechenmaschine des deutschen Ingeneiurs Zuse, die von der ETH zu aussergewöhnlich günstigen Bedingungen übernommen werden könnte. Prof. Stiefel und Dr. Lattmann besichtigten die Apparatur. Sie rühmten besonders deren mathematische Disposition und erklärten, dass die Maschine mit relativ geringen Mitteln weiter ausgebaut werden könne.“ Heinz Rutishauser und Ambros Speiser waren bis Ende 1949 in den USA. Vgl. dazu Seiten 15–17.

Die Nutzung der Z4 brachte beiden Seiten grosse Vorteile: Zuse konnte mit dem Geld – die gesamte Summe war bei Vertragsabschluss bzw. Abnahme der Maschine fällig – sein 1949 gegründetes Unternehmen Zuse KG (Neukirchen) aufbauen. Der ETH stand kurzfristig eine erhebliche Rechenleistung zur Verfügung. Sie entsprach einem damaligen Rechenbüro mit etwa 40 mit mechanischen Rechenmaschinen ausgestatteten Personen. Das verhalf der ETH gegenüber anderen Universitäten zu einem wissenschaftlichen Vorsprung.

Tab. 2.1 *Übersicht über Zuses frühe Rechenmaschinen Z1 bis Z4*

Mechanische und elektromechanische Rechengeräte von Konrad Zuse				
Name	**Jahr**	**Rechenwerk**	**Speicherwerk (Datenspeicher)**	**Bemerkungen**
Z1	1938	mechanisch	mechanisch	
Z2	1939	elektromechanisch (Relais)	mechanisch	
Z3	1941	elektromechanisch (Relais)	elektromechanisch (Relais)	erste vollautomatische, programmgesteuerte und frei programmierbare, in binärer Gleitpunktrechnung arbeitende Rechenanlage der Welt (Friedrich Bauer)
Z4	1945	elektromechanisch (Relais)	mechanisch	erster betriebsfähiger Digitalrechner im wissenschaftlichen Einsatz an einer kontinentaleuropäischen Universität; 1950–1955 in Betrieb an der ETH Zürich

Hinweise

Die Jahrangabe bezieht sich nicht auf die Bauzeit, sondern auf den Zeitpunkt der Vollendung.

Die Z1 bis Z4 verwendeten als Programmspeicher Lochstreifen. Daten- und Programmspeicher waren also getrennt.

Die Geräte Z1, Z2 und Z3 wurden im zweiten Weltkrieg zerstört. Die Z4 steht im Deutschen Museum in München.

Ein Nachbau der Z1 (durch Konrad Zuse, 1989) befindet sich im Deutschen Technikmuseum in Berlin.

Ein Nachbau der Z3 (durch Konrad Zuse, 1961) ist im Deutschen Museum, München.

Weitere Nachbauten der Z3 durch Horst Zuse und Raul Rojas, 2001 (Konrad-Zuse-Museum, Hünfeld) und Horst Zuse, 2010 (Konrad-Zuse-Museum, Hünfeld).

Die Z1 ist nicht mehr betriebsfähig (verklemmtes mechanisches Schaltglied). Die Z3-Nachbauten sind arbeitsfähig.

Die Z4 ist in Teilen noch funktionsfähig. Nach der Z4 hat Zuse viele weitere programmierbare Rechner gebaut.

Quellen: www.konrad-zuse.de; Schriften zur Informatikgeschichte; Museumsführer, Deutsches Technikmuseum, Berlin

© Ausbildungs- und Beratungszentrum für Informatikunterricht, ETH Zürich 2012

Wie zuverlässig war die ratternde Z4?

Die mit Relais bestückte Z4 war wesentlich weniger störanfällig als modernere amerikanische Maschinen, die elektronischen Bauteile enthielten. Die Z4 war angeblich so zuverlässig, dass sie nachts ohne Aufsicht lief. Diese Behauptung ist allerdings unglaubwürdig: So beklagte sich Eduard Stiefel in einem Brief vom 18. Juni 1951 bei Zuse: „Nach Deiner blitzartigen und für uns etwas unerwarteten Abreise […] hast Du uns mit Deiner absolut nicht betriebsbereiten Maschine allein gelassen. Es dauerte 14 Tage, bis überhaupt eine kleine Rechnung gemacht werden konnte […]. Da wir praktisch seit Beginn des Monats April keine durchgehende Arbeit leisten konnten, mussten wir mehrere Aufträge absagen.“ (Wilhelm Füssl (Hrsg.): 100 Jahre Konrad Zuse. Einblicke in den Nachlass, Deutsches Museum, München 2010, Seite 118.) Und Max Engeli schreibt, dass er 1955 ziemlich häufig als Nachtoperator die Z4 bedient habe. Er habe „des Öftern mit Ambros Speiser auch den Speicher der Z4 repariert, wenn sich ein Knopf im Sandwich der Glas- und Blechplatten verirrt hatte.“ (Mitteilung vom 27. Juni 2011). Vgl. dazu auch den Zeitzeugenbericht von Urs Hochstrasser (Seiten 21–23).

Zuse schreibt in seiner Autobiografie: „Immerhin besass das verschlafene Zürich durch die ratternde Z4 ein, wenn auch bescheidenes, Nachtleben.“ Und Speiser fügt bei: „Durch genaues Zuhören bekam man manche Aufschlüsse über den Programmablauf. Deutlich waren das Ticken des Programmabtasters, das Klappern der Relais im Rechenwerk und das Klirren der Speicheroperationen zu unterscheiden. Mit einiger Übung konnte man sagen, ob eine Addition, eine Multiplikation oder eine Division im Gang war."

Im Prüfbericht von Corrado Böhm und Harry Laett über die Erfahrungen mit der Zuse-Rechenmaschine vom 17. Oktober 1949 ist zu lesen: „Die Maschine sollte in zwei getrennten Räumlichkeiten untergebracht werden können, um so eine Trennung zwischen Bedienungsaggregaten (Tastaturpult, Abtaster, Locher und Drucker) und den Rechnungs- und Speichereinheiten zu gewährleisten. Auf diese Weise wird auch das Lärmproblem (Antriebsmotor und Speicherwerkantrieb) auf einfache Weise gelöst."

Wozu wurde die Z4 in Zürich gebraucht?

Die Z4 wurde an der ETH Zürich für Arbeiten auf dem Gebiet der numerischen Mathematik eingesetzt. So wurden beispielsweise für die BBC, Baden (heute ABB), „kritische Tourenzahlen mehrlageriger Wellen" durch Lösen von linearen Differenzialgleichungen 4. Ordnung berechnet. Der Rechenzeitaufwand betrug etwa 100 Stunden.

Abb. 2.2 *Der mechanische Speicher der Z4. Vorne links die mechanische Antriebswelle, Mitte links das Wahlwerk (zum Auswählen der gewünschten Speicherzelle), hinten links der eigentliche Speicher (2048 bit), rechts die Einstell- und Ablesevorrichtung. © ETH-Bibliothek Zürich, Bildarchiv*

Aus der Industrie gab es manche Aufträge: Berechnung der Spannungen in einer Talsperre (Grande Dixence), Berechnungen zum Raketenflug oder zur Flugbahn von Geschossen, Untersuchungen zu Quantenmechanik, Hochfrequenztechnik und Optik, Schwingungen einer Lokomotive, Abflussregulierung für die drei Juraseen. Hinzu kamen mathematische Untersuchungen, z.B. zu Bahnstörungen bei den Planeten Jupiter und Saturn. In den fünf Jahren wurden laut Heinz Rutishauser und Ambros Speiser etwa 100 verschiedene Probleme mit insgesamt rund 100 000 Z4-Befehlen programmiert. Darunter befinden sich 55 Aufträge und mathematische Untersuchungen. Für Aussenstehende kostete die Z4 zehn Franken je Stunde. Nähere Angaben sind in der *Liste der von 1950 bis 1955 mit der programmgesteuerten Rechenmaschine Z4 ausgeführten Aufträge und mathematischen Untersuchungen* zu finden (Seiten 29–39). Ein wichtiger Benutzer und guter Kenner der Z4 ist Urs Hochstrasser, der an den Aufträgen 1, 11, 26, 37 und 44 beteiligt war, siehe dazu seinen Zeitzeugenbericht (Seiten 19–27).

Nach Heinz Rutishauser machte die gesamte Rechenzeit der Z4 6500 Rechenstunden aus, wovon 1700 Stunden für Anfangswertprobleme bei gewöhnlichen Differenzialgleichungen, 1200 Stunden für elliptische partielle Differenzialgleichungen und 1800 Stunden für Eigenwertprobleme (mit Flügelschwingungen).

Abb. 2.3 *Relaisschränke der Z4 (links: Heinz Rutishauser, rechts: Ambros Speiser). ETH Zürich 1950,© ETH-Bibliothek Zürich, Bildarchiv*

Das Schicksal der Z4 und der Zuse KG

Konrad Zuse weilte für Wartungsarbeiten oft in Zürich und hielt auch Vorträge. Die ETH berief ihn nicht als Dozenten, verlieh ihm aber am 23. November 1991 die Ehrendoktorwürde. Seine Firma Zuse KG geriet in den 1960er Jahren in finanzielle Schwierigkeiten und wurde 1964 von BBC (Mannheim) und schliesslich 1967 von Siemens übernommen. Bis 1969 wurden rund 250 Maschinen (Relais-, Röhren- und Transistorrechner) gebaut. Die Z4 wurde von 1955 bis 1959 vom Deutsch-Französischen Forschungsinstitut Saint-Louis (ISL) im elsässischen St. Louis eingesetzt. Damals hiess es Laboratoire de Recherches de Saint-Louis (LRSL) und stand unter der wissenschaftlich-technischen Leitung von Hubert Schardin. Hartmut Petzold vermutet, dass Theodor Fromme und Heinrich Pösch die treibende Kraft bei der Übernahme der Z4 nach St. Louis waren (Hans Dieter Hellige (Hrsg.): Geschichten der Informatik. Visionen, Paradigmen, Leitmotive, Springer-Verlag, Berlin, Heidelberg 2004, Seite 122). Laut der Zuse KG wurde die Z4 1955 verkauft und 1959 zurückgekauft und dem Deutschen Museum in München geschenkt. Später war die Z4 laut Erwin Engeler bei der Electricité de France. Die TU Berlin hatte sich vergeblich darum bemüht, die Z4 zu bekommen. Die Maschine gelangte erstmals 1960 ins Deutsche Museum nach München, wo sie seit 1988 ausgestellt ist. Sie ist heute noch in Teilen arbeitsfähig. Über die Verwendung der Z4 im Elsass waren leider keine Auskünfte erhältlich. Das ehemalige Laboratoire de Recherches de Saint-Louis war eine militärische Einrichtung und damit Geheimnisträgerin.

Zuse schreibt: „Es war nun abzusehen, dass weitere erhebliche Millionenbeträge in die Firma hineingesteckt werden mussten, so dass auch nur eine geringe Beteiligung meinerseits sinnlos wurde. Schliesslich musste ich froh sein, jemanden zu finden, der bereit war, die Schulden zu übernehmen. 1964 übernahm die Firma Brown, Boveri & Cie. AG, Mannheim, hundert Prozent Kapitalanteile; ich selber blieb Komplementär. Die Kapitalanteile wurden später von der Firma Siemens übernommen. Ich selbst schied bald aus der Firma aus, blieb aber weiter beratend tätig. Seit 1967 gehört die Firma zur Siemens AG“ (Autobiografie, S. 137).

Tab. 2.2 *Bauzeit und Betriebsdauer der Zuse Z4 und der ERMETH*

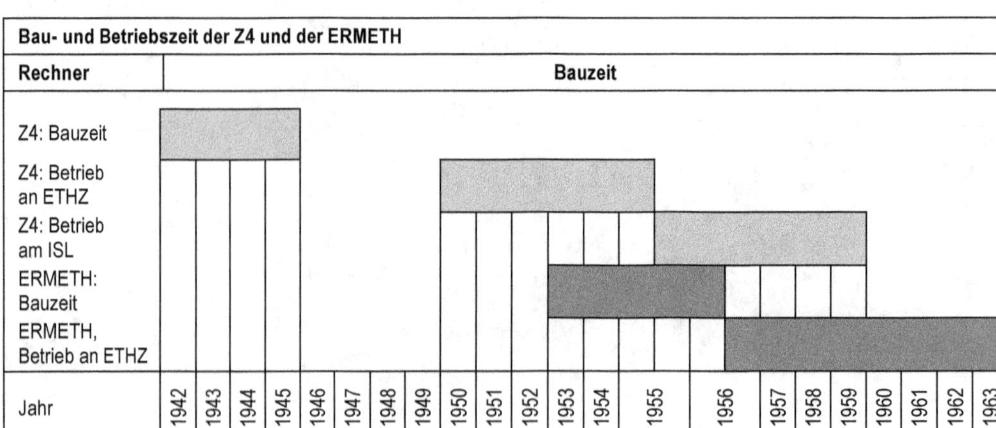

Anmerkungen
ERMETH = elektronische *R*echenmaschine der *ETH* (Eidgenössische Technische Hochschule)
ETHZ = ETH Zürich
ISL = Deutsch-Französischen Forschungsinstitut Saint-Louis (ehemals Laboratoire de Recherches de Saint-Louis, LRSL).
Z4 = Zuse 4

Wie aus der oben stehenden Tabelle zu entnehmen ist, rechnete die Z4 von 1950 bis 1955 an der ETH Zürich, ihre Nachfolgerin war die ERMETH (1956 bis 1963).

Abb. 2.4 *Der Relaisrechner Zuse Z4 an der ETH Zürich (Ostflügel, heute Raum G 39). © ETH-Bibliothek Zürich, Bildarchiv*

Die Odyssee der Z4

Die Raum füllende Rechenanlage Z4 war vor 1950 (Beginn der Nutzung in Zürich) und nach 1959 (Ende des Einsatzes in Saint-Louis) oft unterwegs. Es gab bereits im Krieg mehrere

Umzüge innerhalb Berlins. Dann kam die Maschine über Göttingen ins Allgäu (Hinterstein, Hopferau) und für die Instandsetzung nach Neukirchen. Ab 1960 befand sich die Z4 u.a. mehrmals in Bad Hersfeld. Vom 17. Juni bis 15. Juli 1981war sie an der ETH Zürich ausgestellt.

Automatische Rechenplanfertigung

Heinz Rutishauser hat schon Anfang der 1950er Jahre Lehrveranstaltungen zum programmgesteuerten Rechnen angeboten. Er machte in seiner Habilitationsschrift 1951 Vorschläge zur automatischen Rechenplanfertigung bei programmgesteuerten Rechenmaschinen. Die Idee, solche Anlagen nicht nur zum Rechnen, sondern auch zum Erstellen von Programmen zu verwenden, ist grundlegend für den Bau von Übersetzern (Compiler). Erst dadurch konnten Algorithmen in höheren Programmiersprachen (Quellcode) formuliert und dann automatisch in Maschinensprache (Objektcode) übersetzt werden. Rutishauser war massgeblich an der Entwicklung von Algol beteiligt, dem „Latein" der modernen Programmiersprachen. Auf der Grundlage von Algol entstanden unzählige höhere Programmiersprachen, u.a. Pascal.

In seinem Aufsatz „A Computer Built with Relays and a Mechanical Memory, and Algol" schreibt Winfried Grassmann (Universität Saskatchewan, Kanada): „In any event, it is safe to say that the existence of the Z4 at least contributed to the 1958 meeting in Zurich and consequently to the development of Algol". Zu Deutsch: Man kann auf jeden Fall mit Bestimmtheit sagen, dass die Existenz der Z4 mindestens einen Beitrag zum Zürcher Treffen von 1958 und folglich zur Entwicklung von Algol geleistet hat.

Merkmale der an der ETH Zürich eingesetzten Z4

Die Z4 ist ein programmgesteuertes, elektromechanisches Rechengerät mit 2200 Telefonrelais und 21 Schrittschaltern (elektrische Drehwähler). Sie kann intern nur Zahlen, jedoch keine Befehle speichern. Die Rechenpläne (Programme) werden auf Lochstreifen (gebrauchte 35-mm-Kinofilme) gestanzt. Die mechanischen Schaltglieder bestehen aus Blechstreifen und zylindrischen Steuerstiften. Während die meisten damaligen Rechenmaschinen dezimal arbeiten, verwendet die Z4 bereits das Binärsystem (Dualsystem). Die Z4 ist eine lochstreifengesteuerte Rechenanlage mit getrenntem Daten- und Programmspeicher. Sie ist also kein speicherprogrammierter Rechner, d. h. kein Von-Neumann-Rechner.

Der Begriff „Von-Neumann-Maschine" ist umstritten, denn die Speicherprogrammierung war bereits vor der Verteilung des einflussreichen EDVAC-Berichts (First draft of a report on the EDVAC, 30. Juni 1945) von John von Neumann bekannt. Auch Alan Turing und Konrad Zuse haben sich darüber Gedanken gemacht. Die Programmspeicherung war beim Bau des Grossrechners ENIAC Gegenstand von Gesprächen unter Presper Eckert, John Mauchly, John von Neumann, Arthur Burks und Herman Goldstine. Vgl. Seiten 54–59.

Rechenwerk
5–6 Dezimalstellen, Dualsystem, Gleitkomma (Gleitpunkt, halblogarithmische Darstellung)

Speicherwerk (nur Datenspeicher)
rein mechanische Schaltglieder mit einem Speichervermögen von 64 Zahlen

Steuerung
automatisch nach Befehlen, die nacheinander auf einem Lochstreifen festgehalten sind (der Lochstreifen wird für Iterationen zu einer Schleife verklebt. Für die Herstellung der Befehlsstreifen steht ein besonderes Gerät zur Verfügung.)

Rechengeschwindigkeit
ungefähr eine Sekunde pro Befehl und drei Sekunden pro arithmetische Operation

Ausgabe
Zahlenausgabe auf einem Lampenfeld, Schreibmaschine für den Druck der Ergebnisse

Gewicht
etwa 1Tonne

Programmierung
Maschinensprache mit reichhaltigem Befehlsverzeichnis

Dokumentation
sehr ausführliche Dokumentation mit übersichtlichen Schaltplänen

Die Zuse Z4 beherrschte u.a. die vier Grundrechenarten, das Quadrieren und das Wurzelziehen (Quadratwurzel). Hätte Zuse für den Speicher anstatt der mechanischen Schaltelemente Relais verwendet, hätten sich Grösse, Gewicht und Kosten der Anlage mehr als verdoppelt.

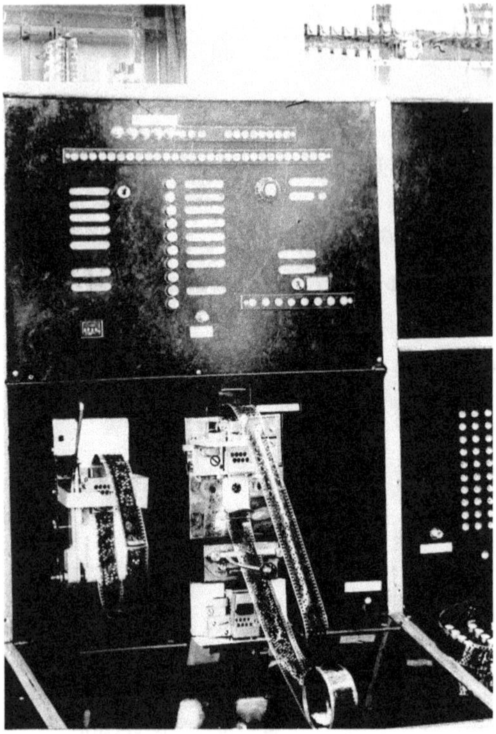

Abb. 2.5 *Filmstreifenleser der Z4 (linker Lochstreifenabtaster: Endlosschleife mit Unterprogramm, rechter Abtaster: Film mit Hauptprogramm). © ETH-Bibliothek Zürich, Bildarchiv*

War es wirklich eine Differenzialgleichung?

In seinen Lebenserinnerungen schreibt Konrad Zuse, dass Eduard Stiefel bei seinem Besuch in Hopferau der Z4 die Aufgabe stellte, eine Differenzialgleichung zu lösen. Auch im Film von Mathias Knauer macht Zuse die gleiche Aussage. Die Zeitzeugen Corrado Böhm (Universität Rom) und Urs Hochstrasser nehmen jedoch an, dass das ein Irrtum ist. Böhm glaubt, dass es sich dabei wohl um ein System schlecht konditionierter linearer Gleichungen gehandelt hat. „Io resto convintissimo che si trattasse di un sistema di equazioni lineari mal condizionato. Val la pena di ricordare che certe equazioni differenziali si possono trasformare in sistemi di equazioni lineari, il che potrebbe spiegare in qualche modo anche l'altra tesi." (Mitteilung vom 10. Juli 2011: Ich bin voll davon überzeugt, dass es sich um ein schlecht kondiziniertes System linearer Gleichungen handelt. Es ist darauf hinzuweisen, dass gewisse Differenzialgleichungen in lineare Gleichungssysteme umgewandelt werden können, was halbwegs die andere These erklären könnte). Laut Hochstrasser wird das Problem mit der Differenzialgleichung ungenügend umschrieben. „Es sei eher um die numerische Lösung eines Rand- oder Anfangswertproblems für eine einfache Differenzialgleichung, das durch ein System von Differenzengleichungen approximiert wurde, gegangen, da ja die Z4 keine Differenzialquotienten exakt bilden könne“ (Mitteilung vom 21. Juni 2011).

Prüfbericht zur Z4

Der „Bericht über die Erfahrungen mit der Zuse-Rechenmaschine vom 27. September bis zum 12. Oktober 1949“ vom 17. Oktober 1949 von Corrado Böhm und Harry Laett führt im Abschnitt „Beschreibung der durchgeführten Arbeiten“ aus:

„Es wurden für folgende Rechenprozesse die Befehlstreifen hergestellt, die Rechnungen ausgeführt und kontrolliert. Die Zeitangaben bedeuten die reine Rechenzeit beim fertigen Befehlstreifen.

1. Arc cos x nach der Methode des arithmetisch-geometrischen Mittels (1–2 Minuten).
2. Kubische Wurzel durch Iteration (30–60 Sekunden).
3. Potenzreihe mit 13 Gliedern (1 Minute).
4. Lösung von 4 linearen Gleichungen mit 4 Unbekannten (3 ½ Minuten).
5. Multiplikation von zwei 4reihigen Matrizen (5 Minuten).
6. Inversion von 4reihigen Matrizen (4 ½ Minuten).
7. Sechs-Punkte-Interpolation nach Lagrange (2 ½ Minuten).
8. Berechnung von sin x oder cos x mit automatischer Reduktion des Winkels auf den ersten Quadranten (1 Minute).
9. Berechnung von sinh x, cosh x und e^x.
10. Kettenbruchrechnungen.

Bei Herrn Zuse waren bereits vorhanden Befehlstreifen für numerische Integration, für die Lösung von Differentialgleichungen nach der Methode von Runge und Kutta. Die zugehörigen Rechnungen wurden von Herrn Zuse demonstriert.

Die Genauigkeit erreichte immer mindestens fünf bedeutende Dezimalen.

Zur Beurteilung der Leistungsfähigkeit der Maschine sei noch erwähnt, dass 6 bis 7 lineare Gleichungen vollautomatisch gelöst werden können.“

Geheimnis um die Beschaffung der Zusemaschine Z4 gelüftet

Um Zuses Relaisrechner Z4 ranken sich manche Geheimnisse. Bis heute ist unbekannt, wie der damalige Vorsteher des Instituts für angewandte Mathematik der ETH Zürich, Eduard Stiefel, von der Existenz der Zusemaschine erfuhr. Sie war nämlich zu jener Zeit weitgehend unbekannt und jahrelang im süddeutschen Allgäu verborgen.

„Der Krieg ist die Mutter aller Dinge“. Diese Redensart gilt mindestens teilweise auch für die Entstehung des Computers. Die frühen britischen und amerikanischen Grossrechner, Colossus (1943/1944, britische Post) und ENIAC (1946, Universität Philadelphia), wurden in der Tat für militärische Anwendungen gebaut. Auch Zuse hatte Kriegsaufträge, etwa für die Spezialrechner S1 und S2.

Diese Lage änderte sich nach 1945 nur zögerlich. Der von ehemaligen Krypt(o)analytikern (Fachleute für das Knacken von Geheimmeldungen) der US-Marine entwickelte Atlas 1 (1950) wurde erst ein Jahr später unter der Bezeichnung ERA 1101 für die zivile Nutzung frei gegeben (1952 Übernahme durch Remington Rand, heute Unisys). Der erste moderne Wissenschaftsrechner von IBM, IBM 701 (1953), hiess ursprünglich „Defense calculator" (Verteidigungsrechenmaschine). Desgleichen wurde der Whirlwind (1951) des Massachusetts of Technology, ein Echtzeitrechner mit Grafikausgabe, zunehmend der Geheimhaltung unterstellt, Whirlwind 2 wurde nicht verwirklicht. Der Harvard Mark 1/IBM ASCC war auch für die Berechnung der Atombombe eingesetzt worden. Die Kunde über den ENIAC drang über Geheimdienste nach Europa. Zuses Z4 stand von 1950 bis 1955 – für friedliche Zwecke – an der ETH Zürich. Anschliessend ratterte sie bis 1959 im Laboratoire de recherches in St. Louis bei Basel, dieses Zentrum arbeitete für die Rüstungsforschung.

Z4, ein bis heute geheimnisumwitterter Digitalrechner

Um die legendäre Z4 gibt es nach wie vor viele Geheimnisse – sie zu lüften ist schwierig, weil die Pioniere der ersten Stunde gestorben sind. Die Fragen:

- Was für eine Prüfaufgabe stellte Eduard Stiefel der Z4 bei seinem Besuch im süddeutschen Allgäu? Zeitzeugen wie Urs Hochstrasser (ehemaliger Direktor des Bundesamts für Bildung und Wissenschaft, Bern) und Corrado Böhm (Universität Rom) bezweifeln, dass es eine Differenzialgleichung war, wie Zuse in seinen Lebenserinnerungen erwähnt, vgl. dazu Seite 14.
- War die Z4 – wie seit Jahrzehnten weltweit vielfach verbreitet – tatsächlich nachts unbeaufsichtigt in Betrieb? Nachforschungen im Zusammenhang mit dem Zuse-Jahr 2010 (100 Jahre Konrad Zuse) beweisen, dass das nicht der Fall war, vgl. dazu Seiten 21–23.
- Wie erfuhr Stiefel, der Anfang Januar 1948 an der ETH Zürich das Institut für angewandte Mathematik gegründet hatte, im Juli 1949 von der Existenz dieser Maschine? In den ersten Nachkriegsjahren waren die Zusemaschinen im In- und Ausland weitgehend unbekannt. Nach Hartmut Petzold vom Deutschen Museum in München (Moderne Rechenkünstler, Verlag C.H. Beck, München 1992, Seite 231) haben selbst die Erbauer der PERM (programmgesteuerte elektronische Rechenanlage München), Vater Hans und Sohn Robert Piloty von der damaligen Technischen Hochschule München, gegen Ende der 1940er Jahre von den Arbeiten Zuses nichts gewusst.

Verhalf eine unscheinbare Fussnote der ETH Zürich zu Weltruhm?

Weder in Zuses Lebenserinnerungen noch im Protokoll des ETH-Schulrats vom 6. Oktober 1949 gibt es Angaben darüber, wie Stiefel die jahrelang in Süddeutschland eingemottete Z4 aufgespürt hatte. Seit dem 4. November 2011 ist dieses Geheimnis aufgrund langwieriger Nachforschungen möglicherweise gelüftet. Es war wohl eine unscheinbare, einzeilige Fussnote im Aufsatz „Numerische Rechenmaschine mit Magnetophonspeicher" (Magnetphon = Tonband), der in der angesehenen „Zeitschrift für angewandte Mathematik und Mechanik

(ZAMM, Akademie-Verlag, Berlin, Band 29, Nr. 1/2, Januar/Februar 1949, Seiten 38–42) erschienen war.

„Eine im Dualsystem arbeitende Maschine wurde in Deutschland bereits während des Krieges von Zuse gebaut.“ (Fussnote, Seite 39).

Auskünfte zum Verbleib der Zusemaschinen fehlen im Bericht. Mit Ausnahme der Z4 waren alle bisherigen Geräte im Krieg zerstört worden. Verfasser des am 26. Juli 1948 eingereichten Beitrags war Heinz Billing vom Max-Planck-Institut für Physik in Göttingen. Er hatte den ersten deutschen programmgesteuerten Elektronenrechner, G1 (1952), gebaut. Der Aufsatz in der ZAMM war Billings erste Veröffentlichung über den von ihm entwickelten Magnettrommelspeicher. Damals war er im Institut für Instrumentenkunde der Max-Planck-Gesellschaft tätig.

Billing hatte laut seinen Lebenserinnerungen (Ein Leben zwischen Forschung und Praxis, Selbstverlag F. Genscher, Düsseldorf 1997, Seite 84) Zuse im Spätsommer 1947 an einem geheimnisumwobenen Kolloquium in Göttingen kennen gelernt. Bei der Max-Planck-Gesellschaft kannte man Zuses Erfindungen. Dieser hatte nämlich am 29. März 1945 die Z4 erfolgreich an der ehemaligen Aerodynamischen Versuchsanstalt in Göttingen vorgeführt, im gleichen Gebäude arbeitete Billing. Nach 1950 bestand eine Zusammenarbeit zwischen der Zuse KG, Neukirchen, und dem Göttinger Forschungsinstitut.

Am 13. Juli 1949, also wenige Monate nach Erscheinen des Artikels, fuhren Eduard Stiefel und Max Lattmann (technischer Direktor der Contraves, Zürich) bei Konrad Zuse in Hopferau vor, wo die Maschine im Keller des Mehllagers der Bäckerei Martin stand. Und kurz darauf, am 7. September 1949, wurde der Mietvertrag in der Gaststätte des Badischen Bahnhofs in Basel unterzeichnet. Das war eine überaus mutige Tat und – wie sich im Nachhinein zeigte – ein kluger Schachzug Stiefels. Howard Aiken von der Harvard-Universität, Cambridge, Massachusetts, hatte ihm vom Kauf der Relaismaschine abgeraten. Gemeinsam mit IBM (Endicott, New York) war er Schöpfer des Riesenrechners Harvard Mark 1/IBM ASCC (1944).

Weshalb wurde der Mietvertrag mit der Zuse KG nicht verlängert?

Dem Schulratsprotokoll vom 12. Juli 1952 (Seiten 326–327) ist zu entnehmen:

„Das Institut für angewandte Mathematik erachtet den Bau einer neuen, leistungsfähigeren und rascheren Maschine als notwendig. Es nennt hierfür folgende Gründe:

1. Der Mietvertrag für die Z4 läuft im Juli 1955 ab. Die Maschine, die ununterbrochen im Betrieb steht, wird bis dahin einen Grad der Abnutzung erreicht haben, der kaum mehr einen rationellen Weiterbetrieb gestatten wird. Wir erachten es deshalb nicht als tunlich, den Vertrag über diesen Termin hinaus zu verlängern.
2. Das Volumen an mathematischen Arbeiten, das unser Institut bewältigen könnte, übersteigt die Leistungsfähigkeit der Z4 bei weitem: da die Maschine auf Monate hinaus besetzt ist, musste immer ein Teil der Aufträge zurückgewiesen werden. Eine neue Maschine würde bedeutend schneller rechnen und damit wesentlich mehr Möglichkeiten geben; damit wäre der schweizerischen Industrie und Wissenschaft ganz erheblich gedient.

3. Die Technik macht schnelle Fortschritte, und die Z4 ist bei Ablauf des Mietvertrags als veraltet zu betrachten. Es werden in vielen europäischen Ländern neue Maschinen gebaut, nämlich in Frankreich, Holland, Belgien; Deutschland hat bisher zwei, Schweden drei unabhängige Zentren für die Entwicklung moderner Rechengeräte. Es kann dem wissenschaftlichen Ansehen der Schweiz nur nützen, wenn sie hier nicht zurücksteht."

Günstige Übernahmebedingungen
Im obigen Protokoll werden die Übernahmebedingungen der Z4 – wie schon 1949 – als „günstig" bezeichnet. Ferner ist zu lesen:

Dauerbetrieb ohne Aufsicht
„Die neue Maschine (d.h. die ERMETH) ist für vollautomatischen Betrieb geplant; sie wird unbeaufsichtigt arbeiten können und einen zwanzigstündigen statt wie bisher einen achtstündigen Betrieb pro Tag gestatten."

Abschied von der Z4
Für den „Abtransport des alten Z4-Automaten" wurden 309,50 Franken aufgewendet (Tätigkeitsbericht des Instituts für angewandte Mathematik 1955, Seite 8).

Wie kam es zum Zeitzeugenbericht?

Zu Beginn der Nachforschungen war ein einziger, noch lebender Zeitzeuge der Z4 namentlich bekannt. Dank langwieriger Umfragen gelang es nach und nach, einen Überblick über Angehörige der ETH Zürich zu gewinnen, die mit dem Zuse-Rechner zu tun hatten. Auch ein (lückenhaftes) Gruppenbild aus dem Jahr 1954 mit Mitarbeitenden des Instituts für angewandte Mathematik (siehe Seite 111) half nicht weiter. Es enthielt keine Vornamen. Über aussen stehende Benutzer gab es kaum Angaben. So hatte der Verfasser keine Kenntnis davon, dass Urs Hochstrasser ein langjähriger Kunde des Rechenzentrums war. Zum Glück ging auf die ihm zugesandte erste Auflage der Zuse-Broschüre eine Zuschrift ein, in der er sich zu Recht beschwerte, dass er übergangen wurde. Weil ohnehin eine zweite, verbesserte und erweiterte Auflage geplant war, bat der Verfasser Urs Hochstrasser um einen Zeitzeugenbericht. Es bot sich eine seltene Gelegenheit, einen Erfahrungsbericht frei von Schönfärberei zu erhalten. Dass Urs Hochstrasser diesem Wunsch in überaus sachkundiger Weise nachkam, ist angesichts seines Alters besonders verdienstvoll.

3 Ein Zeitzeuge berichtet über seine Erlebnisse mit der Z4

Urs Hochstrasser war einer der wichtigsten Nutzer der Zuse-Maschine. Im Folgenden berichtet er über seine mehrjährigen Erfahrungen mit der Z4. Er war an bedeutenden Vorhaben beteiligt: den Berechnungen für die mit 285 m höchste Gewichtsstaumauer der Welt, Grande Dixence (Bauzeit 1950–1961), und den Flatterrechnungen für das innovative schweizerische Erdkampfflugzeug P-16 (Entwicklung ab 1950, Erstflug 1955, Überschallgeschwindigkeit im Stechflug).

Prof. Dr. Dr. h.c. Urs Hochstrasser, 3074 Muri bei Bern

Abb. 3.1 *Urs Hochstrasser, 1944*

- * am 12. Januar 1926 in Zürich,
- Diplom in theoretischer Physik bei Prof. Dr. Wolfgang Pauli (ETH Zürich, 1948), anschliessend Beginn der Doktorarbeit und Weiterbildung in theoretischer Physik,
- Assistent am Lehrstuhl für Mechanik bei Prof. Dr. H. Ziegler (ETH Zürich, 1950),
- Assistent am Institut für angewandte Mathematik (ETH Zürich, 1950/1951),
- Stipendiat der Universität von Kalifornien in Los Angeles (1951/1952)
- angewandter Mathematiker bei den Flug- und Fahrzeugwerken Altenrhein (1952–1954): Durchführung der Flatterrechnungen für das Düsen-Jagdflugzeug P-16 mit der Z4,
- Dissertation in numerischer Mathematik bei Prof. Dr. Eduard Stiefel (ETH Zürich, 1954),

- Assistant Professor an der American University, Washington, D.C., and Guest Worker am National Bureau of Standards, Washington, D.C. (1955–1957),
- Direktor des Rechenzentrums und Associate Professor der Universität Kansas, Lawrence (1957–1960),
- Wissenschaftsrat an den schweizerische Botschaften in Washington, D.C., und Ottawa (1958–1961),
- Delegierter des Schweizerischen Bundesrates für Fragen der Atomenergie (1961–1969),
- Titularprofessor der ETHZ und Honorarprofessor der Universität Bern,
- Direktor des Bundesamtes für Bildung und Wissenschaft (heute Staatssekretariat für Bildung und Forschung, 1969–1989)

Meine ersten Erfahrungen mit programmierbaren Rechenautomaten, insbesondere der Z4

Nachdem ich 1948 an der ETH Zürich in Physik mit einer theoretischen Untersuchung beim Nobelpreisträger Prof. Dr. Wolfgang Pauli diplomiert hatte, begann ich bei ihm auch noch eine Doktorarbeit. Das von ihm dafür vorgeschlagene Thema betraf ein theoretisches Modell, dessen Unzulänglichkeit bereits erkannt worden war. Seine Bearbeitung erforderte komplizierte, langwierige mathematische Umformungen. Darauf mehrere Jahre aufzuwenden, erwies sich nach ersten Bemühungen wenig attraktiv, sodass ich nach einer andern Möglichkeit, einen Doktortitel in einem für mich interessanteren Wissensgebiet zu erwerben, Umschau hielt. Prof. Dr. Eduard Stiefel, der Direktor des in meinem Diplomjahr gegründeten ETH-Instituts für angewandte Mathematik (IAM), bot mir an, bei ihm in numerischer Analysis, einem im Zusammenhang mit der Entwicklung von programmierbaren Computern damals rasch aufblühenden mathematischen Spezialbereich, zu doktorieren. Ich hatte ihn schon während meiner Studienzeit schätzen gelernt und nahm deshalb sein Angebot gerne an.

Berechnungen rund um die Uhr für die Talsperre Grande Dixence

Zu meiner Einführung in das neue Tätigkeitsfeld musste ich mich an einer Berechnung der Verformung der Grande-Dixence-Staumauer durch den Druck des Stausees beteiligen. Vor der Inbetriebnahme der Z4 standen dafür nur elektromechanische Schweizer Tischrechner Madas zur Verfügung, um eine angenäherte numerische Lösung dieses Problems zu finden. Um die umfangreichen Rechnungen rasch voranzutreiben, veranstaltete mein Doktorvater in spe mit mir und IAM-Mitarbeitern ganze Nächte andauernde „Rechenmarathonläufe". Ich vermute, dass er als Oberst der Artillerie so die Forderung eines schweizerischen Militärinstruktors: „Wenn die 24 Stunden des Tages zur Aufgabenbewältigung nicht ausreichen, so muss dafür eben die Nacht in Anspruch genommen werden" berücksichtigt hat. Diese strapaziöse Arbeit war sicher ein starker Ansporn, einerseits bessere Rechenmethoden für die Lösung der umfangreichen mathematischen Beziehungen (Systeme mit einer hohen Zahl von linearen Gleichungen), aus denen die Verformungen angenähert berechnet werden konnten, zu entwickeln und andererseits einen Computer zu beschaffen, der einen viel grösseren Teil der erforderlichen Rechenarbeit rasch und möglichst zuverlässig zu übernehmen vermochte.

Prof. Stiefel lieferte zur Erfüllung dieser Wünsche persönlich insbesondere zwei wesentliche Beiträge:

1. die Methode der konjugierten Gradienten zur raschen Berechnung einer guten approximativen Lösung der vorher genannten Gleichungssysteme,
2. die mehrjährige Miete der Z4, die Anfang der Fünfzigerjahre auf dem europäischen Kontinent der einzige funktionsfähige programmierbare Computer war.

„Ich musste praktisch ständig vor der Maschine stehen und sie bedienen"

In meiner Dissertation wendete ich sein neues Verfahren, das allerdings praktisch gleichzeitig in den USA von Prof. Dr. Magnus Hestenes entdeckt worden war, zur Berechnung der Verformung eines Flugzeugflügels an. Die Eidgenössischen Flugzeugwerke Emmen benötigten diese Information für das Düsenflugzeug N-20, eine originelle, aber nicht zu Ende geführte Entwicklung für die Schweizer Armee. Es ist unmöglich, die Verschiebung eines beliebigen Punkts der zweidimensionalen Scheibe, die als Approximation des Flügels benutzt wurde, direkt mit einer einfachen mathematischen Formel auszurechnen. Vielmehr kann diese, d.h. ihre zwei Koordinaten, nicht in jedem beliebigen Punkt, sondern nur in einer endlichen Zahl von Punkten (in diesem Fall wurden 53 gewählt) bestimmt werden. Die 106 unbekannten Koordinaten sind die Lösung von ebenso vielen Gleichungen, die aus der physikalischen Theorie für einen solchen Körper abgeleitet werden können.

Stiefels Methode führte, ausgehend von beliebig festgelegten Ausgangswerten für diese Koordinaten, in 106 Schritten zu einer Lösung des Gleichungssystems, wobei diese in der Praxis nicht genau sein konnte, da im Computer jede Zahl nur mit einer endlichen Anzahl von Stellen dargestellt wird. Die Methode besitzt den Vorteil, dass die Werte sich in jedem Schritt der Lösung annähern, sodass ich nur 90 Schritte durchführen musste, um akzeptable Näherungswerte zu erhalten. Oft stand mir die Z4 bloss während der Nacht zur Verfügung. Aus zwei Hauptgründen musste ich praktisch ständig vor der Maschine stehen und sie bedienen:

Zwischenergebnisse müssen wegen Speicherplatzmangels auf Filmstreifen gelocht werden

Die Z4 besass nur 64 Speicherzellen, in die Dualzahlen, die nicht ganz siebenstellige Gleitkomma-Dezimalzahlen darstellten, aufgenommen werden konnten. Das reichte nicht aus, um die Zwischenresultate der einzelnen Schritte zu speichern. Deshalb mussten diese auf Filmstreifen herausgelocht und im folgenden Schritt wieder eingelesen werden. Auch die Steuerung der Z4, deren Befehle in einer Vorbereitungsphase auf Filmstreifen gelocht wurden, konnte nicht maschinenintern entsprechend dem Fortschritt der Rechnungen durch Änderung der Befehle an eine neue Situation angepasst werden. Dies hatte der Benutzer von Hand durch Einlegen neuer gelochter Filmstreifen zu bewerkstelligen. Die Z4 musste also laufend überwacht werden, und im richtigen Zeitpunkt musste der richtige Filmstreifen in eine der beiden Ablesestationen eingelegt oder aus ihr herausgenommen werden.

Fehlerhafte warme Telefonrelais und verbogene Speicherbleche stören den Betrieb

Die Z4 verwendete, wie bereits erwähnt, intern Dualzahlen, d.h. jede davon bestand aus einer Anordnung von Einsen und Nullen. Im Rechenwerk wurden diese durch offene bzw. geschlossene Stromkreise dargestellt. Deren Öffnung oder Schliessung sowie die Ausführung der Programmbefehle erfolgten durch 2200 Telefonrelais, die im Betrieb recht warm wurden, sodass hie und da Kontaktstellen zusammenlöteten. Durch Klopfen und anschliessendes Abschmirgeln der Kontakte konnte dieser Fehler behoben werden. Dies erforderte eine Kenntnis des Schaltschemas des Rechenwerks, dessen Relais in mehreren Schränken installiert waren. Nur so gelang es, rasch den richtigen Schrank zu öffnen und das defekte Relais zu finden. Immerhin vermochte dies auch ein nicht entsprechend technisch ausgebildeter Benutzer vorzunehmen. Ausserdem versagten aber auch einzelne der durch sechs Transporte und zugehörige Montagen und Demontagen strapazierten Relais so vollständig, dass sie ausgewechselt werden mussten.

Ein weiterer störungsanfälliger Teil der Z4 war der schon erwähnte Speicher, in dem Blechplatten Eisenzapfen in zwei der 1 bzw. der 0 entsprechende Stellungen gemäss der darzustellenden Zahl zu positionieren hatten. Diese Bleche verbogen sich ab und zu, sodass die Positionierung beim Speichern und die Ablesung nicht mehr richtig erfolgten. Die Auswechslung der Relais wie auch die Reparatur des Speichers (Glättung der Bleche) blieben ausschliesslich dem entsprechend technisch ausgebildeten Personal, das gleichzeitig auch den Eigenentwurf des IAM, den Computer ERMETH, zu konstruieren hatte, vorbehalten. Das war mit ein Grund, warum schwerer wiegende Fehler nicht immer in kurzer Zeit behoben werden konnten.

Die leicht programmierbare Z4 erleichtert langwierige Rechnungen wesentlich

Die geschilderten Berechnungen vermochte ich in etwas mehr als einem Jahr zu bewältigen, obschon die Z4 nicht selten Fehler produzierte oder ganz ausfiel. Diesen raschen Fortgang meiner Arbeit habe ich vor allem dem unermüdlichen und verständnisvollen Einsatz von Herrn Prof. Dr. Ambros Speiser, der zu meiner Zeit für den Unterhalt der Z4 verantwortlich war, zu verdanken. Im Vergleich mit der mühseligen Handrechnung für das Grande-Dixence-Projekt erlaubte die Z4 bei langwierigen komplizierteren Rechnungen schon eine wesentliche Entlastung.

Die Z4 war im Vergleich zu andern damaligen Rechenautomaten leicht zu programmieren. Sie arbeitete jedoch noch verhältnismässig langsam (Speiser schätzte, dass sie etwa 1000 Operationen/Stunde leistete). Letztere Aussage findet sich schon im Abschlussbericht der von Stiefel mit der Abnahmeprüfung 1949 am Standort in Hopferau (Deutschland) beauftragten Corrado Böhm und Harry Laett:

„Die Maschine Z4 arbeitet etwa 100-mal langsamer als eine betriebssichere amerikanische Maschine. Dieser Nachteil fällt aber nur ins Gewicht, wenn sehr viele Rechnungen mit demselben Streifen nacheinander ausgeführt werden."

Nächtelanger Betrieb der Z4 ohne Überwachung führt zu böser Überraschung

Die rechenintensive Lösung komplexer Probleme mit der Z4 erforderte aber noch wegen ihrer Störanfälligkeit zusätzliche Zeit, da selbst Zwischenresultate laufend mit geeigneten mathematischen Methoden überprüft werden mussten. Wer dies nicht einprogrammierte und sogar die Z4 ohne Überwachung, sofern das die Komplexität des auszuführenden Programms und die Menge der in die Rechnung eingehenden Zahlen überhaupt zuliessen, ganze Nächte laufen liess, konnte böse Überraschungen erleben. Der leider früh verstorbene Prof. Dr. Heinz Rutishauser, einer der führenden schweizerischen Pioniere der Computerwissenschaften, entdeckte einmal bei seiner morgendlichen Inspektion des Maschinenraums einen langen Papierstreifen, den die Z4 in der vorhergehenden Nacht mit immer der gleichen Zahl bedruckt hatte. Er schrieb dann darauf die Frage: „Ist das ein neuer Code für „Om mani padme hum?" (ein Mantra, das auf tibetanischen Gebetsmühlen repetiert wird).

Meine etwas negative Beurteilung der Zuverlässigkeit der Z4 widerspricht positiven Äusserungen zu diesem Thema von Zuse und Speiser. Deren Meinung gründete auf der wohl richtigen Feststellung, dass die in der Z4 verwendeten Relais zuverlässiger und dauerhafter waren, als die kurzlebigen Elektronenröhren, die in die während des Zweiten Weltkrieges hergestellten ersten amerikanischen Computer eingebaut wurden. Nach diesem Weltkonflikt sind dann aber schon in den mit immer rascherer Kadenz entwickelten neuen Computern wesentlich bessere Elektronenröhren verwendet worden. Relativ bald wurden diese durch sehr viel zuverlässigere Festkörperkomponenten (Dioden, Transistoren, integrierte Schaltungen) ersetzt.

Kinostreifen mit alten deutschen Filmen, aber kein Projektor zum Abspielen

In einem anderen Punkt weicht meine Beurteilung von den in Zuses Lebenserinnerungen nachzulesenden Meinungen ab. Dort beklagt er sich über das langweilige Zürcher Nachtleben, das wenigstens mit der nächtlich arbeitenden Z4 eine gewisse Attraktion erhalten habe. Prof. Speiser beschrieb deren akustische Komponente mit den Worten: „Deutlich waren das Ticken des Programmabtasters, das Klappern der Relais im Rechenwerk und das Klirren der Speicheroperationen." Zu dieser Aufzählung sind die Geräusche hinzuzufügen, welche der zweite, meistens auch benutzte Abtaster, der Programm und Zahlen von Filmstreifen ablas, und die elektrische Schreibmaschine beim Herausschreiben von Resultaten produzierten. Für den zu Recht stolzen Schöpfer der Z4 mag das eine erfreuliche Unterhaltung gewesen sein, wenn er ihr nachts um zehn Uhr mangels anderer attraktiver Veranstaltungen einen nicht allzu langen Besuch abstattete. Rückblickend muss ich gestehen, dass mir, der zur rechtzeitigen Bedienung der Maschine ganze Nächte um sie herumturnen musste, die Z4 am Morgen um drei Uhr nicht gerade einen Ohrenschmaus, sondern schon eher eine Kakophonie, d.h. eine Kollektion von unangenehmen harten und schrillen Geräuschen, produzierte. Auf jeden Fall gefiel mir die mit ähnlichen Geräuschen arbeitende Sinfonie "Les Echanges", ein Stück für 16 Schreibmaschinen (Hermes-Electric), 18 Rechenmaschinen (Madas und Precisa)), 8 Buchungsautomaten (Ruf-Intro-mat), 12 Streifenlocher, 10 Registrierkassen (Hasler), 8 Klebstreifenbefeuchter, 8 Fernschreiber, 2 Klassentaktgeber, 4 Bahn-Signalglocken, 2 Tür-Gongs, 10 Hupen, 16 Telefonapparate, 40 Empfänger einer Suchanlage, 1 Vervielfältiger und l Hubstapler, die der Schweizer Komponist Rolf Liebermann (1910–1999) für die Landesausstellung 1964 (Lausanne) geschrieben hatte, wesentlich besser.

Zum optischen Unterhaltungswert der Z4 haben in Zuses Augen vermutlich das Blinken der Lämpchen, die das Funktionieren der Z4 anzeigten und zu ihrer Bedienung aufforderten, sowie die für die Speicherung von Programmen und Zahlen verwendeten Zelluloidrollen, auf denen alte deutsche Filme zu sehen waren, beigetragen. Allerdings stand im Maschinenraum kein Projektor zur Verfügung, sodass mir die mühselige Durchsicht der Streifen von Hand wenig unterhaltsam schien.

Z4 hilft bei Flatterrechnungen für das Düsenflugzeug P-16

Die Z4 leistete mir nicht nur bei meiner Doktorarbeit grosse Dienste, sondern auch bei anspruchsvollen Rechenaufgaben, die ich in meiner Stellung als angewandter Mathematiker der Flug- und Fahrzeugwerke Altenrhein FFA (Kanton St. Gallen) vom Herbst 1952 bis Ende 1954 im Zusammenhang mit der Entwicklung eines Erdkampf-Düsenflugzeuges, des P-16, für die Schweizer Flugwaffe zu lösen hatte. Vor allem ging es darum, die kritische Geschwindigkeit zu bestimmen, oberhalb derer die von der Umströmung der Luft verursachten Schwingungen des Flugkörpers nicht mehr gedämpft, sondern verstärkt werden („Flatterrechnungen“). Im Zweiten Weltkrieg waren schweizerische propellergetriebene Mehrzweckflugzeuge abgestürzt, weil die Piloten in Unkenntnis dieser Grösse ihre Maschine erheblich zu schnell geflogen hatten. Wegen fehlender Anzeichen realisierten sie das Überschreiten dieser kritischen Geschwindigkeit nicht, und das Flugzeug vibrierte rasch so stark, dass es fast explosionsartig auseinander gerissen wurde. Um solche Katastrophen zu vermeiden, wurden darauf Geschwindigkeitsbeschränkungen eingeführt, für deren Festlegung die Bestimmung der kritischen Geschwindigkeit wesentlich war.

IBM-Anlagen zuverlässiger und schneller als die Z4, aber schwer zu programmieren

Die Berechnung der kritischen Geschwindigkeit erwies sich als noch umfangreicher als die beschriebene Ermittlung der Deformation eines Flügels. Angesichts der rasch wachsenden Zahl von Interessenten für die Benutzung der Z4 musste ich nach anderen in Zürich vorhandenen Rechenkapazitäten Ausschau halten. Ich fand diese im dortigen Rechenzentrum der

International Business Machines Corp. (IBM), wo man Lochkartenmaschinen stundenweise mieten konnte. Das Zentrum besass ausser den üblichen Maschinen für die Bearbeitung von Lochkarten und Tabulatoren für das Drucken der in sie gelochten Informationen auch schon zwei allerdings nur beschränkt programmierbare Rechner, die Relaismaschine 602A und den Rechenlocher 604, der Elektronenröhren verwendete. Auf den beiden Rechnern konnten im beschränkten Masse arithmetische Operationen (Addition, Subtraktion, Multiplikation und Division) zu einem kleinen Rechenprogramm kombiniert werden, das mit Hilfe von Kabeln auf auswechselbaren Schaltbrettern gesteckt wurde. Die Rechengeschwindigkeit der 602A lag im Mittel leicht über derjenigen der Z4. Bei der elektronischen 604 hingegen war diese intern so gross, dass deren stündliche Gesamtleistung nur von der Arbeitsgeschwindigkeit der Ablese- und Locheinheit (6000 Karten/Stunde) bestimmt wurde. Die überwiegend erst vor kurzem neu angeschafften Maschinen des Rechenzentrums arbeiteten zuverlässiger als die Z4. Hinderlich erwiesen sich die beschränkten und umständlichen Programmiermöglichkeiten, sodass ich den komplexeren Teil der Berechnungen auf der Z4 erledigte.

Zehn Meter langer Filmstreifen steuert die Z4 eine Stunde lang

Zu meiner Entlastung und zur rascheren Ermittlung der kritischen Geschwindigkeit ermöglichte mir die FFA, einen Assistenten an der ETH anzustellen. Nacheinander haben dipl. Ing. ETH Heinz Waldburger (1953 bis 1959 Assistent von Rutishauser und Stiefel, Verfasser der Gebrauchsanleitung für die ERMETH. Später weiterhin mit Erfolg im Computerbereich in der Privatindustrie und an Hochschulen tätig) und dipl. Math. ETH Hans-Rudolf Schwarz (später Professor für numerische und angewandte Mathematik an der Universität Zürich) diesen Posten übernommen und mir initiativ, zuverlässig und effizient bei der Bewältigung der schwierigen und umfangreichen Rechnungen für den P-16 geholfen. Nach meinem Ausscheiden aus der FFA, weil ich mich neuen Aufgaben in den USA widmen wollte, übernahm letzterer meine Nachfolge. Er fasste die vielen Filmabschnitte mit meinen gelochten Programmen für die Flatterrechnung in einem einzigen, über zehn Meter langen Filmstreifen zusammen, der dann an je zwei Rollen am Boden und an der Decke des Maschinenraums geführt die Z4 während etwa einer Stunde steuerte.

Simulation naturwissenschaftlicher und technischer Prozesse

Dies ist ein kleines Beispiel für einen wichtigen Prozess, der in der zweiten Hälfte des letzten Jahrhunderts dank der enormen Fortschritte in der Elektronik, die den Bau immer leistungsfähigerer, aber auch billigerer Computer erlaubte, stattfand und auch heute noch im Gange ist. Zu seinem Verständnis wird nachfolgend analysiert, welche Aufgaben für das Verstehen und die Nutzung von natürlichen und technischen Vorgängen zu bewältigen sind. In der Vergangenheit hat der Mensch dafür Theorien und Experimente entwickelt. In neuerer Zeit steht ihm zusätzlich die Simulation, die auf Computern realisiert wird, zur Verfügung. In fast allen Naturwissenschaften entstand deshalb ein neues Teilgebiet, die computergestützte Physik, die computergestützte Biologie usw. Es befasst sich mit der Computersimulation naturwissenschaftlicher und technischer Prozesse. Die geschilderten beiden Arbeiten auf der Z4 können auch als Simulationen betrachtet werden:

In meiner Dissertation habe ich simuliert, wie ein Flugzeugflügel deformiert wird, wenn eine Kraft auf ihn wirkt. Mit der Flatterrechnung für den P-16 habe ich im Prinzip das Gleiche getan, nämlich untersucht, wie sich bei den vorgegebenen Geschwindigkeiten die Schwingungen des Flugkörpers verhalten, die durch die umfliessende Luftströmung angeregt werden.

Wesentlich für die eingetretene enorme Ausbreitung der Simulation war, dass der Computer dem Menschen zunehmend einen immer grösseren Teil der Arbeit für die Lösung von meist sehr komplexen Simulationsaufgaben abzunehmen vermochte.

Dabei geht es konkret um die folgenden Aufgaben:

1. Es muss eine Theorie mit dem zugehörigen mathematischen Modell gefunden oder entwickelt werden, die den zu untersuchenden Prozess zu beschreiben erlaubt. Es geht dabei um die Definition von mathematischen Beziehungen, welche die Zusammenhänge zwischen den bekannten Eigenschaften und den zu bestimmenden Resultaten von Einwirkungen gemäss den Naturgesetzen möglichst wirklichkeitsgetreu beschreiben.
2. Wahl der numerischen Verfahren oder, falls noch nicht vorhanden, Entwicklung von Methoden zur wenigstens angenäherten Bestimmung der in diesen mathematischen Beziehungen auftretenden Unbekannten.
3. Detaillierte Festlegung der Abfolge der einzelnen Operationen, welche der Computer auszuführen hat, um – meistens schrittweise – die gesuchten Grössen zu finden.
4. Auf dieser Basis kann dann das eigentliche Computerprogramm erstellt werden, das die Eingabe der Zahlen, welche die Eigenschaften des Untersuchungsgegenstandes quantifizieren, und die Ausgabe der Resultate sowie die genaue Befehlsabfolge zur Steuerung des Rechenwerks im Computer und die Zuteilung der verfügbaren internen und externen Zahlenspeicherzellen organisiert.
5. Mit diesen Programmen und Zahlen sind nun mit dem Computer die Unbekannten zu berechnen.
6. Schliesslich muss noch überprüft werden, ob die vom Computer errechneten Resultate die gesuchten Lösungen tatsächlich ausreichend approximieren.

Erste programmierbare Rechenmaschinen nur für einen Teil dieser Aufgaben geeignet

Die ersten wirklich funktionierenden programmierbaren Computer konnten nur in einigen der beschriebenen Aufgaben mitwirken, die Z4 bei den Punkten 4 bis 6. Dank der enormen Fortschritte in der Computertechnik vermag heute sogar ein einfaches Notebook, das unter 1000 Franken kostet und zu dessen Aufbewahrung eine Mappe ausreicht, nicht bloss die von der Z4 in vielmonatigen Rechnungen produzierten Resultate in Stunden und mit wesentlich grösserer Genauigkeit zu finden, sondern auch die Herstellung der Computerprogramme (Punkt 4) wesentlich zu vereinfachen. Mit Hilfe einer problemorientierten formalen Sprache (z.B. Algol, Fortran, Pascal, C++) wird die Aufgabe 4 unabhängig von dem für die Programmausführung bestimmten Computertyp realisiert. Der Computer übersetzt das dann selbstständig in eine ihm unmittelbar verständliche Befehlsfolge.

Neue Soft- und Hardware, die dem Computer die Fähigkeit gaben, nicht bloss mit Zahlen, sondern auch mit nichtnumerischen Informationen (zunächst Buchstaben, dann aber auch Bilder und Töne) effizient zu arbeiten, ermöglichten diesen erweiterten Computereinsatz und erlaubten seine hilfreiche Verwendung bei den ersten drei Aufgaben. Die gewaltigen Fortschritte in der Computertechnik der letzten Jahrzehnte führten zudem zu einer engen Verbindung zwischen ihr und der ebenfalls hoch entwickelten Kommunikationstechnik. Als eines der wesentlichsten Produkte davon sei hier der Aufbau des Internets, eines weltumspannenden Computernetzwerks, genannt. Dieser Fortschritt trug in hohem Masse dazu bei, dass der Computer auch bei der Lösung der ersten drei Aufgaben den Menschen wirksam zu entlasten vermochte.

Stürmische Entwicklung der Informatik kaum vorausgesehen

Um eine kleine Illustration dafür zu geben, sei darauf hingewiesen, dass ich zur Auffrischung meiner Erinnerungen an die Z4 die zwei Berichte, in denen ich das Vorgehen zur Lösung der vorstehend beschriebenen Probleme für die Fachwelt dargestellt habe, nämlich

„Die Anwendung der Methode der konjugierten Gradienten und ihrer Modifikationen auf die Lösung linearer Randwertprobleme.“ Dissertation, zu finden über die Webadresse: http://e-collection.library.ethz.ch/eserv/eth:33091/eth-33091-02.pdf, und

„Flatterrechnung mit Hilfe von programmgesteuerten Rechenmaschinen“, publiziert in der Zeitschrift für angewandte Mathematik und Physik, Band VI, 1955, Seiten 300–315, zu finden über die Webadresse http://www.springerlink.com/content/l4072026387v5v17/, in wenigen Minuten vom Internet auf meinen Computer daheim heruntergeladen habe. Nachher vermochte ich in den so zugänglichen digitalisierten Texten mit Stichworten die für diesen Bericht interessierenden Stellen rasch aufzufinden und herauszukopieren. Ich habe auch eine Wiedergabe der erwähnten Sinfonie von Rolf Liebermann von der Webseite „http://www.classissima.com/en/video/rolf-liebermann---symphonie-les-echanges-(version-f%C3%BCr-156-b%C3%BCromaschinen)-expo-1964/“ auf meinen Computer übertragen und abspielen können, um mich mit wenig Zeitaufwand zu überzeugen, dass sie mir auch heute noch eine lustige Unterhaltung bietet.

Abschliessend gestehe ich offen, dass ich, wie übrigens auch alle mir bekannten ZeitgenossInnen, nicht schon, als ich mit der Z4 arbeitete, erahnt habe, dass der Computer eine solch zentrale Rolle in unserem beruflichen und auch im täglichen Leben erfolgreich spielen wird. Nach gewissen Äusserungen in Zuses Tagebüchern zu schliessen, trifft diese Feststellung für ihn nicht zu. Gesamthaft betrachtet hat mir die damalige Zeit gleichwohl manch positive Erfahrungen gebracht.

4 Tabellen zur Z4

Erläuterungen zu den Tabellen (Aufträge für die Z4 sowie Personalverzeichnis IAM)

Liste der mit der Z4 an der ETH Zürich von 1950 bis 1955 durchgeführten Arbeiten

Es gibt ein nicht öffentlich verfügbares Verzeichnis des Instituts für angewandte Mathematik (IAM) der ETH Zürich aus dem Jahr 1955. Es beschreibt 55 Aufträge und Untersuchungen, die von 1950 bis 1955 mit der Z4 erledigt wurden. Wer das Schriftstück verfasst hat, ist unbekannt. Die Liste ist nicht vollständig, denn Heinz Rutishauser spricht von etwa 100 ausgeführten Arbeiten. Sie dürfte aber die massgeblichen Arbeiten berücksichtigen. Es fehlen jedoch oft (nähere) Auskünfte zu den Auftraggebern, häufig heisst es bloss „Industrie". Anhand des Verzeichnisses wurde versucht, eine Tabelle mit zusätzlichen Angaben zu erstellen: In vielen Fällen konnten die Namen der Unternehmen ausfindig gemacht werden. Ergänzt wurden wenn möglich auch die Namen der Beteiligten, und auch der Zeitraum wurde erfasst. Diese Übersicht wurde den noch lebenden Zeitzeugen zur Durchsicht vorgelegt, sie mögen sich aber nur noch teilweise an die damaligen Ereignisse erinnern.
Bezug: http://e-collection.library.ethz.ch

Personalverzeichnis des Instituts für angewandte Mathematik der ETH Zürich (1948–1964)

Die nicht allgemein zugänglichen Tätigkeitsberichte des Instituts für angewandte Mathematik (IAM) der ETH Zürich sind eine Fundgrube für Auskünfte über die Verwendung der Z4 an der ETH Zürich. Verfasser ist mit einer Ausnahme (Heinz Rutishauser) stets Eduard Stiefel. Die Berichte sind allerdings lückenhaft und nicht immer eindeutig. Anhand dieser Unterlagen wurde versucht, ein Verzeichnis des Institutspersonals für die Jahre 1948 bis 1964 anzufertigen, also eine Liste von Zeitzeugen während der Pionierzeit. In den meisten Fällen gelang es, die Vornamen ausfindig zu machen. Die Angaben zur Anstellungsdauer sind manchmal unsicher. Ergänzt wurde das Erscheinungsjahr einer etwaigen Dissertation. Die Übersicht wurde mit Hilfe der noch lebenden Zeitzeugen vervollständigt. Über die damaligen Mitarbeitenden des IAM gibt es, von den Schulratsprotokollen abgesehen, keine Unterlagen mehr. Die ETH Zürich archiviert laut Auskunft der Personalabteilung Personaldossiers

über einen Zeitraum von 25 Jahren, was weit über die gesetzliche Vorgabe von 10 Jahren hinausgeht.
Bezug: http://e-collection.library.ethz.ch

Liste der 1950 bis 1955 mit der Z4 ausgeführten Aufträge und mathematischen Untersuchungen

Eidgenössische Technische Hochschule Zürich, Institut für angewandte Mathematik

Tab. 4.1 *Liste der an der ETH Zürich von 1950 bis 1955 mit der Z4 ausgeführten Arbeiten*

A. Aufträge						
Nr.	**Thema**	**Auftrag-geber**	**Bemerkungen**	**Beteiligte**	**Zeit-auf-wand**	**Zeit-raum**
1	Berechnung der Spannungen in einer Talsperre (Gewichtsstaumauer Grande Dixence)	Institut für Baustatik der ETH/ Kommission für die Probleme der Talsperren	angenäherte Lösung eines Randwertproblems mit partieller Differenzialgleichung 4. Ordnung unter Benutzung des Punktrelaxationsverfahrens von R. Southwell	Eduard Stiefel, Heinz Rutishauser, Urs Hochstrasser, F. Krantz	rd. 150 Std. Z4	1950
2	numerische Auswertung einer neuen Knickspannungshypothese bei Backsteinmauern	Empa, Zürich	Bestimmung der Maxima bei einer 4-parametrigen Schar von Funktionen		rd. 100 Std. Z4	1950
3	Berechnungen zum Raketenflug	Werkzeugmaschinenfabrik, Oerlikon, Bührle	Integration eines Systems von 8 gewöhnlichen linearen Differenzialgleichungen 1. Ordnung. Für diesen Auftrag wurde eine spezielle numerische Methode entwickelt.		rd. 50 Std. Z4	1950/51 1951/52
4	quantenmechanische Untersuchungen an Naphtalinmolekülen	privat	Bestimmung von Eigenwerten einer 8-reihigen symmetrischen Matrix mit Hilfe der Methode der gebrochenen Integration. Diese Methode erwies sich als sehr vorteilhaft für die Trennung nahe beieinander liegender Eigenwerte.		rd. 15 Std. Z4	
5	Funktionsauswertung für die Hochfrequenztechnik	Institut für Hochfrequenztechnik der ETH Zürich	gekoppelte Schwingungskreise: Auflösung eines Systems quadratischer Gleichungen		rd. 30 Std. Z4	1950

A. Aufträge

Nr.	Thema	Auftraggeber	Bemerkungen	Beteiligte	Zeitaufwand	Zeitraum
6	Strahlendurchgang durch ein optisches System	Ernst Leitz, Wetzlar	k.A.		rd. 15 Std. Z4	1950
7	Interpolationsausgleich photogrammetrischer Streifenaufnahmen (Interpolation in 2 Variabeln)	Institut für Photogrammetrie der ETH Zürich	Auswertung eines 12-gliedrigen Ausdrucks in 2 Variabeln für ca. 2000 Wertepaare x, y		rd. 90 Std. Z4	1950/ 51
8	Untersuchungen über die Stabilität eines Systems von 6 linearen Differenzialgleichungen von zusammen 10. Ordnung	Industrie	Anwendung des Hilbert-Routhschen Stabilitätskriteriums. Die Koeffizienten der Gleichungen waren so lange zu variieren, bis das System stabil wurde. Dabei erwies sich der Routhsche Algorithmus in seiner ursprünglichen Form als sehr geeignet für das programmgeesteuerte Rechnen.		rd. 25 Std. Z4	
9	Berechnungen über Schwingungen einer vierachsigen Lokomotive	Schweizerische Lokomotiv- und Maschinenfabrik, Winterthur	Lösung eines Systems von 4 Differenzialgleichungen 2. Ordnung		rd. 25 Std. Z4	
10	harmonische Analyse von Tangentialkraftkomponenten (Tangentialdruckfunktionen bei Dieselmotoren) (nach Runge-Terebesi, aber mit 48 Stützstellen)	Maschinenfabrik Gebrüder Sulzer, Winterthur	Insgesamt wurden 121 solche Analysen durchgeführt.		rd. 130 Std. Z4	1950/ 51, 1951/ 52, 1955

A. Aufträge

Nr.	Thema	Auftraggeber	Bemerkungen	Beteiligte	Zeitaufwand	Zeitraum
11	Berechnung der Deformation und der Spannungen in einer parallelogrammförmigen Platte (Flugzeugflügel) unter dem Einfluss einer Einzelkraft	Eidg. Flugzeugwerke, Emmen	System von 2 partiellen Differenzialgleichungen 2. Ordnung. Durch Differenzenmethoden auf die Auflösung von 106 Gleichungen mit 106 Unbekannten zurückgeführt. Deren Auflösung mit dem Verfahren der konjugierten Gradienten (siehe Nr. 44), vgl. auch U. Hochstrasser: Die Anwendung der Methode der konjugierten Gradienten und ihrer Modifikationen auf die Lösung linearer Randwertprobleme. Dissertation, ETH Zürich 1954, 48 Seiten (http://e-collection.library.ethz.ch/eserv/eth:33091/eth-33091-02.pd)	Urs Hochstrasser	rd. 500 Std. Z4	1950/51
12	Berechnung der Flugbahnen von Raketen	Werkzeugmaschinenfabrik Oerlikon, Bührle	Untersuchung zum Einschwingen einer Rakete auf ihren Leitstrahl		rd. 30 Std. Z4	1950
13	Berechnungen zu einem geometrischen Extremumsproblem	privat	Tabellierung gewisser Funktionen von 2 Variabeln		rd. 22 Std. Z4	
14	Berechnung von Strahlendurchgängen durch ein optisches System	Ernst Leitz, Wetzlar	k.A.		k.A.	
15	Bestimmung der kritischen Drehzahlen eines Turbinenaggregats	Brown, Boveri, Baden	An diesem Problem wurde das Verfahren von Lanczos erprobt, wobei wertvolle Erfahrungen gesammelt werden konnten. Ingesamt wurden drei verschiedene Turbinenaggregate auf diese Weise behandelt.	Heinz Rutishauser	rd. 420 Std. Z4	1951/52

A. Aufträge

Nr.	Thema	Auftrag-geber	Bemerkungen	Beteiligte	Zeit-auf-wand	Zeit-raum
16	Abflussregulierung für die drei Juraseen	Eidg. Wasserwirtschafts-amt, Bern	Nach einigen Berechnungen auf der Z4 zeigte es sich, dass dieses Problem ca. 2000 Stunden auf der Z4 benötigen würde. Wir zogen es deshalb vor, ein spezielles Gerät für diese Aufgabe zu konstruieren. Siehe auch Nr. 46	Emil Lanker	k.A.	
17	Berechnungen zu einem mehrstufigen Verdichter	Maschinenfabrik Gebrüder Sulzer, Winterthur	Dieser Auftrag wurde im Lauf der Zeit mit verschiedenen Ausgangswerten mehrmals durchgeführt.		rd. 250 Std. Z4	1951/52, 1954
18	Integration eines Systems von 6 linearen Differenzialgleichungen	Industrie	Numerische Integration zuerst nach dem Verfahren von Adams (Interpolation), in einem späteren Auftrag derselben Art nach Quade-Hermite, was sich als vorteilhafter erwies.		rd. 160 Std. Z4	
19	Untersuchungen über die numerische Integration von Differenzialgleichungen	Industrie	Es wurden einige Methoden zur numerischen Integration von Differenzialgleichungen erprobt. Diese Untersuchung wurde später von uns weitergeführt (siehe unter Nr. 43).		rd. 30 Std. Z4	
20	Lösung einer partiellen Differenzialgleichung	Industrie	zusätzlich umfangreiche mathematische Untersuchungen		wenige Std. Z4	
21	Berechnungen für ein Linsensystem	Rodenstock, München	k.A.		rd. 200 Std. Z4	1951/52
22	Untersuchungen über Systeme von 4 simultanen nichtlinearen Gleichungen mit 4 Unbekannten	Maschinenfabrik Gebrüder Bühler, Uzwil	Berechnungen zur pneumatischen Förderung von Getreide		rd. 15 Std. Z4	1951/52
23	Lösung von linearen Gleichungssystemen (4 von 8 Unbekannten)	Industrie	k.A.		rd. 25 Std. Z4	

A. Aufträge

Nr.	Thema	Auftrag-geber	Bemerkungen	Beteiligte	Zeit-auf-wand	Zeit-raum
24	Berechnungen einer belasteten schiefen Platte mit freien und eingespannten Rändern und einer Unterstützung in der Mitte (Brücke Altmarkt bei Liestal)	Schweizerische Bundesbahnen	partielle Differenzialgleichung 4. Ordnung. Der Auftrag wurde mit dem Ritzschen Verfahren (21 Koordinatenfunktionen!) gelöst.	Hans Jakob Mähly	rd. 200 Std. Z4	1951/52
25	Bestimmung der kritischen Drehzahlen einer mehrlagerigen Welle durch Störungsrechnung aus den kritischen Drehzahlen einer bereits gerechneten Welle	Brown, Boveri, Baden	lineare Differenzialgleichung 4. Ordnung (Randwertproblem); gelöst mit Lanczos-Verfahren. Ergänzung zu Auftrag Nr. 15	Heinz Rutishauser	rd. 100 Std. Z4	1953
26	Berechnung der kritischen Geschwindigkeit bei Flatterschwingungen: Bestimmung von Eigenwerten von 3- bis 6-reihigen komplexen Matrizen	Flug- und Fahrzeugwerke Altenrhein	siehe U. Hochstrasser: Flatterrechnung mit Hilfe von programmgesteuerten Rechenmaschinen, Zeitschrift für angewandte Mathematik und Physik, Band 6, 1955	Urs Hochstrasser, Heinz Waldburger, Hans-Rudolf Schwarz	rd. 800 Std. Z4	1953–1955
27	Berechnung des Spannungsverlaufs bei der Entladung eines Kondensators über RL- und RC-Glieder	Industrie	k.A.		rd. 5 Std. Z4	
28	Berechnungen zur Einstellung der Drehstähle bei der Bearbeitung von Werkstücken auf der Drehbank	Industrie	k.A.		rd. 10 Std. Z4	
29	Berechnungen von Geschossflugbahnen	Flab-Artillerie/ kriegstechnische Abteilung: Prof. Sänger und Dr. Roth	k.A.		rd. 900 Std. Z4	1953, 1955

A. Aufträge

Nr.	Thema	Auftraggeber	Bemerkungen	Beteiligte	Zeitaufwand	Zeitraum
30	Berechnungen zum Sturzflug eines Flugzeugs (mit besonderer Berücksichtigung des Auffangens)	Flug- und Fahrzeugwerke Altenrhein	k.A.	Hans-Rudolf Schwarz	rd. 120 Std. Z4	
31	Berechnung der Tabelle einer Funktion von 2 Variabeln	Organisch-chemisches Laboratorium, ETH Zürich	vgl. Primas & Günthard, Helvetica chimica acta, Band 37, 1954	Hans-Heinrich Günthard, Hans Primas	rd. 60 Std. Z4	1953, 1955
32	Berechnungen zum Grenzschichtproblem in der Hydrodynamik	Universität Freiburg i. Br.	Anregung von Prof. Görtler		rd. 90 Std. Z4	1954
33	quantenmechanische Berechnungen bei aromatischen Verbindungen (Nullstellen von Polynomen)	Organisch-chemisches Laboratorium der ETH Zürich	vgl. Schmid & Heilbonner, Helvetica chimica acta, Band 37, 1954, Seiten 1453–1466	Edgar Heilbronner, Rudolf Schmid, Hans Jakob Mähly	rd. 50 Std. Z4	1953, 1954
34	Hilfsrechnungen für die Herstellung eines Analogierechengeräts (Balwi-Gerät)	kriegstechnische Abteilung	k.A.		rd. 60 Std. Z4	1954
35	Hilfsrechnungen für die Bogenstaumauer Zervreila (21 lineare Gleichungen mit 21 Unbekannten)	Motor-Columbus, Baden	Auflösung mit dem Gaussschen Algorithmus		rd. 50 Std. Z4	1953
36	Aufladung eines Kondensators über nichtlineare Widerstandselemente (numerische Integration einer gewöhnlichen Differenzialgleichung)	Hochspannungslaboratorium der ETH Zürich	k.A.		rd. 60 Std. Z4	
37	Berechnung der Eigenschwingungen gewundener Stäbe (Bestimmung der Nullstellen von 8-reihigen Determinanten)	Institut für Mechanik der ETH Zürich	Die Berechnungen wurden durch das Personal des Instituts für Mechanik der ETH Zürich vorbereitet und auf der Z4 durchgeführt. Vgl. Troesch, Anliker, Ziegler, Quarterly Applied Mathematics, Band 12, 1954, Seiten 163–173	Urs Hochstrasser, Max Anliker, Beat Andreas Troesch, Hans Ziegler	rd. 430 Std. Z4	1950, 1953, 1954

A. Aufträge

Nr.	Thema	Auftraggeber	Bemerkungen	Beteiligte	Zeitaufwand	Zeitraum
38	Hilfsrechnungen für das Europäische Laboratorium für Elementarteilchenphysik (Cern) in Genf	Cern, Genf	Auswertung mathematischer Formeln		rd. 130 Std. Z4	1954, 1955
39	Tabelle einer algebraischen Funktion	Empa, Zürich	k.A.		rd. 10 Std. Z4	1955
40	Tabelle einer Funktion von 2 Variabeln	Hasler, Bern	k.A.		rd. 25 Std. Z4	1955
41	geophysikalische Hilfsrechnungen	Geophysikalisches Institut der ETH Zürich	Auswertung von Formeln		rd. 10 Std. Z4	1955

B. Mathematische Untersuchungen

Nr.	Thema	Auftraggeber	Bemerkungen	Beteiligte	Zeitaufwand	Zeitraum
42	Inversion von Matrizen	k.A.	Es wurde eine Methode entwickelt, um diese Aufgabe auf der Z4 vollautomatisch zu lösen. Sie wurde durch Prof. Dr. H. Rutishauser an der Tagung der Gesellschaft für angewandte Mathematik und Mechanik am 29.3.1951 in Freiburg im Breisgau vorgetragen; vgl. auch Zeit-schrift für angewandte Mathematik und Physik, Band 3, 1952, Seiten 312–313, wo dieses Verfahren als Beispiel zitiert ist.	Heinz Rutishauser	rd. 50 Std. Z4	
43	Integration von Differenzialgleichungen	k.A.	Eine längere Untersuchung wurde durchgeführt, um unter den vielen Verfahren zur Integration von Differenzialgleichungen ein möglichst rationelles herauszufinden. Vgl. H. Rutishauser: Bemerkungen zur numerischen Integration gewöhnlicher Differentialgleichungen n-ter Ordnung, in: Zeitschrift für angewandte Mathematik und Physik, Band 6, 1955, Seiten 497–498 (ausführlichere, überarbeitete Version in: Numerische Mathematik, Band 2, 1960, Seiten 263–279)	Heinz Rutishauser	rd. 150 Std. Z4	

B. Mathematische Untersuchungen

Nr.	Thema	Auftraggeber	Bemerkungen	Beteiligte	Zeitaufwand	Zeitraum
44	Relaxationsverfahren (Verfahren der konjugierten Gradienten)	Industrie	Von Prof. Dr. E. Stiefel wurde ein spezielles Relaxationsverfahren entwickelt zur Lösung partieller Differenzialgleichungen (das sog. n-Schrittverfahren oder Verfahren der konjugierten Gradienten). Dieses eignet sich sehr gut für programmgesteuerte Rechenmaschinen. Vgl. E. Stiefel: Über einige Methoden der Relaxationsrechnung, Zeitschrift für angewandte Mathematik und Physik, Band 3, 1952, Seiten 1–33, sowie Hestenes & Stiefel: Method of Conjugates Gradients for Solving Linear Systems, Journal of Research of the National Bureau of Standards, Band 49, 1952, Seiten 409–436. Das Verfahren kam erstmals im Zusammenhang mit einem Industrieauftrag zur Anwendung. Die Rechnung wurde mit der Z4 durchgeführt (vgl. Nr. 11).	Eduard Stiefel, Urs Hochstrasser	k.A.	
45	Instabilität von Lösungsmethoden	k.A.	Prof. Dr. H. Rutishauser führte mit der Z4 Untersuchungen über die Instabilität durch. Hierüber ist bis jetzt noch sehr wenig bekannt. Vgl. H. Rutishauser: Über die Instabilität von Lösungsmethoden zur Integration gewöhnlicher Differenzialgleichungen, Zeitschrift für angewandte Mathematik und Physik, Band 3, 1952, Seiten 65–74	Heinz Rutishauser	rd. 15 Std. Z4	
46	Berechnung gewisser elektrischer Netzwerke mit linearen Potentiometern (vgl. auch Nummern 16 und 34)	k.A.	Bei der Entwicklung zweier Analogierechengeräte mussten gegebene Kurven durch Potentiometerschaltungen dargestellt werden. Mit Hilfe der Z4 wurden verschiedene hierzu geeignete Verfahren geprüft. Anschliessend wurden gewisse rationale Funktionen tabelliert, welche zur Anfertigung von Hilfskurvenblättern benötigt wurden. Vgl. A. P. Speiser: Über die Konstruktion von Rechengeräten mit linearen Potentiometern sowie die mathematischen Grundlagen der zugehörigen Kurvenanpassungen, der ETH eingereichte Habilitationsschrift, vgl. ferner Moheb Aziz Abdel Messih: Tabellen zur Erzeugung von Funktionen einer und zweier Variabeln mit linearen Potentiometern. Mitteilungen Nr. 5 aus dem Institut für angewandte Mathematik, ETH Zürich 1954.	Ambros Speiser, Moheb Aziz Abdel Messih	rd. 130 Std. Z4	

B. Mathematische Untersuchungen

Nr.	Thema	Auftraggeber	Bemerkungen	Beteiligte	Zeitaufwand	Zeitraum
47	Praktische Berechnungen zum Lanczosschen Verfahren	k.A.	Zur Eigenwertbestimmung und zum cg-Verfahren von E. Prof. Stiefel. Vgl. H. Rutishauser: Beiträge zur Kenntnis des Lanczosschen Bioorthogonalisierungsalgorithmus, Zeitschrift für angewandte Mathematik und Physik, Band 4, 1953, Seiten 35–56	Heinz Rutishauser	rd. 20 Std. Z4	
48	Untersuchungen über die Auflösung algebraischer Gleichungen	k.A.	Von Dr. H. Mähly wurde für die Auflösung algebraischer Gleichungen ein neues Verfahren entwickelt und auf der Z4 erprobt. Vgl. Zeitschrift für angewandte Mathematik und Physik, Band 5, 1954, Seiten 260–263	Hans Jakob Mähly	rd. 170 Std. Z4	1953
49	Untersuchungen zum Quotienten-Differenzen-Algorithmus	k.A.	vgl. H. Rutishauser: a) Der Quotienten-Differenzen-Algorithmus, Zeitschrift für angewandte Mathematik und Physik, Band 5, 1954, Seiten 233–251; b) Anwendungen des Quotienten-Differenzen-Algorithmus, Zeitschrift für angewandte Mathematik und Physik, Band 5, 1954, Seiten 496–507; c) Bestimmung der Eigenwerte und Eigenvektoren einer Matrix mit Hilfe des Quotienten-Differenzen-Algorithmus, Zeitschrift für angewandte Mathematik und Physik, Band 6, 1955, Seiten 387–401	Heinz Rutishauser	rd. 200 Std. Z4	
50	Berechnungen zur gegenseitigen Störung der Planeten Jupiter und Saturn	k.A.	Es wurde eine neue, auf Rechenautomaten zugeschnittene Methode der Berechnung solcher Störungen entwickelt und ausprobiert. Vgl. E. Stiefel: Ermittlung von allgemeinen Störungen einer Planetenbewegung, Archiv der Mathematik, Band 5, 1954, Seiten 347–354	Eduard Stiefel	rd. 140 Std. Z4	
51	Numerische Versuche mit einem neuen Relaxationsverfahren	k.A.	vgl. E. Stiefel: Relaxationsmethoden bester Strategie zur Lösung linearer Gleichungssysteme. Commentarii mathematici helvetici, Band 29, 1955, Seiten 157–179	Eduard Stiefel	rd. 70 Std. Z4	
52	Numerische Versuche zur LR-Transformation	k.A.	Es wurde ein neues Verfahren zur Bestimmung der Eigenwerte und Eigenvektoren einer Matrix entwickelt und ausprobiert. Vgl. H. Rutishauser: Une méthode pour la détermination des valeurs propres d'une matrice, Comptes rendus de séances de l'académie, Paris, Band 240, 1955, Seite 34	Heinz Rutishauser	rd. 50 Std. Z4	
53	Untersuchungen zum Untermatrizenverfahren zum Auflösen grosser Gleichungssysteme	k.A.	k.A.		rd. 40 Std. Z4	

B. Mathematische Untersuchungen

Nr.	Thema	Auftraggeber	Bemerkungen	Beteiligte	Zeitaufwand	Zeitraum
54	Differenziation von Funktionen	k.A.	Es wurde mit Erfolg versucht, die Rechenmaschinen auch zu nicht typisch numerischen Arbeiten heranzuziehen, z.B. zum Differenzieren von ganz rationalen Ausdrücken in x, y, y'...$y^{(n)}$, z.B. also von f(x,y,y') = $xy+y^2+y'^3$. Es wurde eine Methode entwickelt, welche gestattet, mit der Z4 einen solchen Ausdruck beliebig oft nach x zu differenzieren.		k.A.	
55	Automatische Rechenplanfertigung	k.A.	Einige Rechenprogramme (insbesondere für die Aufträge Nr. 15 und 24) waren derart lang (bis zu 6000 Befehlen), dass Prof. H. Rutishauser eine Methode entwickelte, um diese Programme durch die Maschine "berechnen" und lochen zu können. Es wurde für diesen Zweck ein neuer Befehl "Loche einen Befehl" in die Z4 eingebaut, worauf zahlreiche Programme auf diese Weise hergestellt werden konnten. Das Verfahren stellte einen Vorläufer der für die ERMETH entwickelten Methode dar. Vgl. H. Rutishauser: Automatische Rechenplanfertigung, Mitteilungen Nr. 3 aus dem Institut für angewandte Mathematik, Birkhäuser, Basel 1952	Heinz Rutishauser	k.A.	
				Gesamt	rd.6427 Std. Z4	

Anmerkungen

1950 wurden Berechnungen für Contraves, Zürich, ausgeführt.

1951/52 wurden für die Firmen Maschinenfabrik Gebrüder Sulzer, Winterthur, Micafil, Zürich (heute ABB Schweiz), und Siemens-Schuckert, Erlangen, verschiedene Untersuchungen über Differenzialgleichungen durchgeführt; für Contraves, Zürich, wurde ein System von 12 simultanen (z.T. nicht-linearen) Differenzialgleichungen gelöst.

1953 benutzten die Flug- und Fahrzeugwerke Altenrhein "die Z4 mit eigenem Personal in grösstem Massstab für die Untersuchung von Flattererscheinungen bei ihren Flugzeugtypen" (Jahresbericht 1953). Weitere Arbeiten wurden für die Firmen Gebrüder Sulzer AG, Winterthur, Micafil, Zürich (heute ABB Schweiz), Motor-Columbus, Baden (heute Atel), und Contraves, Zürich, sowie für das Institut für theoretische Physik der ETH Zürich (Prof. Pauli) durchgeführt.

1954 wurde für Ernst Trümpy (Laboratorium für Hochspannungstechnik der ETH Zürich) eine elektronische Schaltung berechnet. Für Contraves, Zürich, wurde ein Einschwingvorgang einer Servorsteuerung berechnet. Dr. Schultze, Hasler, Bern, berechnete ballistische Widerstandsfunktionen.

Quellen: Liste der 1950 bis 1955 mit der programmgesteuerten Rechenmaschine Z4 ausgeführten Aufträge und mathematischen Untersuchungen, Institut für angewandte Mathematik, ETH Zürich, 11. Juli 1955.

Tätigkeitsberichte des Instituts für angewandte Mathematik, ETH Zürich, 1950–1955, Auskünfte von Zeitzeugen, Martin Gutknecht. Angaben ohne Gewähr. Verfasser: Herbert Bruderer

Voll- und teilzeitlich angestelltes Personal in den Jahren 1948 bis 1964

Tab. 4.2 *ETH Zürich, Institut für angewandte Mathematik (IAM), Voll- und teilzeitlich angestelltes Personal in den Jahren 1948 bis 1964*

Belegschaft IAM 1948–1964																			
	Beginn		**Zuse Z4**						**ERMETH**								**CDC**		
Name	**1948**	**1949**	**1950**	**1951**	**1952**	**1953**	**1954**	**1955**	**1956**	**1957**	**1958**	**1959**	**1960**	**1961**	**1962**	**1963**	**1964**	**Bemerkungen**	**Dissertation**
Stiefel, Eduard; Prof.																		Leitung Institut	1935
Rutishauser, Heinz; Prof.																		Chefmathematiker	1950
Speiser, Ambrosius P.; Prof.																		Chefingenieur	1950
Abdel-Messih, Moheb Aziz																		Doktorand	1954
Amer, Roshdi Abdel-Rahmann																		Doktorand	1964
Ammann, Hans																		Techniker (ERMETH)	
Appenzeller, Hans Rudolf																		Ingenieur (ERMETH)	
Arbenz, Kurt; Prof.																		Assistent, Mathematiker	1958
Baumgartner, Otto																		Assistent, Mathematiker	
Bendel, Hermann																		Doktorand	1962
Bielek, Edmund																		Ingenieur (ERMETH)	
Bodmer, René																		Assistent	
Böhm, Corrado; Prof. 1)																		Assistent, Mathematiker	1954
Boutros, Youssef																		Assistent	1964
Brauchli, Urs																		Assistent	
Burdet, Claude-Alain; Prof.																		Assistent	1968
Bürki, Willi																		Mechaniker (ERMETH)	
Chytil, Paul																		Assistent	
de Fries, Jan 2)																		Ingenieur (ERMETH)	
Descloux, Jean; Prof.																		Doktorand	1960
Dracos, Themistocles; Prof.																		Doktorand	1963
Eder, Monica																		Operatorin/Programmiererin	
Engel, Emil																		Mechaniker (ERMETH)	
Engeli, Max E.; Prof. 3)																		Assistent/Doktorand	1962
Flühler, Hugo																		Assistent	1967
Furrer, D.																		Sekretärin (ERMETH)	
Gantenbein, Peter																		Betriebsassistent	
Ganz, Alfred																		Assistent	
Ginsburg, Theo; PD																		wiss. Mitarbeiter, Mathematiker	1956
Graf, Hans Rudolf																		Ingenieur	
Henrici, Peter; Prof.																		Doktorand	1953
Hochstrasser, Urs; Prof. 4)																		Lehrbeauftragter, Berater des IAM	1954
Huber, Pia																		Operatorin	
Hug, Ronald																		Ingenieur	
Hürlimann, Annemarie																		Sekretärin (ERMETH)	
Keppler, Harald																		Assistent	

Belegschaft IAM 1948–1964

	Be-ginn		Zuse Z4						ERMETH								CDC		
Name	1948	1949	1950	1951	1952	1953	1954	1955	1956	1957	1958	1959	1960	1961	1962	1963	1964	**Bemerkungen**	**Disser-tation**
Kocherhans, J.																		Mechaniker (ERMETH)	
Koutroufiotis, Dimitri																		Assistent	
Krantz, Friedrich (Dr.)																		Assistent	
Laett, Harry 5)																		Assistent, Ingenieur	
Läuchli, Peter; Prof.																		Assistent, Doktorand (ERMETH)	1959
Mähly, Hans Jakob; Prof.																		Assistent, Mathematiker	1951
Mathys, Helmuth																		Mechaniker (ERMETH)	
Matzinger, Heinrich; Prof.																		Assistent, Mathematiker	1963
Meier, Annemarie																		Sekretärin	
Messerli, Rudolf																		Mechaniker (ERMETH)	
Müller, Eugen																		Mechaniker (ERMETH)	
Pfiffner, Dorothee (Dr.) 6)																		Assistentin, Mathematik	
Rössler, Max; (Assistenz-)Prof.																		Assistent	1966
Röthlisberger, Ingo																		Ingenieur (ERMETH)	
Rüttimann, Georg																		Mechaniker (ERMETH)	
Scarpellini, Bruno; Prof.																		Doktorand	1962
Schai, Alfred, Ingenieur 7)																		Ingenieur (ERMETH)	
Schär, Josef																		Mechaniker (ERMETH)	
Schertenleib, H.P.																		Mechaniker (ERMETH)	
Schlaepfer, Ferdinand Eduard																		Assistent, Mathematiker	1965
Schlaeppi, Hans																		Assistent, Ingenieur	
Schröder, Alfred																		Assistent	
Schuler, Peter																		Assistent	
Schwarz, Hans-Rudolf; Prof. 8)																		wiss. Mitarbeiter	1956
Seppälä, Veikko 9)																			
Sieberling, Charles																		Zeichner (ERMETH)	
Siklossy, Tibor																		Programmierer (ERMETH)	
Sinden, Frank W.																		Doktorand	1954
Stock, John Robert																		Assistent, Ingenieur	1956
Stofer, Alfred (Fredy)																		Programmierer (ERMETH)	
Streckeisen, Paul Theophil																		Assistent	1966
Stucky, F.																		Assistent, Elektroingenieur	
Sturzenegger, Ernst Peter																		Assistent	
Szigeti, Paul																		Operator	
Voellmy, G.																		Sekretärin	
Vollmer, Hans-Rudolf																		Assistent	
Waldburger, Heinz 10)																		Assistent, wiss. Mitarbeiter	
Waldvogel, Jörg; Prof.																		Assistent, wiss. Mitarbeiter	1966
Walther, H.																		Mechaniker (ERMETH)	
Wolf, Kurt																		Assistent, Mathematiker	
Zehnder, Carl August; Prof.																		Assistent	1965

Zeichenerklärung

□ Anstellungsdauer (voll- oder teilzeitlich, während des ganzen Jahres oder eines Teils davon)

■ Durchführung der Flatterrechnungen für das Düsen-Jagdflugzeug P-16 mit der Z4 (vgl. Zeitzeugenbericht)

Hinweise

In dieser Übersicht werden aussen stehende Benutzerinnen und Benutzer der Maschinen Z4 und ERMETH nicht aufgeführt.

Soweit möglich wurden in der ersten Spalte die Vornamen ergänzt. Die Professortitel zeigen, dass die Arbeit mit der Z4 und der ERMETH oft Ausgangspunkt einer wissenschaftlichen Laufbahn war. Die beiden Rechenmaschinen waren Gegenstand vieler Veröffentlichungen und Hilfsmittel für zahlreiche Doktorarbeiten.

Die Tätigkeitsberichte 1949/50, 1950/51 und 1951/52 beziehen sich auf das Studienjahr, ab 1953 betreffen sie das Kalenderjahr.

Die Tätigkeitsberichte 1949/50 bis 1956 enthalten jeweils ein Personalverzeichnis. Von 1957 bis 1962 fehlt eine solche Liste, daher sind die Angaben ab diesem Jahr unvollständig.

Ab 1963 werden die Mitglieder der Belegschaft wieder erwähnt. Lücken gibt es auch für die Jahre 1948 und 1949.

Ambros Speiser wechselte 1955 zum IBM-Forschungslabor, (heute in) Rüschlikon (Entlastung an der ETH ab Juli 1955), kurz darauf ging auch Hans Schlaeppi zu IBM.

1) Corrado Böhm war 1948 Assistent für Maschinenbau und Maschinenkonstruieren, 1949 war er Assistent des Instituts für angewandte Mathematik.

2) De Fries war Mitarbeiter der Empa, Zürich.

3) Max Engeli hat 1955 als Nachtoperator die Z4 und dann bis 1959 (Anstellung als Assistent) die ERMETH bedient. Von August 1962 bis August 1964 war er in den USA.

4) Urs Hochstrasser war vom September 1952 bis Ende 1954 Mitarbeiter der Flug- und Fahrzeugwerke Altenrhein: Flatterrechnungen für den P-16 auf der Z4. Er war Assistent am IAM vom Herbst 1950 bis Herbst 1951.

5) Harry Laett war Assistent am Institut für Schwachstromtechnik der ETH Zürich.

6) Dorothee Pfiffner hiess später Dorothee M. Pfiffner Aeppli.

7) Alfred Schai war langjähriger Leiter des Rechenzentrums RZETH.

8) Hans Rudolf Schwarz war von November 1953 bis August 1957 Mitarbeiter der Flug- und Fahrzeugwerke Altenrhein: Bearbeitung verschiedener mathematischer Methoden zur Flatterrechnung bei Flugzeugen. Fortsetzung der Flatterrechnungen für den P-16 auf der ERMETH 1956 und teilweise 1957. Wissenschaftlicher Mitarbeiter am IAM ab 1957.

9) Veikko Seppälä war Mitarbeiter des Instituts für Baustatik der ETH Zürich.

10) Heinz Waldburger war 1953/54 z.T. im Auftrag der Flug- und Fahrzeugwerke Altenrhein (Flatterrechnungen P-16) tätig.

Verfasser: Herbert Bruderer

Quellen: Tätigkeitsberichte des Instituts für angewandte Mathematik der ETH Zürich 1949–1964, Schulratsprotokolle der ETH Zürich, Auskünfte von Zeitzeugen, Martin Gutknecht

5 Die Maschinen von Charles Babbage, Alan Turing und John von Neumann

Vor 75 Jahren – am 30. November 1936 – erschien in London der erste Teil der bahnbrechenden Abhandlung *On computable numbers* des englischen Mathematikers Alan Turing. Darin stellte er eine universelle Maschine vor, die als *Turingmaschine* in die Geschichte einging. Dieses theoretische Modell ist eine massgebliche Grundlage für die derzeitigen, vielfältig einsetzbaren Computer.

Der heutige Digitalrechner kam in der ersten Hälfte der 1940er Jahre – unabhängig – in drei verschiedenen Ländern zur Welt: Deutschland, England und USA. In Berlin war er das Werk eines einzelnen Forschers, anderswo waren Hochschulen, staatliche Betriebe oder die Industrie beteiligt. Der deutsche Erfinder war aus politischen Gründen von der Aussenwelt weitgehend abgeschnitten. Die Briten arbeiteten unter grösster Geheimhaltung, ging es doch um das Knacken verschlüsselter Funksprüche der Nazis. Innerhalb der Vereinigten Staaten gab es hingegen einen Meinungsaustausch.

2010 ging das Zuse-Jahr über die Bühne, 2012 wird das Turing-Jahr gefeiert. Der deutsche Bauingenieur Konrad Zuse (1910–1995) war einer der bedeutendsten Schöpfer des Computers. Der englische Mathematiker Alan Mathison Turing (1912–1954) gilt als einer der wichtigsten Begründer der modernen Informatik. Beide, Zuse und Turing, haben wegweisende Beiträge zur Informatik und zur Rechentechnik geleistet. Mit den zwei Jubiläen kommen alte Streitfragen wieder aufs Tapet:

- Wer hat den programmgesteuerten Rechner erfunden?
- Wer hat den speicherprogrammierten Rechner erfunden?
- Wer hat den Von-Neumann-Rechner erfunden?

Zuse, dessen 100. Geburtstag am 22. Juni 2010 stattfand, schuf 1945 den Plankalkül, eine Vorstufe zu den höheren Programmiersprachen. Im Lauf der Zeit entstanden weit verbreitete Programmiersprachen wie Algol (Heinz Rutishauser u.a.) und Pascal (Niklaus Wirth). Zuse entwickelte den weltersten arbeitsfähigen programmgesteuerten Digitalrechner mit binärer Gleitpunktrechnung, die Z3 (1941). Das Nachfolgemodell Z4 stand von 1950 bis 1955 an der ETH Zürich in Betrieb.

John Backus vermerkt zum Plankalkül: „Like most of the world (except perhaps Heinz Rutishauser and Corrado Böhm, the latter of whom was the first to describe a compiler of his own language), we were entirely unaware of the work of Konrad Zuse. Zuse's „Plankalkül", which he completed in 1945, was, in some ways, a more elegant and advanced programming language than those that appeared 10 and 15 years later." (IEEE Annals of the History of Computing, Band 20, 1998, Heft 4, Seite 69, Abschnitt "Programming systems in 1954"). Auf Deutsch: Wie den meisten Leuten (vielleicht mit Ausnahme von Heinz Rutishauser und Corrado Böhm, der als erster einen Übersetzer für seine eigene Sprache beschrieben hat) war uns das Werk von Konrad Zuse völlig unbekannt. Der "Plankalkül", den Zuse 1945 vollendet hatte, war in mancher Hinsicht eine gepflegtere und fortschrittlichere Programmiersprache als jene, die 10 und 15 Jahre später erschienen sind.

75 Jahre universelle Turingmaschine (1936)

Turing, dessen 100. Geburtstag am 23. Juni 2012 ansteht, reichte am 28. Mai 1936 bei der Londoner Mathematischen Gesellschaft seine bahnbrechende Schrift *On computable numbers, with an application to the Entscheidungsproblem* ein. Dieser Beitrag über berechenbare Probleme erschien laut Jack Copeland (The essential Turing, Clarendon Press, Oxford 2004, Seite 5) am 30. November 1936 (Teil 1) und am 23. Dezember 1936 (Teil 2) in deren Tagungsbericht (Band 42, Teile 3 und 4). Turing hielt allerdings nicht, wie in der Veröffentlichung vermerkt, am 12. November 1936 einen Vortrag. Waren die Verfasser nicht an der Veranstaltung anwesend, galten die Beiträge als vorgelesen. Denn Alan Turing war am 23. September 1936 von Southampton mit dem Linienschiff nach New York gereist, wo er am 29. September ankam und gleichentags nach Princeton weiter fuhr (wo damals auch Albert Einstein war). Viele der im Tagungsbericht wiedergegebenen Aufsätze wurden nicht persönlich vorgestellt.

Rätselhaft ist allerdings, dass das Protokoll der Sitzung vom 18. Juni 1936 Turings Bericht als einen von 22 Vorträgen auflistet, während das Protokoll der jährlichen Hauptversammlung vom 12. November 1936 den Beitrag nicht erwähnt.

Was ist eine Turingmaschine?

Die Turingmaschine ist eine von Alan Turing 1936 vorgeschlagene mathematische Definition des Algorithmus (Rechenvorschrift), gleichsam ein Modell einer einfachen, abstrakten, universellen Rechenanlage. Der Turingmaschine kommt in der theoretischen Informatik eine grundlegende Bedeutung zu. Ihr Schöpfer hat gezeigt, dass es Aufgabenstellungen gibt, die mit Algorithmen nicht lösbar (nicht entscheidbar) sind, z.B. das Hilbertsche Entscheidungsproblem (Untersuchung, ob eine Formel der Prädikatenlogik allgemein gültig ist) und das Halteproblem (Frage, ob die Ausführung eines Algorithmus endlos lange verläuft, ob die Turingmaschine jemals zum Stillstand kommt).

Abb. 5.1 *Alan Turing. Acrylgemälde. © Ingrid Zamecnikova, Bratislava, 2011*

Sämtliche Berechnungen, die auf einem heutigen (realen) Computer, z.B. einem Von-Neumann-Rechner, lösbar sind, können nach der Church-Turing-These auch auf der Turingmaschine ausgeführt werden. Es handelt sich hier um eine Annahme, einen Erfahrungswert: Alle bisher bekannten sinnvollen Berechnungsmodelle und Rechner sind gleich mächtig wie die Turingmaschine. Diese kann einen Von-Neumann-Rechner simulieren (nachahmen), ist aber keiner. Eine Aufgabe lässt sich genau dann berechnen, wenn sie sich durch eine Turingmaschine bewältigen lässt. Eine Datenverarbeitungsanlage gilt als turingmächtig (turingvollständig), wenn sie universell (d.h. frei) programmierbar ist.

Kann sich die Turingmaschine selbst ändern? Ist die Turingmaschine speicherprogrammiert?

Bei einer Turingmaschine wird zunächst klar zwischen Programm- und Datenspeicher unterschieden. Sie ist folglich kein Maschinenmodell, in dem das Steuerprogramm und die Daten im gleichen Speicher abgelegt sind. Die Turingmaschine ist demnach nicht speicherprogrammiert, sie ist vielmehr fest verdrahtet.

Eine *universelle* Turingmaschine ist eine Turingmaschine, die jede beliebige Turingmaschine simulieren kann. In einer universellen Turingmaschine steht zwar das Programm der *simulierten* Maschine („Tochtermaschine"), ein fremdes Programm, im Datenspeicher (dem Speicherband), nicht aber das Programm („Interpreter") der universellen Turingmaschine („Muttermaschine"). Die universelle Turingmaschine trägt zwar das Konzept des Speicherprogramms in sich, ist aber selbst nicht speicherprogrammiert. Anders als bei einem Von-Neumann-Rechner kann eine Turingmaschine ihr *eigenes* Programm während der Laufzeit *nicht* verändern. Eine *universelle* Turingmaschine ist demzufolge nicht selbst veränderlich.

Aus dem Umstand, dass die Turingmaschine einen Von-Neumann-Rechner simulieren kann, folgt, dass die Selbstmodifikation dem Rechenmodell keine zusätzlichen Möglichkeiten gibt. Die Selbstmodifikation hat nicht mehr den gleichen Stellenwert wie früher. Alles, was mit selbst veränderlichen Programmen machbar ist, geht auch ohne.

Turing und das Konzept der Speicherprogrammierung

Die Auffassungen darüber, ob die Turingmaschine speicherprogrammiert ist oder nicht, gehen auseinander. Friedrich Bauer etwa vertritt diese Ansicht: „Die Turing-Maschine kann ebenfalls als speicherprogrammierter Rechner aufgefasst werden." (Friedrich Ludwig Bauer: Historische Notizen zur Informatik, Springer-Verlag, Berlin, Heidelberg 2009, Seite 140).

Jack Copeland schreibt dazu: „The universal Turing machine consists of a limitless memory in which both data and instructions are stored, in symbolically encoded form, and a scanner that moves back and forth through the memory, symbol by symbol, reading what it finds and writing further symbols. By inserting different programs into the memory, the machine can be made to carry out any calculation that can be done by a human computer. That is why Turing called the machine *universal*" (B. Jack Copeland: Colossus. The secrets of Bletchley Park's codebreaking computers, Oxford University Press, Oxford 2006, Seite 104). Auf Deutsch: Die universelle Turingmaschine besteht aus einem unendlichen Speicher, in dem sowohl Daten als auch Befehle in symbolisch verschlüsselter Form gespeichert sind, und einem Schreib-Lese-Kopf, der sich im Speicher hin und her bewegt, Zelle für Zelle, und dabei die vorliegenden Zeichen liest und weitere Zeichen schreibt. Fügt man verschiedene Programme in den Speicher, so kann man die Maschine dazu veranlassen, jede beliebige Berechnung auszuführen, die menschliche Rechnerinnen und Rechner machen können. Daher hat Turing die Machine als universell bezeichnet.

In William Aspray (Hrsg.): Computing before computers, Iowa State University Press, Ames, Iowa 1990, Seiten 118–119, ist zu lessen: "The importance of the universal Turing machine to computer science becomes clear once it is recognized that it is a theoretical model of a digital, stored-program computer. Instructions programming the operation of the machine, as well as data, are entered on the tape. The tape serves the dual function of input-output medium and memory – similar to magnetic tape in computers (which is used, however, only as a secondary storage medium)". Auf Deutsch: Die Bedeutung der universellen Turingmaschine für die Informatik offenbart sich, sobald man erkennt, dass sie ein theoretisches Modell eines digitalen speicherprogrammierten Rechners ist. Programmanweisungen für den Rechenbetrieb wie auch die Daten werden auf dem Band abgelegt. Dieses hat eine doppelte Aufgabe als Eingabe-Ausgabe-Medium und als Speicher – ähnlich dem Magnetband in Elektronenrechnern (das jedoch nur als externer Massenspeicher verwendet wird).

Theoretische Informatik

Die Turingmaschine ist Gegenstand der Berechenbarkeitstheorie (Welche Probleme lassen sich grundsätzlich algorithmisch lösen? Welche Funktionen lassen sich automatisch berechnen?) und der Komplexitätstheorie (Wie hoch sind der Aufwand an Rechenzeit und der Speicherbedarf, um eine Fragestellung zu lösen? Ist die Aufgabe mit vertretbarem Aufwand praktisch lösbar?). Die Turingmaschine ist ferner bedeutsam für die Automatentheorie (Wie verhält sich die abstrakte Maschine, wie ist das mathematische Modell aufgebaut?) und die Theorie der formalen Sprachen (z.B. Programmiersprachen). Sie erlaubt grundsätzliche Aussagen über die Fähigkeiten von Rechenmaschinen, sie eignet sich für das Beweisen von Behauptungen algorithmischer Art.

Bestandteile der Turingmaschine

Eine Turingmaschine besteht aus folgenden Teilen:

- einer endlichen Steuereinheit (Schaltwerk, Programm),
- einem grundsätzlich unendlichen Speicher(band) und
- einem Schreib-Lese-Kopf.

Eine solche Maschine kann man sich als ein Tonbandgerät vorstellen, dessen unendlich langes Speicherband in einzelne Felder (Speicherzellen) unterteilt ist. Ein Feld enthält genau ein Zeichen (aus einem endlichen Zeichenvorrat, z.B. die Ziffern 0 oder 1) oder ist leer. Der Schreib-Lese-Kopf liest das an der jeweiligen Stelle vorliegende Zeichen und beschreibt das Feld (er überschreibt den Inhalt mit einem anderen oder dem gleichen Zeichen). Der Kopf bzw. das Band bewegt sich dabei um ein Feld nach links oder rechts oder bleibt stehen. Der Schreib-Lese-Kopf nimmt auf einmal nur ein Feld unter die Lupe. Eine anschauliche Lego-Turingmaschine ist im Internet zu finden:
http://www.youtube.com/watch?v=cYw2ewoO6c4.

Programmsteuerung

Das Steuerprogramm legt eindeutig fest, was genau gemacht wird. Es lenkt den Schreib-Lese-Kopf und bestimmt, was für ein Zeichen geschrieben und welche Bewegung ausgeführt wird. Die Handlung (Lesen, Schreiben, Bewegen, Zustandsänderung) hängt vom vorgefundenen Zeichen und vom Zustand ab, in dem sich die Maschine zu diesem Zeitpunkt befindet (Zeile, in der das Programm steht). Nach jedem Vorgang kann die Maschine in einen anderen Zustand übergehen. Bei einer Berechnung führt der Weg schrittweise vom Anfangs- zum Endzustand. In dieser Weise werden auch Computerprogramme abgearbeitet.

Aus physikalischen Gründen (unbegrenzter Speicher) lässt sich die Turingmaschine nicht eins zu eins umsetzen. In der Praxis kann man sie dennoch verwirklichen. Bei zusätzlichem

Speicherbedarf kann man nämlich stets externe Speicher hinzufügen. Der benutzte Speicherplatz ist in jedem Augenblick der Berechnung endlich. Trotzdem versucht niemand ernsthaft (ausser für Lehrzwecke), eine Turingmaschine zu bauen: Sie ist zwar einerseits ein sehr einfaches Modell, das sich gut formal beschreiben lässt und deshalb in der Theorie von grosser Bedeutung ist. Denn über diesen unschweren Mechanismus kann man vergleichsweise leicht Beweise führen. Andererseits hat das einfache Modell aber zur Folge, dass das Programmieren der Turingmaschine sehr mühsam und kaum durchführbar ist.

Grundsätzlich gilt: Um theoretische Aussagen (insbesondere eine Behauptung der Form „eine Aufgabe lässt sich *nicht* lösen") zu beweisen, verwendet man möglichst einfache Modelle wie die Turingmaschine. Um jedoch tatsächlich zu programmieren (also Aufgaben zu lösen), baut man möglichst viele Dinge in das Modell ein, die einem die Arbeit weniger beschwerlich machen, und zeigt dann, dass sich diese Erleichterungen grundsätzlich auch in dem einfachen Modell simulieren lassen.

Der amerikanische Logiker Alonzo Church führte 1937 die Bezeichnung „Turingmaschine" in seiner Besprechung von Turings Aufsatz ein. Das Algorithmenmodell von Turing ist ein Beispiel dafür, dass es in der (echten) Informatik um ganz andere Inhalte geht als bei der Handhabung von Anwendungsprogrammen.

Turingpreis und Turingtest

Die bedeutendste Auszeichnung in der Informatik, der „Informatik-Nobelpreis", ist nach Alan Turing benannt (Turingpreis). Berühmt ist ferner der Turingtest (Nachweis der künstlichen Intelligenz).

Turing war nicht nur ein Theoretiker. Er hatte in Bletchley Park, wo sich die Government Code and Cypher School (Zentrum für die Entzifferung des verschlüsselten deutschen Funkverkehrs) des britischen Aussenministeriums befand, 1939 ein elektromechanisches Gerät, eine so genannte Bombe, entwickelt. Zur Herkunft der Bezeichnung „Bombe" gibt es verschiedene Deutungen: z.B. das Gerät verursachte ein tickendes Geräusch oder polnisch für Eisbombe (Eiskrem). Der Vorläufer stammte aus Polen. Bletchley ist eine englische Kleinstadt, Bletchley Park ursprünglich ein viktorianisches Landhaus. Schliesslich arbeiteten hier rund 12 000 Personen. Alan M. Turing und W. Gordon Welchman waren für die Logik der Bomben verantwortlich, der Bau lag in der Obhut von Harold Keen. Diese Maschinen dienten für das Entziffern des Funkverkehrs der deutschen Marine. Die äusserst schwer zu knackenden Geheimnachrichten waren mit der Verschlüsselungsmaschine Enigma erstellt worden. Ohne die hervorragende Leistung Turings hätte der zweite Weltkrieg in Europa laut Einschätzung des Historikers Francis Harry Hinsley von der Universität Cambridge etwa zwei Jahre länger gedauert (F.H. Hinsley; Alan Stripp (Hrsg.): Codebreakers: The inside story of Bletchley Park, Oxford University Press 1993, Seite 12).

Brief an Premierminister Winston Churchill

Aufschlussreich ist auch die berühmte Anordnung des Premierministers Winston Churchill an seinen Stabschef, General Hastings Ismay: „ACTION THIS DAY Make sure they have all they want on extreme priority and report to me that this had been done" (Sorgen Sie dafür, dass sie all das Gewünschte mit allerhöchster Dringlichkeit bekommen und berichten Sie mir, dass dies getan wurde, Zitat nach B. Jack Copeland, The essential Turing, Clarendon Press, Oxford 2004, Seite 336). Das war eine Reaktion auf ein dringliches vertrauliches Schreiben vom 21. Oktober 1941, in dem sich Turing und drei Kollegen unter Umgehung des Dienstweges über den Mangel an Arbeitskräften in Bletchley beklagten. Lord Ismay war später (1952–1957) erster Generalsekretär der Nato.

Turings speicherprogrammierter Rechner ACE (1945)

Ab Oktober 1945 war Turing für das National Physical Laboratory (NPL) in Teddington, London, tätig. Er arbeitete bis zum Jahresende einen ausführlichen Entwurf für den speicherprogrammierten Elektronenrechner ACE (automatic computing engine) aus: *Proposed electronic calculator.* Dabei konnte er auch auf die Erfahrungen mit dem hochgeheimen, programmgesteuerten Spezialrechner Colossus (erster praktisch nutzbarer Röhrenrechner der Welt, Fertigstellung im Dezember 1943, Inbetriebnahme in Bletchley Park im Januar 1944) zurückgreifen. Turing stellte seine Vorschläge, die *Proposals for development in the mathematics division of an automatic computing engine*, am 19. März 1946 dem Vorstand des NPL vor. Ziel war es u.a., die mit der Turingmaschine gewonnenen Einsichten praktisch umzusetzen. Die kompakte, einfach aufgebaute ACE galt als besonders gelungenes und überaus zuverlässiges Gerät. Die fortschrittliche, sparsame Ausgestaltung weicht in mancher Beziehung von der Bauweise von Neumanns ab. Die Mikroprogrammsteuerung und die Nutzung von Unterprogrammen kommen bereits im ACE-Bericht zur Sprache (diese Errungenschaften werden meist Maurice Wilkes von der Universität Cambridge zugeschrieben, Mikroprogramme kommen schon bei Charles Babbage vor.).

Der Rechenautomat wurde zu Turings Verärgerung allerdings erst mit erheblicher Verspätung und überdies in abgespeckter, veränderter Form verwirklicht, unter der Leitung von James H. Wilkinson und Harry D. Huskey. Turing hatte mittlerweile das NPL verlassen und wurde im Herbst 1948 stellvertretender Direktor des Rechenlabors der Universität Manchester (einen Direktor gab es nicht). Das Gerät, Pilot ACE genannt, lief erstmals am 10. Mai 1950. Es war – trotz des missverständlichen Namens – voll betriebsfähig und wurde bis Mai 1956 genutzt. Eine Weiterentwicklung war das in Serie gefertigte marktfähige Gerät DEUCE (digital electronic universal computing engine, März 1955). Die Firma English Electric Company Limited, Stafford, stellte 33 Stück her. Gebaut wurde auch eine ausgewachsene ACE (Fertigstellung Ende 1958, Nutzung bis 1967). Turing verfasste u.a. das Programmierhandbuch für den Ferranti Mark 1. Die an der Universität Manchester entwickelte und von Ferranti vermarktete Anlage gilt als erster im Handel erhältlicher serienmässig gefertigter Computer (erste Auslieferung im Februar 1951).

Alan Turing und die Schweiz

Unseres Wissens gibt es nur wenige Berührungspunkte zwischen Alan Turing und der Schweiz. Belegt ist ein Briefwechsel aus dem Jahr 1937 zwischen Alan Turing (Princeton) und dem Schweizer Logiker Paul Bernays (ETH Zürich), ehemals Mitarbeiter von David Hilbert in Göttingen. Bernays war 1935 von Princeton zurückgekehrt, Turing hielt sich dort von 1936 bis 1938 auf. Bernays machte Turing auf Fehler in seinem 1936 veröffentlichten Aufsatz zur universellen Maschine aufmerksam, was 1937 zu einer Berichtigung führte. „In

Zürich hatte Bernays ärgerlicherweise einige Fehler in Alans Beweis entdeckt, dass das Hilbertsche Entscheidungsproblem in seiner präzisen Form unlösbar war. Sie mussten durch eine ergänzende Notiz in den Proceedings der LMS [Tagungsband der Londoner Mathematischen Gesellschaft] berichtigt werden“ (Andrew Hodges: Alan Turing, Enigma, Springer-Verlag, Wien, New York, 2. Auflage 1994, Seite 156). Der einzige überlieferte, dreiseitige Brief vom 24. September 1937 von Bernays an Turing befindet sich im Archiv des Kings College der Universität Cambridge. Darin macht Bernays Verbesserungsvorschläge zu Turings Berichtigungsentwurf. Verschollen ist ein in der ETH-Bibliothek nachgewiesener dreiseitiger Brief vom 22. Mai 1937 von Turing an Bernays. – Eine Enigma-Verschlüsselungsmaschine steht im Fliegermuseum, Dübendorf.

Von-Neumann-Rechner

Die meisten modernen Computer sind so genannte Von-Neumann-Rechner. Die Bezeichnung ist seit je umstritten, denn von Neumann war kaum der alleinige Urheber des zugrunde liegenden Konzepts (Speicherprogrammierung). Der einflussreiche, aus Ungarn stammende US-amerikanische Mathematiker John von Neumann (1903–1957) hatte von 1923 bis 1925 an der ETH Zürich Chemie studiert. Im Auftrag des US-Verteidigungsministeriums verfasste er als Berater der Universität Pennsylvania einen Bericht über den Aufbau digitaler Rechenautomaten. Der (unvollendete und vorerst unveröffentlichte) Entwurf vom 30. Juni 1945 trägt nur John von Neumanns Namen. Dieser *First Draft of a Report on the EDVAC* wurde von Herman Goldstine, der an der Entstehung des Grossrechners ENIAC mitwirkte, in Umlauf gebracht. Unsicher ist, ob die Verteilung mit oder ohne Wissen und Erlaubnis von Neumanns erfolgte. Das Schriftstück gilt als eines der wichtigsten Dokumente der Informatikgeschichte. Es prägte den Rechnerbau entscheidend.

Die Abhandlung fasst einerseits die Gespräche von mehreren Treffen zusammen, die an der Moore School of Electrical Engineering der Universität Pennsylvania im Zusammenhang mit dem ENIAC 1944/1945 stattgefunden hatten. Von Neumanns Darlegungen gehen aber wohl wesentlich darüber hinaus. Er befasste sich vor allem mit der Logik, bei Eckert und Mauchly stand eher die Elektronik im Mittelpunkt. Die rechnerinterne Programmspeicherung war offenbar Gegenstand der Erörterungen, fraglich ist, von wem die Idee stammte. Eckert soll schon am 29. Januar 1944 Gedanken zu diesem Thema niedergeschrieben haben. Dazu schreibt Martin Davis (The universal computer, W.W. Norton, New York 2000, Seite 187): „There is nothing that even remotely suggests the concept of the all-purpose computer with a large flexible memory in which instructions and data cohabit“ (Hier ist nichts zu finden, das selbst im Entferntesten auf das Konzept eines Universalrechners mit einem grossen, flexiblen Speicher hinweist, in dem sowohl Anweisungen als auch Daten abgelegt sind.).

An den Diskussionen beteiligt waren Presper Eckert, John Mauchly, John von Neumann, ferner Arthur Burks, Herman Goldstine und S. Reid Warren. Eine endgültige Schlussfassung des Berichts kam nie heraus.

Die Programmierung des ENIAC über Steckverbindungen und Drehschalter war schwerfällig und zeitraubend, denn bei neuen Aufgaben war jeweils eine Neuverkabelung erforderlich. Deshalb drängte sich eine geschicktere Lösung auf. Diese Einsicht reifte schon vor der Vollendung des ENIAC, liess sich aber erst später verwirklichen, in den USA etwa mit dem

EDVAC oder dem IAS-Rechner (beide 1952) oder bereits früher in England: Universität Manchester (1948) und Universität Cambridge (1949). Ursprünglich war der ENIAC als Spezialrechner für ähnlich gelagerte Probleme entworfen worden. Bei entsprechender Nutzung wäre der Programmieraufwand wesentlich geringer ausgefallen.

Abkürzungen

EDVAC speicherprogrammierter Röhrenrechner der Universität Pennsylvania, Philadelphia

ENIAC programmgesteuerter Röhrenrechner der Universität Pennsylvania, Philadelphia

IAS speicherprogrammierter Röhrenrechner des Institute for Advanced Study, Princeton

Die vorzeitige Weitergabe des lückenhaften Entwurfs, der die Miturheber – und auch Alan Turing – nicht nennt, führte zu einem jahrzehntelangen Zerwürfnis mit den beiden Erfindern des ENIAC, Presper Eckert und John Mauchly. Die Verbreitung verhinderte ein (einträgliches) EDVAC-Patent, denn die Erfindung war mittlerweile Allgemeingut (gemeinfrei, d.h. allgemein zugänglich) geworden. Die Bekanntmachung galt rechtlich als Veröffentlichung. Zudem war bei der Anmeldung zum Patent die einjährige Frist bereits abgelaufen. Von Neumann befürwortete den allgemeinen, ungehinderten Zugang zu wissenschaftlichen Erkenntnissen, Eckert und Mauchly wollten Rechenanlagen verkaufen. Die Auseinandersetzungen führten schliesslich zum Niedergang der Moore School und Ende März 1946 zum Ausscheiden von Eckert und Mauchly. Sie gründeten eine eigene Firma zur Herstellung von Elektronenrechnern. Ihre Bemühungen mündeten in die Serienfertigung des Univac 1 (erster in grösserer Stückzahl gebauter handelsüblicher Universalrechner). Die Maschine wurde von Remington Rand Corporation (heute Unisys) vertrieben.

Von-Neumann-Architektur

- Ein Von-Neumann-Rechner besteht aus folgenden (getrennten) Funktionseinheiten: einem Steuerwerk (Leitwerk), einem Rechenwerk, einem Speicher(werk) sowie einem Eingabewerk und einem Ausgabewerk. Die verschiedenen Einheiten sind über Datenwege (Datenkanäle, Busse) miteinander verbunden. Neben dem internen Kurzzeitspeicher (Haupt- oder Arbeitsspeicher) gibt es auch externe Langzeitspeicher (Massenspeicher). Im Unterschied zu solchen Serienrechnern haben Parallelrechner mehrere Rechen- und Steuereinheiten (Prozessoren).
- Die Architektur der Rechenautomaten hängt nicht von den zu bearbeitenden Aufgaben ab.
- Daten und Programme sind im gleichen Speicher (interner Hauptspeicher) abgelegt, ebenso die Zwischen- und Endergebnisse.
- Da Programm und Daten nicht unterschieden werden, kann das Programm auch zur Laufzeit überschrieben – und damit verändert – werden. Das Programm lässt sich auswechseln. Es gibt bedingte und unbedingte Sprungbefehle. Mit bedingten Sprungbefehlen kann, abhängig vom Zwischenergebnis, vom festen, starren Programmablauf abgewichen werden. Mit Sprungbefehlen lassen sich überdies Unterprogramme aufrufen.

- Der Speicher ist in gleich grosse, durchnummerierte Zellen (Register genannt) eingeteilt, die sich einzeln ansprechen lassen. Das Steuerwerk kann den Inhalt der Speicherzellen über deren Nummer (Adresse) abrufen und ändern. Aufeinanderfolgende Programmbefehle befinden sich in der Regel in aufeinander folgenden Speicherzellen. Daher kann das Speicherwerk den nächsten Befehl durch Erhöhung der Zelladresse um eins aufrufen.
- Programme und Daten werden nacheinander, Schritt für Schritt (sequentiell, seriell), also nicht gleichzeitig (parallel), abgearbeitet.
- Die Daten, Befehle (Anweisungen) und Adressen sind binär verschlüsselt.

Ein Von-Neumann-Rechner ist demnach ein binärer, serieller *speicherprogrammierter Allzweckrechner* mit bedingten Befehlen und getrennten Funktionseinheiten. Ein Kennzeichen ist das austauschbare und anpassbare, sich selbst verändernde Speicherprogramm. Der Hauptspeicher ist ein Schreib-Lese-Speicher. Im Unterschied dazu ist der Programmspeicher bei programmgesteuerten Maschinen in aller Regel ein Nur-Lese-Speicher (Festspeicher).

Speicherprogramm

Das gespeicherte Programm ist ein Wesenszug des heutigen Computers. Daten und Programme sind nicht getrennt. Nicht nur Daten, sondern auch Anweisungen sind im gleichen Speicher, dem Hauptspeicher, abgelegt. Befehle werden wie Daten behandelt, Anweisungen können wie Daten verändert werden. Dank der Speicherprogrammierung sind moderne Rechner vielseitig verwendbar. Die Ausdrücke „Von-Neumann-Maschine" und „speicherprogrammierte Maschine" werden oft in gleichem Sinn verwendet. Gespeicherte Programme sind viel flexibler als fest verdrahtete, stecktafel-, schalter-, lochkarten- oder lochstreifengesteuerte Programme.

Wer hat das Konzept des Speicherprogramms gefunden?

Über die Frage, wer den Begriff der Speicherprogrammierung ausgedacht hat, wird seit 1945 heftig gestritten. Im Wesentlichen werden drei Schöpfer genannt:

- Alan Turing: Abhandlung *On computable numbers* (universelle Turingmaschine), Veröffentlichung im November und Dezember 1936, sowie ACE-Bericht (erste ausführliche, praktische Beschreibung eines speicherprogrammierten elektronischen Digitalrechners), Vollendung der Ausarbeitung Ende 1945, Vorstellung im März 1946),
- John von Neumann: EDVAC-Bericht (erste allgemeine, theoretische Beschreibung eines speicherprogrammierten elektronischen Digitalrechners mit Schwerpunkt auf der Logik, Verbreitung im Juni 1945),
- Moore School of Electrical Engineering der Universität Pennsylvania: Presper Eckert und John Mauchly (Gespräche 1944/1945 unter Beteiligung von John von Neumann).

Ambros Speiser fragt sich: „Warum sind weder Aiken noch Zuse, ja nicht einmal die ENIAC-Erbauer, auf den Gedanken des Speicherprogramms gekommen? Ein Grund lässt sich angeben: Ihre Speicher waren zu klein" (Hans Dieter Hellige (Hrsg.): Geschichten der Informatik. Visionen, Para-digmen, Leitmotive, Springer-Verlag, Berlin, Heidelberg 2004, Seite 180).

Karl Wildes und Nilo Lindgren verkünden: „Johnny von Neumann's idea of treating instructions like data was beginning to bear unforeseen fruit“ (Karl L. Wildes; Nilo A. Lindgren: A century of electrical engineering and computer science at MIT, 1882–1982, MIT Press, Cambridge, Massachusetts, London 1985, Seite 335). Auf Deutsch: Johnny von Neumanns Gedanke, Befehle wie Daten zu behandeln, begann unerwartete Früchte zu tragen.”

Im Zusammenhang mit der Speicherprogrammierung werden schliesslich auch Konrad Zuse (Patentschriften aus den 1930er und 1940er Jahren) und Charles Babbage angeführt. Die analytische Maschine war allerdings nicht speicherprogrammiert.

Analytische Maschine von Charles Babbage

Die von Charles Babbage 1834 entworfene und teilweise gebaute, aber nie fertig gestellte analytische Maschine (Analytical Engine) hatte folgende Merkmale:

- dampfbetriebene digitale, mechanische, dezimale, serielle, universelle, programmierbare, programmgesteuerte, automatische Rechenmaschine mit Festpunktrechnung,
- Rechenwerk („Mühle“ genannt) für die vier Grundrechenarten, Speicher für Zahlen und Zwischenergebnisse, d.h. Trennung von Recheneinheit und Speicherwerk (=Arbeitsspeicher, Zahlenspeicher),
- Eingabeeinheit (Lochkartenleser für die Eingabedaten und die Befehle) und mehrere Ausgabeeinheiten (Lochkartenstanzer, Drucker, Zeichengerät), Nutzung von Lochkarten wie beim Jacquard-Webstuhl,
- Programmierung (Steuerung) über Lochkarten,
- Wiederholungsschleifen (Iteration), bedingte Sprünge, Mikroprogramme, Parallelverarbeitung.

Die analytische Maschine weist also die meisten wesentlichen Merkmale heutiger Digitalrechner auf. Sie gilt als erster (nicht betriebsfähiger) Computer, geriet jedoch in Vergessenheit. Babbage war damit seiner Zeit um volle hundert Jahre voraus. Im Unterschied dazu war die Differenzmaschine von Babbage ein Spezialrechner mit festem Programm. Babbage arbeitete bis zu seinem Tod (1871) an der analytischen Maschine, 1840 war die Ausgestaltung aber weitgehend abgeschlossen.

Die englische Mathematikerin Ada King, Gräfin von Lovelace (auch Ada Lovelace genannt, ursprünglicher Name: Augusta Ada Byron, 1815–1852), hatte 1843 für die analytische Maschine ein Programm zur Berechnung von Bernoulli-Zahlen geschrieben. Sie gilt deshalb als die erste Programmiererin der Welt. Die Programmiersprache Ada ist nach ihr benannt.

Ist der Begriff „Von-Neumann-Rechner" zutreffend?

Bis heute ist die Frage der Urheberschaft der Speicherprogrammierung und damit der Von-Neumann-Architektur ungeklärt. Namhafte beteiligte und unabhängige Fachleute, Informatiker wie Historiker und zeitgenössische Informatikpioniere haben dazu Stellung genommen: z. B. William Aspray, Friedrich Bauer, Kurt Beyer, Allan Bromley, Alice Burks, Arthur Burks, Paul Ceruzzi, Presper Eckert, Stanley Gill, Herman Goldstine, Fritz-Rudolf Güntsch, Harry Huskey, John Mauchly, Nicholas Metropolis, David Ritchie, Robert Rosin, Ambros Speiser, Nancy Stern, Maurice Wilkes, Michael Williams, Jack Worlton, Heinz Zemanek, Konrad Zuse. Die einen gehen davon aus, dass sich von Neumann mit fremden Federn geschmückt hat. Die anderen halten ihn für den geistigen Vater der Speicherprogrammierung. Nach einer dritten Gruppe um Martin Davis, Jack Copeland und Andrew Hodges stammt das Speicherprogramm hingegen von Alan Turing.

Martin Davis traut Eckert den Einfall des Speicherprogramms nicht zu (The universal computer, W.W. Norton, New York 2000, Seite 191): „The gap between the thinking that went into the ENIAC and the universal computer is so immense that I find it difficult to believe that Eckert had envisioned anything like the latter." Auf Deutsch: Der Graben zwischen den Überlegungen zu dem ENIAC und dem Universalrechner ist derart tief, dass es unglaubhaft erscheint, dass Eckert sich so etwas wie das Speicherprogramm ausgedacht hatte. Wie weit Turing, Eckert/Mauchly und von Neumann sich gegenseitig beeinflusst haben, lässt sich nicht mit Sicherheit feststellen. Von Neumann, der Turing persönlich kannte, hat sich offenbar nie klar zu diesen Vorwürfen geäussert. Zuse lernte Turings Schriften erst viel später kennen (Konrad Zuse: Der Computer – Mein Lebenswerk, Berlin, 5. unveränderte Auflage 2010, Seiten 47 und 77).

Der britische Computerpionier Maurice Wilkes von der Universität Cambridge, Erbauer der ersten praktisch brauchbaren speicherprogrammierten Rechenmaschine (EDSAC), hat die Bezeichnung „Eckert-von-Neumann-Maschine" statt „Von-Neumann-Maschine" vorgeschlagen (Maurice Vincent Wilkes: Computing Perspectives, Morgan Kaufmann Publishers, San Francisco, California 1995, Seite 18).

Friedrich Bauer meint dazu: „Umgekehrt sollte man in Deutschland „speicherprogrammierter Rechner" sagen, wenn ein solcher gemeint wird, und nicht „Von-Neumann-Rechner". Auch sollte man von einem „Computer" auch in Deutschland nur sprechen, wenn er als universeller Rechner programmiert werden kann. Hier hat Zuse den Sprachgebrauch verdorben." (Friedrich Ludwig Bauer: Historische Notizen zur Informatik, Springer-Verlag, Berlin, Heidelberg 2009, Seite 139). Laut Bauer verwenden Historiker wie Brian Randell und Simon Lavington den angeblich unrichtigen Ausdruck „Von-Neumann-Rechner" nicht.

Heinz Zemanek schreibt: „Der für die Pioniere von vornherein festliegenden Struktur den Namen „John-von-Neumann-Architektur" zu geben, ist doppelt falsch. Erstens gab es Computer mit dieser Struktur schon, als von Neumann vom Computer noch nicht gehört hatte, und zweitens lädt dieser Name ein zu glauben, es gäbe auch andere Architekturen. Wir werden Zuses Feldrechner als Beispiel dafür erläutern, dass so gut wie alle „anderen Architekturen" nur Varianten oder Vervielfältigungen der selbstverständlichen Grundstruktur sind." (Hans Dieter Hellige (Hrsg.): Geschichten der Informatik. Visionen, Paradigmen, Leitmotive, Springer-Verlag, Berlin, Heidelberg 2004, Seite 151).

Von Neumann sammelte Erfahrungen beim Harvard-Programmiertrio um Grace Hopper

Aufschlussreich sind Kurt Beyers Aussagen in seinem Buch: Grace Hopper and the invention of the information age, MIT Press, Cambridge, Massachusetts, London 2009. "It would take the dynamic mind of John von Neumann to imagine a technology that melded the benefits of [Harvard] Mark I's programming with ENIAC's electronic circuitry. After spending the fall of 1944 in Cambridge [Massachusetts] working with [Grace] Hopper and [Richard] Bloch on the nuclear implosion problem for the Manhattan project and the winter and spring in Pennsylvania [Philadelphia] brainstorming with J. Presper Eckert jr. and John Mauchly on the next-generation ENIAC, von Neumann put pen to paper and captured an evolving revolutionary computer architecture. [...] Internal memory allowed long and complicated sequences of operations to be executed at electronic rather than mechanical speed. This stored-program architecture married the electronic speed of the ENIAC with the automatic sequence control and programming capability of Mark I (Seiten 8–9).

Auf Deutsch: Es brauchte John von Neumanns Geisteskraft, um eine Technik zu ersinnen, welche die Programmiervorzüge des Mark 1 mit der elektronischen Schalttechnik des ENIAC verschmolz. Von Neumann verbrachte den Herbst 1944 an der Harvard-Universität, um gemeinsam mit Grace Hopper und Richard Bloch für das Manhattan-Projekt (Bau einer Atombombe) das Problem der Kernimplosion anzugehen. Im anschliessenden Winter und Frühling suchte er mit Presper Eckert und John Mauchly Denkanstösse für einen Digitalrechner der nächsten Generation. Dann entwarf er eine zukunftsträchtige, bahnbrechende Rechnerarchitektur. [...] Der interne Speicher ermöglichte das Abarbeiten langer, anspruchsvoller Folgen von Rechenvorgängen mit elektronischer statt mechanischer Geschwindigkeit. Das Speicherprogramm verband die elektronische Geschwindigkeit des Röhrenrechners (ENIAC) mit der automatischen Ablaufsteuerung und der (externen) Programmierbarkeit des Relaisrechners (Mark 1).

Beyer weist dabei auf die Verdienste von Grace Hopper – die federführend an der Entwicklung der Programmiersprache Cobol beteiligt war – und der übrigen Programmierer (u.a. Robert Campbell und Richard Bloch) hin. Das Wissen, das von Neumann bei der Programmierung und dem Betrieb des Grossrechners erworben habe, wirkte sich nach Beyer entscheidend auf die Entwicklung der Informatik in Philadelphia aus. Von Neumann war vier Monate lang an der Harvard-Universität tätig. Der elektromechanische Harvard Mark 1/IBM ASCC war zwar langsam, hatte aber eine automatische Programmsteuerung. Der elektronische ENIAC war schnell, aber schwerfällig zu programmieren, da er ursprünglich als Spezialrechner ausgestaltet wurde. Keine der beiden Maschinen konnte die wachsende Nachfrage nach hoher und vielseitiger Rechenleistung abdecken.

Zuse und die Speicherprogrammierung

Neben Alan Turing hat auch Konrad Zuse nach eigenen Angaben schon vor 1945 Überlegungen zum Speicherprogramm angestellt. Er hat laut seinen Lebenserinnerungen Geräte mit Programmspeicherung entworfen:

„Das Prinzip der Programmspeicherung war mir ebenfalls bekannt. Allerdings glaubte ich, dass es sich dabei nicht um eine anmeldungsfähige Erfindung handele; denn konstruktiv werden die gleichen Elemente wie für die Zahlenspeicherung verwendet." (Konrad Zuse: Der Computer – Mein Lebenswerk, Berlin, 5. unveränderte Auflage 2010, Seite 97). Und:

„Während des Krieges wäre es freilich ohnehin kaum möglich gewesen, leistungsfähige Geräte mit Speicherprogrammen zu bauen. Wie in der Anlage 4 des wissenschaftlichen Anhangs gezeigt, wäre es auch wenig sinnvoll gewesen, im Rahmen der elektromechanischen Technik Geräte nach solchen Prinzipien zu konstruieren. Doch fand ich neben der praktischen Arbeit an der Z4 noch Zeit, auf dem Papier Geräte mit Programmspeicherung und Adressumrechnung zu entwerfen. Ich arbeitete die Patentzeichnungen für ein solches Gerät aus, für das ausserdem assoziative Speicher vorgesehen waren" (Konrad Zuse: Der Computer – Mein Lebenswerk, Berlin, 5. unveränderte Auflage 2010, Seite 78). – Die frühen Zusemaschinen waren *nicht* speicherprogrammiert, Daten- und Programmspeicher (Befehlsspeicher) waren getrennt. Die Hauptspeicher waren ohnehin sehr klein.

„Im Gegensatz zur Babbage-Boole-Maschine ermöglicht die so genannte Turing-Maschine im Prinzip alle beweglichen Programme, da bei ihr der Ablauf der Rechnung durch den Gang der Rechnung selbst beeinflusst werden kann" (Konrad Zuse: Der Computer – Mein Lebenswerk, Berlin, 5. unveränderte Auflage 2010, Seite 76 f.). Zuse sprach im Zusammenhang mit dem Plankalkül auch von freien Rechenplänen.

Zuses Patentanmeldung vom 11. April 1936 ist zu entnehmen: „Auch der Rechenplan lässt sich speichern, wobei die Befehle im Takt der Rechnung den Steuervorrichtungen zugeführt werden. Die Rechenpläne lassen sich entsprechend in fester Form speichern, falls die Maschine oft dieselbe Rechnung ausführen soll." (Verfahren zur selbsttätigen Durchführung von Rechnungen mit Hilfe von Rechenmaschinen). Fraglich ist, ob sich Zuse damals der Bedeutung der Speicherprogrammierung bewusst war. Denn alle seine Relaisrechner bis zur Z11 waren lochstreifengesteuert (d.h. extern programmiert). Erst die Röhrenmaschine Z22 hatte ein Speicherprogramm. Die frühen Zusegeräte waren zudem Parallelrechner und hatten keine bedingten Befehle. Bei der Z4 wurde der bedingte Sprung auf Stiefels Wunsch nachträglich eingebaut. Zuse hatte das Serienprinzip erstmals bei einer Vorführung von Billings Speichertrommel in Göttingen kennen gelernt (Konrad Zuse: Der Computer – Mein Lebenswerk, Berlin, 5. unveränderte Auflage 2010, Seite 111). Im Zusammenhang mit seinem Plankalkül erwähnt Zuse neben starren Rechenplänen auch unstarre (bewegliche, lebendige, freie) Programme.

In einem Gespräch mit der Zeitschrift Computerworld führte Zuse 1995 aus: „Von Neumann wurde zugeschrieben, er habe die Programmspeicherung erfunden – aber die hatte ich schon vor ihm realisiert" (Johannes Jänike; Friedrich Genser (Hrsg.): Gedanken über das Rechnen und Denken: Konrad Zuse, Selbstverlag Friedrich Genser, Düsseldorf 1996, Seite 208).

Jack Copeland, Direktor des Turing-Archivs für die Geschichte der Informatik (www.alanturing.net), schreibt: „Turing's fundamental idea of a universal stored-programme computing machine was promoted in the United States by John von Neumann and in England by Max Newman". Zu Deutsch: Turings grundlegende Gedanken zu einer speicherprogrammierten Allzweckrechenmaschine wurden in den Vereinigten Staaten von John von Neumann und in England von Max Newman gefördert (B. Jack Copeland, The essential Turing, Clarendon Press, Oxford 2004, Seite 1).

Schlussfolgerungen

Eine eingehende Würdigung der unterschiedlichen Standpunkte – allerdings ohne Berücksichtigung von Babbage, Turing und Zuse – ist zu finden in: Alice Row Burks: Who invented the computer, Prometheus, Amherst, New York 2003 (Kapitel 9: The matter of von Neumann, Seiten 269–295, sowie die Abschnitte auf den Seiten 155–169). Alice Burks war die Ehefrau von Arthur Burks, der am Entwurf des ENIAC massgeblich mitwirkte. Er war Mitarbeiter von Neumanns in Princeton. Die Verfasserin, die mit ihrem Mann auch gemeinsame Schriften veröffentlicht hat, gehört also einer der beiden Parteien an. Dennoch erscheint ihre sorgfältige Darstellung glaubwürdig. Der Gesichtspunkt der selbst veränderlichen Programme wird jedoch überbetont, er hat an Bedeutung verloren. Ihre hauptsächliche Widersacherin ist Nancy Stern (From ENIAC to UNIVAC. An appraisal of the Eckert-Mauchly computers, Digital Press, Bedford, Massachusetts 1981, IX, 266 Seiten).

Alice Burks schildert einerseits das Gerichtsverfahren (siehe Seite 79) zur Erfindung des Computers zwischen Honeywell (Atanasoff) und Sperry Rand (Mauchly/Eckert). Andererseits geht sie ausführlich auf den angeblichen Diebstahl geistigen Eigentums in Sachen Speicherprogrammierung (Eckert/Mauchly gegen von Neumann) ein. Sie erwähnt auf Seite 165 ihres Buchs auch einen Zwischenbericht „Automatic high-speed computing, a progress report on the EDVAC“ vom 30. September 1945, in dem Eckert und Mauchly angeblich die Beiträge von Neumanns für die Programmierung des neuen Rechners anerkennen und seinen Vorschlag für die Veränderung von Programmen während des Ablaufs bestätigen, vgl. dazu auch Donald E. Knuth: „Von Neumann’s first computer program“, in: Computer Surveys, Band 2, 1970, Heft 4, Seiten 247–260.

Damals waren Ausdrücke wie „gespeichertes Programm“ oder „speicherprogrammierter Rechner“ noch kaum bekannt. Man sprach von “Befehlstabellen“ bzw. „Rechenplänen“ (Programme), „Vorschriften“ (Algorithmen), „Verschlüsseln“ (Programmieren) oder „Ziffernrechnern“ (Digitalrechner).

Nicht auszuschliessen ist, dass mehrere Personen unabhängig voneinander auf den Gedanken der Speicherprogrammierung gekommen sind: Alan Turing, John von Neumann sowie die ENIAC-Erbauer Presper Eckert und John Mauchly oder gar Konrad Zuse. Zu beachten ist, dass eine Turingmaschine ihr Programm im Unterschied zum Von-Neumann-Rechner nicht zur Laufzeit verändern kann und nicht speicherprogrammiert ist, siehe Seiten 45–46. Im Zusammenhang mit der Von-Neumann-Maschine wird auch der Russe Sergei Lebedew genannt.

Die Streitfrage, wer den speicherprogrammierten Rechner erfunden hat und ob die Bezeichnung „Von-Neumann-Architektur“ richtig ist, wird sich wohl nie mehr einwandfrei klären lassen. Der *Durchbruch* der Speicherprogrammierung ist zweifellos der internationalen Ausstrahlung von Neumanns zu verdanken. Es wurden an der Moore School auf beiden Seiten Fehler gemacht: einerseits die vorzeitige Streuung eines unfertigen, unvollständigen Entwurfs von Neumanns, in dem die Verweise auf mögliche Miturheber fehlten und der nie in einer Schlussfassung herauskam, andererseits die auf die gewerbliche Verwertung ausgerichteten Ansprüche von Eckert und Mauchly. Mauchly hatte laut Gerichtsurteil bereits unzulässige Anleihen bei Atanasoff gemacht. Eckert, Erfinder des Laufzeitspeichers (Verwendung von Verzögerungsleitungen; Speicher mit seriellem oder sequentiellem Zugriff, Reihenfolgezugriff), und Mauchly wollten offenbar von Neumanns Gedanke des Elektronenstrahlspeichers (Verwendung von Kathodenstrahlröhren, Speicher mit wahlfreien Zugriff, Direktzugriff) klauen. Unklar war auch, wem die Patente zustehen, der Arbeitgeberin (Universität Pennsylvania) oder Eckert/Mauchly. Im April 1947 fand an der Moore School eine Patentkonferenz statt, deren Protokoll in den Annals of the History of Computing (Band 7, 1985, Heft 2, Seiten 100–116) veröffentlicht wurde.

Tab. 5.1 *Bauweise bedeutender Digitalrechner (Auswahl)*

Theoretische und praktische Rechenmaschinen im Vergleich

Name der Maschine	Jahr	vollendet	theoretisches Modell	Trennung von Grundeinheiten	serielles Rechenwerk	programm-gesteuert	speicher-programmiert	selbstveränderliches Programm	binär
Analytische Maschine	1834	❑	❑	■	■	■	❑	❑	❑
Turingmaschine	1936	■	■	■	■	■	❑	❑	⊙
universelle Turingmaschine	1936	■	■	■	■	■	❑	❑	⊙
Von-Neumann-Rechner	1945	■	✪	■	■	❑	■	■	■
Zuse Z3	1941	■	❑	■	❑	■	❑	❑	■
Colossus	1943	■	❑	■	❑	■	❑	❑	■
Harvard Mark 1/IBM ASSC	1944	■	❑	■	❑	■	❑	❑	❑
ENIAC	1946	■	❑	■	❑	■	❑	❑	❑

Zeichenerklärung

■ ja ❑ nein ⊙ nicht zwangsläufig binär ✪ sowohl theoretische Rechnerarchitektur wie auch realer Rechner

Anmerkungen

Die abstrakte Turingmaschine hat als mathematisches Modell eine andere Zielsetzung als reale Rechenautomaten und lässt sich daher nur bedingt mit ihnen vergleichen. Grundeinheiten sind Rechenwerk, Steuerwerk (Leitwerk), (Haupt-) Speicher, Eingabe- und Ausgabewerk sowie Massenspeicher.

Bei einem seriellen Rechenwerk werden Daten und Anweisungen nacheinander, also nicht gleichzeitig, abgearbeitet.

Programmsteuerung bedeutet (im Unterschied zur Speicherprogrammierung) die Lenkung der Maschine durch ein externes Programm (z.B. fest verdrahtet, Programmstecktafel, Drehschalter, Lochkarten, Lochband).

Bei einem speicherprogrammierten Rechner sind Daten und Programme im gleichen (internen) Speicher abgelegt.

Ein selbstveränderliches Programm ist ein Programm, das sich während des Ablaufs verändern (überschreiben) kann.

Die analytische Maschine von Charles Babbage war ein mechanischer Rechner.

Die Turingmaschine ist ein abstraktes mathematisches Modell und Harvard Mark 1/IBM ASCC waren elektromechanisch, der Von-Neumann-Rechner und der ENIAC sind elektronische Geräte.

Die analytische Maschine wurde 1834 entworfen und bis 1840 weiter entwickelt.

Babbage arbeitete bis zu seinem Tod an der Anlage, es gab aber keine wesentlichen Änderungen mehr. Das riesige Gerät wurde nie fertig gestellt.

Eine Turingmaschine ist nicht selbst modifizierbar, Daten- und Programmspeicher sind getrennt, sie ist also nicht speicherprogrammiert. Wer das Speicherprogramm gefunden hat, ist umstritten: Alan Turing, John von Neumann bzw. die Moore School von Philadelphia (Presper Eckert/John Mauchly).

In einer *universellen* Turingmaschine, die eine beliebige andere Turingmaschine simuliert (nachahmt), ist nur das Programm der simulierten Turingmaschine, nicht aber das Programm der universellen Turingmaschine selbst im Datenspeicher. Eine universelle Turingmaschine ist demzufolge nicht speicherprogrammiert, sie trägt aber das Konzept der Speicherprogrammierung in sich.

Eine Turingmaschine kann ihr Programm zur Laufzeit nicht selber verändern.

Eine universelle Turingmaschine, die eine andere Turingmaschine simuliert, kann ihr eigenes Programm nicht verändern, wohl aber das fremde Programm (d.h. das Programm der abgebildeten Turingmaschine).

Die Von-Neumann-Maschine ist ein Konzept für einen speicherprogrammierten, seriellen Rechner. Von Neumanns EDVAC-Bericht blieb unvollendet. Der IAS-Rechner von Neumanns ist hingegen ein Parallelrechner.

Howard Aiken, der gemeinsam mit IBM den Harvard Mark 1 erstellt hatte, sah sich in der Nachfolge von Charles Babbage.

Die Erfindung des Von-Neumann-Rechners und die Entstehung des Speicherprogramms sind aufgrund der oben stehenden Ausführungen am ehesten John von Neumann zuzuschreiben. Er baute dabei wohl auf den Erfahrungen des Harvard Computation Laboratory (Grace Hopper, Richard Bloch u.a) und der Moore School of Electrical Engineering (Presper Eckert, John Mauchly u.a.) auf. Es ist davon auszugehen, dass von Neumann die universelle Turingmaschine in seine Überlegungen mit einbezogen hat. Alan Turing und Konrad Zuse als die Schöpfer der Von-Neumann-Architektur zu bezeichnen, scheint etwas weit herbeigeholt.

6 Wer hat den Computer erfunden?

Wer auf den Spuren von Konrad Zuse wandelt, gelangt unweigerlich in die Schweiz. Denn hier hatte er erstmals eine gebührende Anerkennung für seine Relaismaschine geerntet und ein beachtliches Auskommen durch den Verleih der Z4 und dank des Entwicklungsauftrages für die M9 gefunden. US-Hersteller wie Remington Rand (Univac) und International Business Machines Corporation (IBM) fassten bei uns zunehmend Fuss. Die europäischen Errungenschaften wurden jenseits des Atlantiks jedoch kaum zur Kenntnis genommen.

Um Zuses Erfindungen einordnen zu können, wurde eine weltweite Erhebung zu den frühen Digitalrechnern durchgeführt. In manchen Gebieten wurden schon früh Rechenautomaten entwickelt, z.B. in West-, Mittel-, Nord- und Osteuropa (u.a. Frankreich, Holland, Sowjetunion) sowie im nahen und fernen Osten (z.B. Israel, Japan, China) und in Australien. Der Schwerpunkt der Nachforschungen lag auf Grossbritannien und den USA, weil, von Deutschland abgesehen, die Geburtsstätten des Computers in diesen Ländern sind.

Entstehung des Computers in drei Ländern

Bis zum Ende des zweiten Weltkriegs waren drei Länder – unabhängig von einander – Wiege der elektronischen Rechenautomaten:

- Deutschland: Z1–Z4,
- England: Colossus Mark1 und 2,
- USA: Atanasoff-Berry-Rechner, Bell-Relaisrechner (Complex Number Calculator), Harvard Mark 1/IBM ASCC und ENIAC.

Die ersten nordamerikanischen Entwicklungszentren für elektronische Digitalrechner waren das Iowa State College, Ames (heute Staatsuniversität), die Bell Telephone Laboratories (damals in New York) sowie die Universitäten Harvard (Cambridge, Massachusetts) und Pennsylvania (Philadelphia), überdies das Massachusetts Institute of Technology in Cambridge und das Institute for Advanced Study, Princeton. Manche Maschinen trugen die Bezeichnung „Mark“, Kürzel Mk. (Baumuster, Warennummer).

Fünf führende britische Forschungszentren

In England waren die Forschungsstelle der britischen Post GPO (Dollis Hill, London), das Nationale Physiklabor NPL in Teddington sowie die Universitäten Manchester und Cambridge tonangebend. Die Bemühungen der Post waren allerdings geheim, die verdienstvollen Leistungen blieben daher jahrzehntelang ohne Anerkennung, auch die Patentanmeldungen entfielen. Beim NPL gab es erhebliche Verzögerungen bei der Umsetzung. Bedeutende Leistungen wurden auch von der Universität London (Birkbeck College und Imperial College) vollbracht, sie werden aber häufig übersehen.

Rechnerbau in Deutschland

In Deutschland wurden neben der Zuse KG und der 1952 von Heinz Nixdorf gegründeten Nixdorf Computer AG in den 1950er Jahren an mehreren Orten Rechenautomaten entwickelt:

- **Göttingen** – Max-Planck-Institut für Physik, Göttingen (Sommer 1958 Umzug nach München): *Ludwig Biermann, Heinz Billing*: **G1**, Inbetriebnahme am 7. Juni 1952 (Probebetrieb), regelmässiger Zweischichtenbetrieb ab November 1952, Nutzung in Göttingen bis Juni 1958, an der Universität München bis 1965 (dualer elektronischer Serienrechner mit dezimaler Ein- und Ausgabe, Festkommarechnung, keine bedingten Sprungbefehle, Programm- und Dateneingabe (Ziffern) über Lochstreifen, Magnettrommelspeicher, erster deutscher programmgesteuerter Elektronenrechner), **G1a**, beschränkter Betrieb ab 1958, Nutzung bis 1968, 3 Stück (dualer elektronischer Serienrechner mit dezimaler Ein- und Ausgabe, Gleitkommarechnung, bedingte Sprungbefehle, Programmsteuerung über Lochstreifen, Magnettrommelspeicher, Mikroprogramme, mässige Betriebssicherheit), **G2**, Inbetriebnahme im Januar 1955, Vollbetrieb ab Sommer 1955, Nutzung bis Juni 1961 (dualer elektronischer Serienrechner, Festkommarechnung, bedingte Sprungbefehle, Programmsteuerung ab Magnettrommelspeicher), erster deutscher speicherprogrammierter Elektronenrechner), **G3**, Inbetriebnahme im Januar 1961, Nutzung bis 9. November 1972 (dualer elektronischer Parallelrechner, Gleitkommarechnung, bedingte Sprungbefehle, Programm- und Dateneingabe über Lochstreifen, Mikroprogrammsteuerung ab Magnetkernspeicher). Die Göttinger Rechner G1–G3 waren Röhrenrechner;
- **Jena** – VEB Carl Zeiss, Jena: *Herbert Kortum, Wilhelm Kämmerer,* **Oprema** (Optik-Rechenmaschine), Fertigstellung Ende 1954, Probebetrieb Mai 1955, Produktionsbetrieb August 1955 (erster programmierbarer Digitalrechner der ehemaligen DDR, duale Relaisrechenmaschine, Spezialrechner, ursprünglich als Zwillingsrechner ausgelegt, aufgrund der Zuverlässigkeit Verwendung als zwei Einzelrechner, Zahleneingabe sowie Programmierung über Stecktafeln, Gleitkommarechnung, Nutzung auch für Fremdaufträge), Nachfolgemodell: **ZRA 1** (Zeiss-Rechen-Automat 1), Elektronenrechner, Röhrenrechner, Fest- und Gleitpunktrechnung, Serienherstellung (32 Stück) ab 1961 im Zweigwerk Saalfeld;
- **Dresden** – Technische Hochschule Dresden (heute Technische Universität, Institut für maschinelle Rechentechnik): *Friedrich Willers, Nikolaus Joachim Lehmann*, **D1** (Dresden 1), Fertigstellung 1956 (elektronischer Rechenautomat, dualer, serieller Röhrenrechner, Magnettrommelspeicher, Kleinrechner, 2 Stück), **D2**, Fertigstellung 1959 (Röhrenrechner, Magnettrommelspeicher, Gleitkommarechnung, Zusammenarbeit mit dem VEB Funkwerk Dresden), **D4a**, Fertigstellung Mitte 1963 (universeller Rechenautomat, Tran-

sistorrechner, Kleinstrechner, Gleitkommarechnung, Serienherstellung als **Cellatron** C 8201 durch VEB Büromaschinenwerk Zella-Mehlis (Thüringen), über 3000 Stück, ferner 1200 Stück Cellatron 8001–8005). Die Entwicklung des D5 wurde 1966 abgebrochen;

- **München** – Technische Hochschule München (heute Technische Universität, Institut für Nachrichtentechnik/Mathematisches Institut): *Hans Piloty, Robert Sauer, Robert Piloty, Friedrich L. Bauer, Klaus Samelson*, **PERM** (programmgesteuerte elektronische Rechenanlage München), Inbetriebnahme der ersten Ausbaustufe am 7. Mai 1956, Vollbetrieb ab 1958, Nutzung bis März 1974 (dualer Parallelrechner, Röhrenrechner, Gleitpunktrechnung, Magnettrommel- und Kernspeicher, Magnetbandspeicher);
- **Darmstadt** – Technische Hochschule Darmstadt (heute Technische Universität, Institut für praktische Mathematik): *Alwin Walther, Hans-Joachim Dreyer*, **DERA** (Darmstädter elektronischer Rechenautomat), 1959 Fertigstellung bzw. Einstellung des Vorhabens (dezimaler Serienrechner, Röhrenrechner, dezimal-binäre Zahlendarstellung, kein Dauerbetrieb).

Zeittafel: frühe Digitalrechner im deutschsprachigen Raum (Auswahl)

•	1941	Z3	Zuse, Berlin	Relaisrechner
•	1945	Z4	Zuse, Berlin	Relaisrechner
•	1952	G1	Max-Planck-Institut für Physik, Göttingen	Röhrenrechner
•	1955	G2	Max-Planck-Institut für Physik, Göttingen	Röhrenrechner
•	1955	Oprema	Carl Zeiss, Jena	Relaisrechner
•	1956	Z11	Zuse KG, Neukirchen	Röhrenrecher
•	1956	D1	Technische Hochschule Dresden	Röhrenrechner
•	1956	PERM	Technische Hochschule München	Röhrenrechner
•	1956	ERMETH	Eidgenössische Technische Hochschule Zürich	Röhrenrechner
•	1958	Mailüfterl	Technische Hochschule Wien	Transistorrechner
•	1958	Z22	Zuse KG, Bad Hersfeld	Röhrenrechner
•	1959	DERA	Technische Hochschule Darmstadt	Röhrenrechner
•	1959	Siemens 2002	Siemens & Halske, München	Transistorrechner
•	1959	ER 56	Standard Elektrik Lorenz, Stuttgart	Transistorrechner
•	1961	Z23	Zuse KG, Bad Hersfeld	Transistorrechner
•	1962	TR4	Telefunken, Backnang	Transistorrechner
•	1963	Cora 1	Contraves, Zürich	Transistorrechner
•	1963	D4a	Technische Hochschule Dresden	Transistorrechner

Alan Turing und Konrad Zuse haben sich 1947 in Göttingen getroffen

Dem britischen Turing-Biografen Andrew Hodges (Universität Oxford) ist keine Begegnung zwischen Konrad Zuse und Alan Turing bekannt (Mitteilungen an den Verfasser vom 05.11.2011 und 14.11.2011). Gleich lautende Aussagen machen Wilhelm Füssl, Leiter des Archivs des Deutschen Museums in München (Nachlass von Zuse und Billing), Sohn Horst Zuse, Berlin (Mitteilungen vom 04.11.2011 bzw. 05.11.2011), und Jack Copeland, Direktor des Turing-Archivs für die Geschichte der Informatik (www.alanturing.net), Universität Canterbury, Neuseeland (Mitteilung vom 22. 11.2011). In den Beständen des Londoner National Physical Laboratory (NPL, www.npl.co.uk) sind keine Hinweise zu finden.

Turing war ab Oktober 1945 im NPL tätig. Dort entwarf er einen modernen speicherprogrammierten Digitalrechner namens ACE (siehe Seite 49), der sich in mancher Hinsicht von der heute üblichen Von-Neumann-Maschine unterscheidet. Konrad Zuse erwähnt in seinen Lebenserinnerungen keine Zusammenkunft mit Turing. Zusätzliche Anfragen bei dem Max-Planck-Institut für Physik in München und dem NPL (Teddington, London) blieben ohne Echo.

Dennoch hat im Spätsommer 1947 mit hoher Wahrscheinlichkeit ein solches Treffen bei der Max-Planck-Gesellschaft in Göttingen stattgefunden. Englische Informatiker vom NPL bereisten die britische Besatzungszone, um deutsche Wissenschaftler auszufragen. Sie hatten Forscher wie Heinz Billing, Helmut Theodor Schreyer, Alwin Oswald Walther und Konrad Zuse zu einer Besprechung eingeladen. Diese fand in Form eines Kolloquiums statt. Auf britischer Seite waren u.a. John Ronald Womersley, Alan Mathison Turing und Prof. Arthur Porter beteiligt. Womersley hatte Turing (Universität Cambridge) ans NPL geholt. Das Max-Planck-Institut für Physik (www.mpp.mpg.de) wurde am 1. Oktober 1917 als Kaiser-Wilhelm-Institut für Physik in Berlin gegründet. Erster Direktor war Albert Einstein. 1946 auferstand es in Göttingen als Max-Planck-Institut für Physik mit Werner Heisenberg als erstem Direktor. 1958 wurde es nach München umgesiedelt. Womersley hatte bereits am 16. April 1947 an einer „Göttinger Physiker- und Astronomentagung" teilgenommen (Mitteilung von Wilhelm Füssl vom 16. November 2011). Porter war u.a. am Royal Military College of Science und später an den Universitäten London (Imperial College), Saskatchewan und Toronto tätig. Auch er hat seine Lebensgeschichte veröffentlicht (Arthur Porter: So many hills to climb. My journey as a computer pioneer, Beckham Publications, Silver Spring, Maryland, 2004, 420 Seiten).

Prof. Heinz Billing erwähnt die Veranstaltung in Göttingen in seinen Memoiren (Ein Leben zwischen Forschung und Praxis, Selbstverlag F. Genscher, Düsseldorf 1997, Seite 156) und im Aufsatz „Die Göttinger Rechenmaschinen G1, G2 und G3. Aus den Kindertagen der Computer / Ein Pionier erinnert sich an die Anfänge der Entwicklung" (MPG-Spiegel 1982, Nr. 4, Seite 42, Max-Planck-Gesellschaft, München). Hartmut Petzold vom Deutschen Museum führt dazu aus: „Billing erwähnt Helmut Schreyer nicht und dürfte sich mit der Erwähnung Turings irren" (Hans Dieter Hellige (Hrsg.): Geschichten der Informatik. Visionen, Paradigmen, Leitmotive, Springer-Verlag, Berlin, Heidelberg 2004, Seite 88). Er begründet diese Annahme damit, dass Andrew Hodges die Anwesenheit Turings in einem Gespräch vom 23. November 1997 in München ausschloss. Hodges wiederholt diese Aussage in seinen Mitteilungen an den Verfasser vom November 2011 jedoch nicht.

Augenzeuge Heinz Billing vom Münchener Max-Planck-Institut berichtet

„Zu dieser Zeit bereiste eine Gruppe englischer Computer-Fachleute aus Teddington – darunter Alan Turing, Womersley und A. Porter – die britische Besatzungszone, um zu erkunden, ob es für sie in Deutschland etwas Neues zu erfahren gäbe. Die für sie interessanten Leute hatte man nach Göttingen eingeladen. Da sich die Sitten im Jahr 1947 gegenüber den deutschen Wissenschaftlern schon erheblich gebessert hatten, geschah die Befragung in der feineren Art eines kleinen Kolloquiums, zu dem eine Handvoll Göttinger Fachleute eingeladen worden waren, darunter auch ich. Die interessanten Deutschen, die dort Vorträge hielten, waren Prof. Alwin Walther, der an der TH Darmstadt sich eingehend mit Hollerith-Maschinen und Differentialanalysatoren beschäftigt hatte, und Konrad Zuse mit seinen Relaisrechnern. Wenn auch noch Prof. Friedrich Willers aus Dresden dabeigewesen wäre, hätte man damit die während des Krieges aktiven deutschen Spitzenkräfte für die Entwicklung programmgesteuerter Rechenmaschinen bereits vollständig gehabt. Aber Willers war ja in der sowjetischen Besatzungszone und daher für die Engländer wohl nicht greifbar".

Dass Zuse in Göttingen war, geht auch aus dem folgenden Satz hervor: „Zuse hatte ich, wie früher berichtet, bereits 1947 bei der Befragung durch die Engländer kennengelernt" (Billings Lebenserinnerungen, Seite 84).

Nach dem Augenzeugenbericht Billings dürfte zweifelsfrei feststehen, dass es im Spätsommer 1947 zu einer Begegnung zwischen Turing und Zuse kam. Rätselhaft ist die Geheimniskrämerei um diese selbst Fachleuten bislang unbekannte Begegnung. Möglicherweise war das „Verhör", das einseitige Ausquetschen durch die Engländer, für den begnadeten Erfinder Konrad Zuse erniedrigend. Er hatte bei den FIAT-Berichten (field information agency technical review of German science, z.B. A. Walther, Applied mathematics, Veröffentlichung 1948) seinen Widerwillen gegen diese Schnüffelei bekundet. Die Teilnahme an dem Göttinger Gespräch war gewiss nicht freiwillig. Im Gegensatz zu Billing und Schreyer waren Walther und Zuse, soweit bekannt, nicht Mitglied der nationalsozialistischen deutschen Arbeiterpartei NSDAP.

Befragung Zuses in England

Aus einem im Deutschen Museum vorhandenen Schriftwechsel geht hervor, dass Zuse und Schreyer gemeinsam das NPL in London besucht haben. Ob sie dabei Turing getroffen haben, ist unbekannt. Reisezeit: 15. Februar 1948 – 4. März 1948. Turing hat im Mai 1948 das NPL verlassen. Ab Herbst 1948 war er an die Universität Manchester. Zuse schreibt in seinen Lebenserinnerungen: „Ganz anders die Reaktion im Ausland: schon 1948 wurde ich zu einer „interrogation" deutscher Wissenschaftler nach London eingeladen. Es war ein unbeschreibliches Erlebnis, nach den Jahren auf dem Dorf [Hinterstein/Hopferau im Allgäu] wieder etwas von der grossen Welt zu sehen. Ich blieb drei Wochen, irgend welche geschäftliche Folgen hatte die Reise leider nicht." (Konrad Zuse: Der Computer – Mein Lebenswerk, Springer-Verlag, Berlin/Heidelberg, 5., unveränderte Auflage 2010, Seite 101). Ferner: „Etwa zur selben Zeit [um 1945] hatten die Engländer in Göttingen von einem mysteriösen Rechengerät erfahren. Erste einschlägige Berichte aus den USA hatten den Computer plötzlich ins Gespräch gebracht, und man gab sich die grösste Mühe, meine Spur zu verfolgen – ohne Erfolg.“ (Konrad Zuse: Der Computer – Mein Lebenswerk, Springer-Verlag, Berlin, Heidelberg, 5., unveränderte Auflage 2010, Seite 88). Zuse hatte die Z4, damals noch V4 (Versuchmodell 4) genannt, im Allgäu versteckt.

Mehrere Institutionen wähnen sich als Geburtsstätte des Computers

Presper Eckert und John Mauchly (Universität Pennsylvania) gelten spätestens seit dem Gerichtsentscheid von 1973 (siehe Seite 79) nicht mehr als Erfinder des digitalen Elektronenrechners. Das mit erheblichem Aufwand erarbeitete Urteil war zwar umstritten, es gab aber keinen Einspruch. Das Verdienst kommt laut Richterspruch viel eher dem Amerikaner John Atanasoff zu. Der heutige Computer ist allerdings nicht die Schöpfung einer Einzelperson oder einer einzelnen Arbeitsgruppe. An der langjährigen Entwicklung waren viele Forscher beteiligt. Es gibt mehrere Erfinder.

Die wichtigsten Erfinder

- Charles Babbage — England — 1834 — analytische Maschine (unvollendet),
- George Stibitz — USA — 1940 — Complex Number Calculator,
- Konrad Zuse — Deutschland — 1941 — Z3,
- John Atanasoff — USA — 1942 — Atanasoff-Berry-Rechner,
- Thomas Flowers — England — 1943 — Colossus 1.

Die theoretischen Voraussetzungen für den modernen Rechenautomaten schufen vor allem Logiker.

Theoretische Grundlagen

- Alan Turing — England — 1936 — universelle Turingmaschine,
- John von Neumann — USA — 1945 — Von-Neumann-Rechner.

Die Antwort auf die Frage nach dem Erfinder des Computers hängt besonders von seiner Begriffsbestimmung ab. Die Grenze zwischen rechenstarken Lochkartenmaschinen und den ersten Computern ist unscharf. Zu erwähnen ist etwa der erfolgreiche kartenprogrammierte IBM CPC (card-programmed electronic calculator, Ankündigung am 20. Mai 1949, Auslieferung Ende 1949, John W. Sheldon, Liston Tatum). Auch die Zuordnung zu Ein- und Vielzweckrechnern (Spezial- und Universalmaschinen) ist fliessend. Sollen ferner nur ausgereifte, voll betriebsfertige Geräte oder auch Versuchsmodelle in die Bewertung mit einbezogen werden? Computer im heutigen Sinn sind speicherprogrammiert. Sind die frühen programmgesteuerten Rechenautomaten Computer oder bloss Vorläufer? Sind programmgesteuerte Relaisrechner keine Computer, wie die Zählung der Rechnergenerationen nahe legt? Nullte Generation = Relaisrechner, erste Generation = Röhrenrechner, zweite Generation = Transistorrechner.

Computerpioniere

Weitere bedeutende Computerpioniere der Frühzeit waren Howard Aiken, Presper Eckert und John Mauchly. Als wichtigster Vorläufer – Erfinder eines (unvollendeten) mechanischen, programmgesteuerten Rechenautomaten – gilt Charles Babbage (1791–1871). Zu den vielen Wegbereitern zählen u.a.: Wilhelm Schickard (1592–1635), Blaise Pascal (1623–1662), Gottfried Wilhelm Leibnitz (1646–1716), Joseph-Marie Jacquard (1752–1834), ferner Herman Hollerith (1860–1929) und Vannevar Bush (1890–1974). Unsere heutigen leistungsfähigen und vielseitigen Rechengeräte verdanken wir in besonderem Masse den tiefsinnigen Überlegungen zur Turing- und zur Von-Neumann-Maschine.

Tab. 6.1 *Wer hat den Computer erfunden? Mit der Erfindung des Computers werden manche Namen in Verbindung gebracht.*

Die Erfinder: Atanasoff, Flowers, Stibitz, Zuse		
Name	**Einrichtung**	**Digitalrechner**
Howard Hathaway **Aiken**	Harvard-Universität, Cambridge, Massachusetts	Harvard Mark 1 oder IBM ASCC (automatic sequence controlled calculator)
John Vincent **Atanasoff**	Iowa State College, Ames, Iowa *)	ABC Computer (Atanasoff Berry Computer)
Clifford E. **Berry**	Iowa State College, Ames, Iowa *)	ABC Computer (Atanasoff Berry Computer)
John Presper **Eckert**	Universität Pennsylvania, Philadelphia	ENIAC (electronic numerical integrator and computer)
Thomas H. **Flowers**	Post Office Research Station, Dollis Hill, London	Colossus
Thomas **Kilburn**	Universität Manchester	SSEM (small-scale experimental machine)
John William **Mauchly**	Universität Pennsylvania, Philadelphia	ENIAC (electronic numerical integrator and computer)
George Robert **Stibitz**	Bell Telephone Laboratories, New York	Complex Number Calculator
Maurice Vincent **Wilkes**	Universität Cambridge	EDSAC (electronic delay storage automatic calculator)
Frederic C. **Williams**	Universität Manchester	SSEM (small-scale experimental machine)
Konrad **Zuse**	– (Berlin)	Zuse Z3

Anmerkung
* heute Staatsuniversität Iowa

Hinweise
Die nicht fertig gestellte **analytische Maschine** von **Charles Babbage** (Universität Cambridge) gilt als erster mechanischer Computer.
Diese beiden Abhandlungen bilden eine wichtige Grundlage für die heutigen Digitalrechner:
Alan Mathison **Turing** (Universität Cambridge): On computable numbers, with an application to the Entscheidungsproblem (Veröffentlichung am 30. November/23. Dezember 1936), Vorstellung der *universellen Turingmaschine*
John **von Neumann** (Universität Pennsylvania, Philadelphia)
First draft of a report on the EDVAC (Verbreitung am 30. Juni 1945), Vorstellung des *speicherprogrammierten Universalrechners*

Einflussreiche Rechenanlagen

Auf die Entwicklung der programmgesteuerten Rechenmaschinen wirkten sich vor allem folgende Geräte aus:

- ABC (Iowa State College, Ames, Iowa),
- ENIAC (Universität Pennsylvania, Philadelphia),
- EDVAC (Universität Pennsylvania, Philadelphia),
- IAS-Rechner (Institute for Advanced Study, Princeton, New Jersey).

Der Winzling ABC gab entscheidende Anregungen für die Ausgestaltung des Rechenriesen ENIAC. Die ENIAC-Erfinder erstellten die binäre Anlage BINAC und den erfolgreichen Grossrechner Univac. Der beschwerliche Umgang mit dem ENIAC veranlasste den Bau des EDVAC.

Zwei Entwicklungslinien haben sich herausgebildet:

- Der serielle EDVAC mit Quecksilberlaufzeitspeicher (Reihenfolgezugriff) war das Vorbild für den britischen EDSAC sowie für ACE, DEUCE, Manchester Mark, SEAC, BINAC, Univac usw.
- Der parallele IAS-Rechner mit Elektronenstrahlspeicher (Direktzugriff), auch Princeton-Maschine genannt, hatte zahlreiche Nachbauten, sowohl in den Vereinigten Staaten: Avidac, George, IBM 701, Illiac, Johnniac, Maniac, Oracle, Ordvac, SWAC, Whirlwind wie auch im Ausland: Besk (Schweden), Besm (Russland), Dask (Dänemark), Perm (Deutschland), Silliac (Australien), Smil (Schweden), Weizac (Israel) usw.

Bei Elektronenstrahlspeichern (Kathodenstrahlröhrenspeicher, elektrostatischer Speicher) kann man ähnlich wie bei Magnetplatten direkt auf die Speicherzellen zugreifen, bei Laufzeitspeichern (Verzögerungsspeicher, Quecksilberspeicher, Ultraschallspeicher, Schallwellenspeicher, Umlaufspeicher) sind die Daten ähnlich wie beim Magnetband durch „Abspulen“ zugänglich.

Die Erfahrungen mit dem Colossus beschleunigten den Bau des speicherprogrammierten Manchester Mark. Die Zusemaschine Z4 hat die Konstruktion der ERMETH zwar gefördert, aber zugleich auch verzögert. Der erste programmierbare Schweizer Rechenautomat war aus hiesiger Sicht eine Pionierleistung. Er fügt sich in eine grössere Reihe von nicht auf Gewinn ausgerichteten Eigenentwicklungen in (Nord-)Amerika, Asien, Australien und Europa ein.

Die analytische Maschine von Charles Babbage verharrte bis zu ihrer Wiederentdeckung jahrzehntelang in einem Dornröschenschlaf. Konrad Zuse kannte Charles Babbage lange Zeit nicht (Konrad Zuse: Der Computer – Mein Lebenswerk, Springer-Verlag, Berlin, Heidelberg, 5., unveränderte Auflage 2010, Seite 30). Er erfuhr erst im Zusammenhang mit einer Patentanmeldung zur Programmsteuerung und den Rechenwerken von 1937 vom amerikanischen Patentamt von der analytischen Maschine. Howard Aiken (Mitschöpfer der elektromechanischen Rechenmaschine Harvard Mark 1/IBM ASCC) hielt sich laut seinem Biografen Bernard Cohen hingegen für den Erben von Babbage.

Erste Transistorrechner

Nach und nach wurden die Röhrenmaschinen durch Transistorrechner abgelöst, z.B.

- Tradic (transistor airborne digital computer, Probebetrieb Januar 1954, Vorführung Mai 1955, Jean Howard Felker, J.R. Harris, Bell Labs; spätere Modelle: flyable Tradic, Leprechaun, XMH-3 Tradic),
- TX-0 (transistorized experimental computer zero, 1956, William Papian, Wesly Clark, Kenneth Olsen, MIT, Cambridge, Massachusetts),
- Transac S-1000 (1957, Philco, Philadelphia),
- Mailüfterl (Bauzeit: 1956 – Mai 1958, Heinz Zemanek, Technische Hochschule Wien, heute Technische Universität, Wien). Um 1952 hatte Zemanek ein Versuchsgerät gebaut, die URR1 (universelle Relaisrechenmaschine 1).

1959 stellte Siemens & Halske (München) den Transistorrechner Siemens 2002 vor, im gleichen Jahr war das Gerät ER 56 von Standard Elektrik Lorenz (SEL, Stuttgart) betriebsfertig. Telefunken (Backnang bei Stuttgart) folgte 1962 mit TR4 (Telefunken-Rechenanlage 4).

Der erste Transistorrechner der Zuse KG, die Z23, kam 1961 auf den Markt. Die Schweizer Cora 1 war 1963 fertig (siehe Seite 79), 1963 erschien auch der D4a der Technischen Hochschule Dresden.

Vom mechanischen zum magnetischen Speicher

Der Speicher war bei den frühen Rechenautomaten ein Sorgenkind. Es war ein steiniger Weg von den Fernmelderelais über die pannenanfälligen Elektronenröhren (Vakuumröhren) bis zu den heutigen Halbleiterspeichern. Es gab mehrere Entwicklungsstufen:

- mechanischer Speicher,
- elektromechanischer Relaisspeicher,
- elektrostatischer Speicher (Williams-Röhren, Kathodenstrahlröhren, Elektronenstrahlröhren, Vakuumröhre, Braunsche Röhre),
- elektronischer Laufzeitspeicher (Verzögerungsspeicher, Quecksilberspeicher, Ultraschallspeicher, Schallwellenspeicher, akustischer Speicher, Umlaufspeicher),
- magnetischer Trommelspeicher (Magnettrommelspeicher),
- magnetischer Kernspeicher (Magnetkernspeicher, Ferritkernspeicher).

Die Magnettrommel wurde unabhängig an mehreren Orten entwickelt, z.B. in London (Andrew Booth), Göttingen (Heinz Billing) und Dresden (Joachim Lehmann). In der Folge wurden zahlreiche Magnettrommelrechner gebaut. Magnettrommeln und Kernspeicher waren Hauptspeicher.

Erste marktgerechte Geräte

Zu den ersten US-Unternehmen, die Digitalrechner herstellten, gehören Engineering Research Associates, Inc. (ERA, St. Paul, Minnesota, *1946), Eckert-Mauchly Computer Corporation (EMCC, Philadelphia, Pennsylvania, *1946, ursprünglicher Name: Electronic Control Company, Philadelphia), ferner Raytheon Manufacturing Company (Waltham, Massachusetts) mit dem Raydac (Raytheon digital automatic computer). In Deutschland war es die Zuse KG, Neukirchen (Kreis Hünfeld, *1949). Hinzu kommen britische Hersteller wie Ferranti Ltd. (Manchester), English Electric Company Ltd. (Stafford) bzw. English Electric Computers sowie Elliott Brothers (London) Ltd. und Leo Computers Ltd. (London).

Nachbau des Colossus

Der erste, in zahlreichen Exemplaren hergestellte Digitalrechner war der Colossus (Dezember 1943/Januar 1944). Er war jedoch nicht für zivile Aufgaben bestimmt. 8 der 10 Colossi sollen auf Geheiss von Winston Churchill nach dem Kriegsende zerstört worden sein. Nachher wurden auch die verbleibenden zwei Geräte vernichtet, 1960 wurden alle Originalzeichnungen verbrannt. Die Existenz von Colossus wurde über dreissig Jahre lang, bis zum 20. Oktober 1975, geheim gehalten. Nur acht Fotos haben überlebt. Am 6. Juni 1996 wurde im Museum Bletchley Park (www.bletchleypark.org) ein Nachbau des Colossus enthüllt. Er entstand unter der Leitung von Anthony E. Sale vom Londoner Science Museum (vgl. dazu www.sciencemuseum.org.uk sowie www.codesandciphers.org.uk).

ERA, EMCC und Remington Rand

Das Unternehmen ERA wurde gegründet, um das Wissen, das die US-Marine beim Knacken japanischer Geheimmeldungen erworben hatte, nach dem Krieg nicht zu verlieren. Zunächst wurde der hochgeheime Röhrenrechner Atlas 1 entwickelt (Auslieferung ab Dezember 1950). Im Dezember 1951 wurde die veränderte zivile, kommerzielle Ausgabe angekündigt und ausgeliefert, sie hiess ERA 1101. (Manchmal wird auch der Dezember 1950 als Lieferdatum für den Rechner ERA 1101 genannt.). Die EMCC entstand – nach einem Patentstreit – für die Vermarktung der beim Bau des ENIAC gewonnenen Einsichten. EMCC und ERA wurden im Februar 1950 bzw. im Dezember 1951/Mai 1952 von Remington Rand übernommen. Remington hatte damit an drei verschiedenen Standorten Entwicklungszentren: Norwalk (Connecticut, Hauptsitz), Philadelphia und St. Paul. William Norris von ERA gründete 1957 die Control Data Corporation. Seymour Crays Laufbahn führte von ERA über Remington Rand und Control Data zu seiner Cray Research (1972, heute Cray, Inc.).

Ferranti Mark 1 und Univac 1

Ab 1951 waren die ersten in höheren Stückzahlen gefertigten elektronischen Digitalrechner erhältlich: Als erster in Serie hergestellter marktfähiger Digitalrechner der Welt gilt Ferranti Mark 1 (Vertrieb ab Februar 1951, Verkauf von 9 Geräten) aus England. Der nordamerikanische Grossrechner Univac 1 (universal automatic computer) von Remington Rand kam einen Monat später, im März 1951, in den Handel. 46 Stück wurden abgesetzt.

IBM holt auf

Der britische Leo 1 (Lyons electronic office 1) ist der erste geschäftlich genutzte europäische Rechner (Erstlauf 1951, Vollendung im Dezember 1953). Im Frühling 1953 war IBM 701 erhältlich, Ende 1954 folgte die sehr erfolgreiche mittelgrosse Anlage IBM 650 (für kaufmännisch-gewerbliche und auch technisch-wissenschaftliche Anwendungen). 1956 kam der Spezialrechner Z11 der Zuse KG auf den Markt. Die fest programmierte Z11 konnte später dank Lochbandlesern universell eingesetzt werden. Die Relaismaschine Z11 ist das erste in Serie gefertigte programmgesteuerte Rechengerät Deutschlands für technisch-wissenschaftliche Anwendungen. Die Z11 war Zuses letzter Relaisrechner. Der ebenfalls serienmässig gebaute programmgesteuerte Rechenlocher (Rechenstanzer) M9 von Zuse war für kaufmännisch-gewerbliche Zwecke vorgesehen, er war ab 1953 im Handel. Weitere kommerzielle (technisch-wissenschaftliche) Rechner waren der BINAC der Firma EMCC (1 Stück, September 1949) und die Maschine ERA 1101 von Engineering Research Associates (3 Stück, Dezember 1951).

Technisch-wissenschaftliche und kaufmännisch-gewerbliche Rechner

Damals wurde unterschieden zwischen dem wissenschaftlichen Rechnen (mit numerischen Daten) und der neu aufkommenden kommerziellen Datenverarbeitung (mit nichtnumerischen Daten), die zunehmend die Lochkartentechnik ablöste:

- Binäre *technisch-wissenschaftliche* Geräte wie Ferranti Mark 1, ERA 1103 und IBM 701 waren für sehr umfangreiche und höchst anspruchsvolle Berechnungen bestimmt. Für die Eingabe und die Ausgabe der verhältnismässig geringen Zahlenmengen wurden Lochstreifenleser bzw. (langsame) Schreibmaschinen und Fernschreiber verwendet. Diese Anlagen waren auf möglichst schnelle Prozessoren angewiesen.
- Dezimale *kaufmännisch-gewerbliche* (datenverarbeitende) Maschinen wie Univac 1 und IBM 650 hatten hingegen vergleichsweise einfache Rechenaufgaben zu lösen, aber grosse Mengen an Ein- und Ausgabedaten (aus Ziffern und Buchstaben) zu bewältigen, wozu Magnetbänder erforderlich waren.

Die frühen Digitalrechner waren in aller Regel Parallelrechner. Mit der Von-Neumann-Architektur kam der Serienrechner auf. Die Gleitpunktrechnung setzte sich in Grossbritannien und den Vereinigten Staaten erst spät durch.

Wettbewerb zwischen Remington Rand und IBM

Die marktfähigen Anlagen wurden verkauft, vermietet oder als Dienstleistungsrechner betrieben. Zu Beginn war Remington Rand (Univac) der bedeutendste Anbieter. Mitte der 1950er Jahre wurde IBM Marktführerin. Die deutsche Zuse KG konnte – wie auch andere einheimische Hersteller – mit der Zeit nicht mehr mithalten und verschwand von der Bildfläche.

Welches waren die ersten Computer?

Es gibt mehrere „erste“ Maschinen, je nachdem was man unter einem Computer versteht und welcher Zeitpunkt massgebend ist. Welche Geräte sollen in die Wertung mit einbezogen werden:

- nur Digital- oder auch Analogrechner,
- nur elektronische oder auch elektromechanische oder gar mechanische Geräte,
- nur speicherprogrammierte oder auch programmgesteuerte oder gar lochstreifen-, lochkarten- und stecktafelgesteuerte oder fest verdrahtete Maschinen,
- nur frei programmierbare (über Lochstreifen), eingeschränkt programmierbare (über Steckverbindungen) oder auch nicht programmierbare (fest verdrahtete) Anlagen,
- nur Universal- oder auch Spezialmaschinen (Mehrweck- oder Einzweckgeräte),
- nur ausgereifte, ausgewachsene Rechner oder auch erste Versuchsmodelle,
- nur voll und dauerhaft funktionstüchtige oder auch bloss vorübergehend oder teilweise betriebsfähige Automaten,
- nur öffentlich zugängliche, zivile oder auch geheime militärische Vorhaben?

Schwer vergleichbar sind auch die in den Schriften genannten Daten. Was zählt:

- der Beginn des Versuchs- oder des Dauerbetriebs,
- die erste öffentliche Vorführung (des Versuchsmodells oder der praktisch brauchbaren Anlage),
- die Produktankündigung in den Medien,
- die Lieferung der ersten Maschine an den Abnehmer,
- die Einrichtung beim Nutzer,
- die Inbetriebnahme des Geräts,
- die Einweihung/Enthüllung des Computers?

Die Herstellerangaben sind oft widersprüchlich und unvollständig.

Problemfälle: ABC, BINAC, ENIAC, IBM SSEC, Manchester Baby, Z1

Die frühesten arbeitsfähigen elektromechanischen Ungetüme waren der Complex Number Calculator der Bell Labs (Januar 1940), die Zuse Z3 (Mai 1941) sowie Harvard Mark 1/IBM ASSC (August 1944). Die 1938 geborene mechanische Zuse Z1 war nur teilweise funktionstüchtig.

War der Atanasoff-Berry-Rechner im Mai 1942 fertig gestellt? War er praktisch brauchbar? Darüber gibt es unterschiedliche Auffassungen. Wegen des zweiten Weltkrieges mussten die beiden Schöpfer die Weiterentwicklung unterbrechen, nach dem Krieg wurde die Arbeit jedoch nicht fortgesetzt. Es wurde nachgewiesen, dass die vergleichsweise kleine Anlage tatsächlich für die Lösung von Gleichungen verwendet wurde und funktionstüchtig war (u.a. Nachbau).

Der ENIAC (Februar 1946) von der Universität Pennsylvania (Philadelphia) wird häufig als welterster elektronischer Digitalrechner bezeichnet. Vor ihm kamen jedoch die beiden Spezialgeräte ABC (Mai 1942) und der britische Riese Colossus (Dollis Hill: Dezember 1943; Bletchley Park: Januar 1944) zur Welt. Somit ist ENIAC der erste *universelle* elektronische Digitalrechner der Welt.

Allgemein gilt das Manchester Baby (SSEM, Juni 1948) als erster speicherprogrammierter Rechner. Es war jedoch bloss ein Versuchmodell, das für den Alltagsgebrauch ungeeignet war. Das Gerät hatte einen Direktzugriffspeicher aus Williams-Kilburn-Speicherröhren. Der EDSAC 1 aus Cambridge (Mai 1949) war hingegen auf den Dauerbetrieb ausgerichtet. Zum Einsatz kam ein Laufzeitspeicher aus Verzögerungsleitungen mit Folgezugriff. Die Maschine wird – vor allem in britischen Kreisen – als erster echter (d.h. speicherprogrammierter), betriebsbereiter Computer betrachtet. Laut amerikanischen Stimmen kommt diese Ehre jedoch dem mächtigen Zwitter IBM SSEC (Januar 1948) zu, der ansatzweise ein Speicherprogramm hatte (bedingt speicherprogrammiert, da Lochstreifensteuerung).

Umstritten ist auch, welches die erste käufliche Datenverarbeitungsanlage war. Die (eingemottete) Zuse Z4 stand seit Frühling 1945 zum Verleih, kam aber erst ab Juli 1950 in überholtem und erweitertem Zustand zum Einsatz. Die Eigentumsverhältnisse waren damals ungeklärt. Der BINAC von EMCC war im August 1949 fertig, nach der – mit einem Umzug verbundenen – Auslieferung aber so unzuverlässig, dass er bald ausser Dienst gestellt wurde. Der BINAC wurde vor dem Ferranti Mark 1 ausgeliefert, allerdings nur als Einzelstück.

Zeittafel: frühe elektromechanische und elektronische Digitalrechner (Meilensteine)

Jahr	Monat	Name (Merkmale)
1940	Januar	Complex Number Calculator (USA, elektromechanisch, Fernsteuerung)
1941	Mai	Zuse Z3 (D, elektromechanisch)
1942	Mai	Atanasoff-Berry-Rechner (USA, elektronisch)
1943	Dezember	Colossus Mark 1 bzw. 2 (GB, elektronisch, geheim, Serienfertigung)
1944	August	Harvard Mark 1/IBM ASCC (USA, elektromechanisch)
1946	Februar	ENIAC (USA, elektronisch)
1948	Januar	IBM SSEC (USA, elektromechanisch/elektronisch, speicherprogrammiert, kommerziell)
1948	Juni	Manchester Baby/SSEM (GB, elektronisch, speicherprogrammiert)
1949	Mai	EDSAC 1 (GB, elektronisch, speicherprogrammiert)
1949	August	BINAC (USA, elektronisch, speicherprogrammiert, kommerziell)
1950	Mai	Pilot ACE (GB, elektronisch, speicherprogrammiert; Serienfertigung DEUCE ab 1955)
1950	Juni	SEAC (USA, elektronisch, speicherprogrammiert)
1950	Juli	Zuse Z4 (D, elektromechanisch, kommerziell)
1950	August	SWAC (USA, elektronisch, speicherprogrammiert)
1951	Februar	Ferranti Mark 1 (GB, elektronisch, speicherprogrammiert, kommerziell, Serienfertigung)

1951	März	Univac 1 (USA, elektronisch, speicherprogrammiert, kommerziell, Serienfertigung)
1951	April	Whirlwind (USA, elektronisch, speicherprogrammiert, Echtzeitbetrieb)
1951	Dezember	ERA 1101 (USA, elektronisch, speicherprogrammiert, kommerziell)
1952	Juni	IAS-Rechner (USA, elektronisch, speicherprogrammiert, zahlreiche Nachbauten)
1952	Dezember	IBM 701 (USA, elektronisch, speicherprogrammiert, kommerziell, Serienfertigung)
1953	Juli	IBM 650 (USA, elektronisch, speicherprogrammiert, kommerziell, Massenfertigung)
1953	Dezember	Leo 1 (GB, elektronisch, speicherprogrammiert, kommerziell, Serienfertigung ab 1954)

Wer gewinnt das Wettrennen?

Die Frage nach dem Erstling lässt sich nur bedingt beantworten, sie ist teilweise dem Ermessen anheimgestellt. Die Ergebnisse sind, wie in der Geschichtsschreibung gang und gäbe, national und lokal gefärbt:

• erste arbeitsfähige Relaismaschine mit Fernzugriff (Spezialgerät)	Complex Number Calculator (1940)
• erster arbeitsfähiger binärer Rechenautomat mit Gleitpunktrechnung	Z3 (1941)
• erste (binäre) elektronische digitale Rechenmaschine (Spezialgerät)	ABC (1942)
• erster praktisch nutzbarer Röhrenrechner (Spezialgerät)	Colossus Mark 1 (1943)
• erster serienmässig gefertigter Röhrenrechner (Spezialgerät)	Colossus Mark 2 (1944)
• erster arbeitsfähiger universeller digitaler Relaisrechner der USA	Harvard Mark 1/IBM ASCC (1944)
• erste frei verfügbare programmgesteuerte Relaisrechenanlage	Z4 (1945)
• erster arbeitsfähiger universeller elektronischer Digitalrechner	ENIAC (1946)
• erster speicherprogrammierter Zwitterrechner	IBM SSEC (1948)
• erster experimenteller moderner (speicherprogrammierter) Computer	Manchester Baby(1948)
• erster einsatzfähiger moderner (speicherprogrammierter) Computer	EDSAC 1 (1949)
• erster verkäuflicher speicherprogrammierter Röhrenrechner	BINAC (1949)
• erster speicherprogrammierter elektronischer Rechner der USA	BINAC (1949)
• erster serienmässig gefertigter käuflicher digitaler Rechenautomat	Ferranti Mark 1 (1951)
• erster serienmässig gefertigter kaufmännischer Rechner der USA	Univac 1 (1951)
• erster serienmässig gefertigter wissenschaftlicher Rechner der USA	ERA 1101 (1951)

- erster serienmässig gefertigter wissenschaftlicher Rechner von IBM — IBM 701 (1953)
- erster massenhaft gefertigter speicherprogrammierter Digitalrechner — IBM 650 (1954).

1950 gab es an vier europäischen Universitäten arbeitsfähige Rechenautomaten: Universitäten Cambridge, Manchester und London sowie Eidgenössische Technische Hochschule Zürich. Viele Universitäten bauten in den 1950er Jahren eigene Rechenautomaten für die Forschung und die Lehre. Es ging nicht zuletzt darum, Wissen aufzubauen und den Anschluss nicht zu verpassen. Die industrielle Serienherstellung trat mit der Zeit an die Stelle der universitären Einzelanfertigung. Es dauerte jedoch oft mehrere Jahre, bis die (überteuerten) amerikanischen Maschinen in Europa lieferbar waren. So wurde der weit verbreitete Rechner IBM 650 ab 1956 in Sindelfingen gefertigt.

Birkbeck College, Universität London

Wenig Beachtung haben die Rechner ARC, SEC und APEC von Andrew Donald Booth vom Birkbeck College der Universität London gefunden. Er und Kathleen H.V. Britten (seine spätere Frau) bauten ab 1946 den binären elektromechanischen Parallelrechner ARC (automatic relay computer, 1947, Neugestaltung als Von-Neumann-Rechner, arbeitsfähig im Mai 1948). Ab etwa 1949 entwarf Booth den von Norbert Kitz gebauten elektronischen SEC (simple electronic computer, Versuchsmodell, fertig Ende 1950) und um 1952 den speicherprogrammierten Universalrechner APEC (all-purpose electronic computer), von dem sechs Stück gefertigt wurden: Das in Klammern gesetzte Kürzel (vierter Buchstabe) deutet dabei auf den Geldgeber hin: z.B. APE(X)C (X für X-ray, Röntgenstrahlen, Birkbeck College), APE(R)C (R=Rayon), APE(K)C (K= Kings College, London), APE(W)C (W=Wharf Engineering).

Aufbauend auf der Technik des APEC stellte Raymund Bird von British Tabulating Machine Company (BTM) in Letchworth das Versuchsmodell HEC 1 (Hollerith electronic computer, auch APE(H)C) her. HEC 1 wurde 1953 vorgeführt. Marktgerechte Nachfolger waren HEC 2M (=BTM 1200, 1955) und der erfolgreiche HEC 4 (=BTM 1201, 1956). Die nächsten von Booth entworfenen Maschinen hiessen UCC (University College, London), MAC (magnetic automatic calculator) und M.2. An der Universität Saskatchewan (Kanada) entstand die Maschine M.3. Wharf Engineering Company (Firma von Booths Vater, nach dessen Tod Andrews Firma) stellte die M.2 her. Und APE(X)C war die Grundlage für die erfolgreichen ICT-Rechner (International computers and tabulators Ltd.).

Imperial College, Universität London

Auch am Londoner Imperial College wurde ein Rechenautomat entwickelt. Sidney Michaelson, Keith Tocher, Tony Brooker und Manny Lehman schufen die ICCE 1 (Imperial College computing engine 1), die im Juli 1953 betriebsbereit war. Es handelte sich um einen binären parallelen Relaisrechner mit Festkommarechnung. Für das Nachfolgegerät ICCE 2 waren u.a. folgende Änderungen vorgesehen: getrennter Befehls- und Datenspeicher, Mikroprogrammierung, Fest- und Gleitpunktrechnung. Das Vorhaben wurde jedoch 1956 aufgegeben.

Zeittafel: frühe britische Digitalrechner (Auswahl)

•	1943	Colossus	Post Office Research Station, Dollis Hill, London	Röhrenrechner
•	1948	ARC	Birkbeck College, Universität London	Relaisrechner
•	1948	Manchester Baby	Universität Manchester	Röhrenrechner
•	1949	EDSAC	Universität Cambridge	Röhrenrechner
•	1949	Manchester Mark 1	Universität Manchester	Röhrenrechner
•	1950	Pilot ACE	National Physical Laboratory, Teddington, London	Röhrenrechner
•	1950	Elliott 152	Elliott Brothers, London	Röhrenrechner
•	1951	Ferranti Mark 1	Ferranti, Manchester	Röhrenrechner
•	1952	APEC	Birkbeck College, Universität London	Röhrenrechner
•	1952	Nicholas	Elliott Brothers, London	Röhrenrechner
•	1953	Ferranti Mark 1*	Ferranti, Manchester	Röhrenrechner
•	1953	Leo 1	J. Lyons, London	Röhrenrechner
•	1953	MOSAIC	Post Office Research Station, Dollis Hill, London	Röhrenrechner
•	1953	ICCE	Imperial College, Universität London	Relaisrechner
•	1953	TREAC	Telecommunications Research Establishment, Malvern	Röhrenrechner
•	1953	HEC 1	Britisch Tabulating Machine (BTM), Letchworth	Röhrenrechner
•	1954	Elliott 401	Elliott Brothers, London	Röhrenrechner
•	1955	DEUCE	English Electric, Stafford	Röhrenrechner
•	1955	BTM 1200 (HEC 2M)	Britisch Tabulating Machine (BTM), Letchworth	Röhrenrechner
•	1955	Elliott 402	Elliott Brothers, London	Röhrenrechner

Welche Universitäten stiegen als erste in den Rechnerbau ein?

In den Vereinigten Staaten hatten die folgenden Hochschulen die Nase vorn:

- Columbia-Universität, New York,
- Harvard-Universität, Cambridge,
- Iowa State College, Ames,
- Massachusetts Institute of Technology,
- Universität Pennsylvania, Philadelphia.

Hinzu kommt das Institute for Advanced Study, Princeton. Es ist von der Universität Princeton unabhängig.

In England lieferten sich die folgenden Hochschulen ein Rennen:

- Universität Cambridge,

- Universität London,
- Universität Manchester.

Im deutschsprachigen Raum begann der Rechnerbau an den folgenden Universitäten:

- Eidgenössische Technische Hochschule Zürich,
- Technische Hochschule Darmstadt,
- Technische Hochschule Dresden,
- Technische Hochschule München,
- Technische Hochschule Wien.

Zeittafel: frühe amerikanische Digitalrechner (Auswahl)

• 1940	Complex Number Calculator	Bell Telephone Laboratories, New York	Relaisrechner
• 1942	Atanasoff-Berry-Rechner	Iowa State College, Ames	Röhrenrechner
• 1944	Harvard Mark 1/ IBM ASCC	Harvard-Universität, Cambridge	Relaisrechner
• 1946	ENIAC	Universität Pennsylvania, Philadelphia	Röhrenrechner
• 1948	IBM SSEC	IBM, Endicott (New York)	Zwitterrechner
• 1949	BINAC	Eckert-Mauchly Computer Corp., Philadelphia	Röhrenrechner
• 1950	SEAC	US Bureau of Standards West, Los Angeles	Röhrenrechner
• 1950	SWAC	US Bureau of Standards Ost, Washington	Röhrenrechner
• 1951	Univac 1	Remington Rand, Philadelphia	Röhrenrechner
• 1951	Whirlwind	MIT, Cambridge	Röhrenrechner
• 1951	ERA 1101	Engineering Research Associates, St. Paul	Röhrenrechner
• 1952	EDVAC	Universität Pennsylvania, Philadelphia	Röhrenrechner
• 1952	IAS-Rechner	Institute for Advanced Study, Princeton	Röhrenrechner
• 1953	IBM 701	IBM, Poughkeepsie (New York)	Röhrenrechner
• 1954	IBM 650	IBM, Endicott (New York)	Röhrenrechner
• 1955	Tradic	Bell Telephone Laboratories, New York	Transistorrechner

Vom Menschen zur Maschine

Computer waren im angelsächsischen Sprachgebrauch ursprünglich *Menschen*, die Berechnungen ausführten, Computer waren meist Frauen. In der Regel ging es dabei um zeitraubende und eintönige Aufträge (Routinearbeiten), die Rechnerinnen und Rechner in Rechensälen mit (mechanischen) Tischrechenmaschinen erledigten. Es gab eine Kluft zwischen den im Zehnersystem denkenden Menschen („decimal computists“ oder „computor“) und den im Zweiersystem rechnenden Maschinen („binary computers“). Anfänglich wurden die programmgesteuerten Digitalgeräte meist als „calculator“ bezeichnet. Erst ab den 1950er Jahren waren die Computer Maschinen. Im Englischen wurde zeitweise zwischen „human computers“ und „electronic computers“ oder „digital computers“ unterschieden.

Bis zur Schaffung der heutigen Elektronenrechner brauchte es manche Entwicklungsschritte, z.B.:

- analog → digital,
- manuell → automatisch,
- mechanisch → elektronisch,
- speziell → universell,
- dezimal → dual (binär),
- parallel → seriell,
- Festkomma → Gleitkomma,
- programmgesteuert → speicherprogrammiert.

Hinzu kommen die anhaltende bauliche Verkleinerung und die Verdichtung (Miniaturisierung). In den 1940er und Anfang der 1950er Jahre gab es weder Betriebssysteme noch Programmiersprachen. Entwurf und Bau von Rechenautomaten standen im Mittelpunkt. Das Schwergewicht verschob sich zunehmend von den Geräten (Hardware) zu den Programmen (Software). Die industrielle Massenproduktion löste allmählich die universitäre massgeschneiderte Einzelanfertigung ab.

Geschäftliche Datenverarbeitungsanlagen und wissenschaftlich-technische Rechenautomaten sind zusammengewachsen. Die Informatik, das Fernmeldwesen (Telekommunikation) und die elektronischen Medien (Hörfunk, Fernsehen, Internet) verschmelzen zusehends. Mit der Speicherprogrammierung verwischt die Grenze zwischen Programm und Daten.

Schon damals gab es Raubkopien

Bis zur Geburt des heutigen Computers gab es manche Ungereimtheiten: John Mauchly hatte sich unerlaubt bei John Atanasoff bedient, was zu einem jahrelangen Gerichtsverfahren führte. Zuses Haupterfindung liess sich mangels Erfindungshöhe nicht patentieren, was schwer nachvollziehbar ist. Das Konzept des Speicherprogramms konnte nicht als Patent geschützt werden, weil Hermann Goldstine den EDVAC-Bericht von John von Neumann vorzeitig gestreut hatte. Und von Neumann hatte er es unterlassen, die übrigen Urheber (Presper Eckert, John Mauchly u.a.) als Mitverfasser anzuführen, was einen Wirbel verursachte.

Einen heftigen Zwist gab es auch zwischen der Harvard-Universität und IBM. Beide beanspruchen die Urheberschaft für einen gemeinsam entwickelten Rechenriesen. Daher gibt es bis heute zwei Namen: IBM ASCC (automatic sequence controlled calculator) und Harvard Mark 1.

Andrew Booth von der Universität London beklagt in seinen Lebenserinnerungen (IEEE Annals of the History of Computing, Band 19, 1997, Nr. 4, Seite 61), dass Thomas Kilburn von der Universität Manchester sein Labor am 2. November 1948 besucht und ein Muster des Schreib-Lese-Kopfs der von Booth entwickelten Magnettrommel mitgenommen habe. Später hätten die Gruppe von Frederic Williams und die Firma Ferranti dieses Bauteil kopiert.

Vor dem Bundesgericht in Minneapolis fand vom 1. Juni 1971 bis 13. März 1972 ein langwieriger Patentstreit Honeywell gegen Sperry Rand statt. Honeywell wehrte sich gegen millionenschwere Nutzungsgebühren, die Sperry Rand von der Mitbewerberin und anderen Herstellern wie Burroughs, Control Data, General Electric, National Cash Register (NCR), Philco-Ford und Radio Corporation of America (RCA) einforderte. IBM und American Telephone and Telegraph (AT&T, mit Western Electric und Bell Telephone Laboratories) waren nicht betroffen, weil sie schon früher mit Sperry Rand Lizenzaustauschabkommen geschlossen hatten. Honeywell vertrat Atanasoffs Anliegen, Sperry Rand (Nachfolgerin von Remington Rand) hatte das ENIAC-Patent von Eckert/Mauchly erworben. Richter Earl Richard Larson fällte am 19. Oktober 1973 das Urteil: Das ENIAC-Patent (Anmeldung zum Patent am 26. Juni 1947, Erteilung am 4. Februar 1964) wurde aufgehoben. Presper Eckert und John Mauchly wurden also nicht (mehr) als Erfinder des "automatischen elektronischen digitalen Computers" anerkannt. Gewürdigt wurden hingegen die Leistungen von John Atanasoff. Der sehr ausführlich begründete Gerichtsentscheid, den manche als Fehlurteil ansehen, wurde nicht angefochten. Die damaligen Hauptfiguren Burks, Eckert, Goldstine, Mauchly und von Neumann sind gestorben.

Lehrveranstaltungen zur Informatik

An der Harvard-Universität (Howard Aiken) wurde schon im Studienjahr 1947/1948 ein Masterstudiengang Informatik (mit Doktorat ab 1949) eingerichtet. Lehrveranstaltungen zur Informatik gab es bereits 1946/1947 an der New Yorker Columbia-Universität (Wallace Eckert und Herbert Griosch). Für das Aufkommen des Von-Neumann-Rechners waren die Vorträge der Moore School (Juli/August 1946) bedeutsam.

Cora, der erste in der Schweiz entwickelte Transistorrechner

Die Schweiz begann schon früh mit der Entwicklung programmgesteuerter Rechenmaschinen. Von 1953 bis 1956 erstellte die ETH Zürich den Röhrenrechner ERMETH (elektronische Rechenmaschine der ETH). Dieser erste in der Schweiz gefertigte Computer stand von 1956 bis 1963 an der ETH in Betrieb. Der erste in der Schweiz hergestellte Transistorrechner, die Cora 1, entstand bei der Zürcher Firma Contraves, 1963 war sie fertig. Bis November 2011 wusste selbst die Fachwelt nichts von dieser Maschine, sie wurde an der ETH Lausanne wieder entdeckt. In Gesprächen mit den Schöpfern von Cora 1 (Peter Toth) und Cora 2 (Peter Blum) wurde versucht, die damaligen Geschehnisse zum Leben zu erwecken.

Die im Bereich Fliegerabwehr tätige Zürcher Firma Contraves (lateinisch für „gegen Vögel") hatte für ihre Anwendungen ursprünglich Analogrechner eingesetzt. Weil sie zu wenig flexibel waren, entwickelte das Unternehmen in den 1960er Jahren einen Digitalrechner namens Cora 1 (*Co*ntraves-*R*echen*a*nlage). Mit diesem Gerät sollte der grundsätzliche Beweis erbracht werden, dass eine Echtzeitsteuerung eines Feuerleitsystems mit Hilfe eines Digitalrechners möglich ist. Die wichtigste kommerzielle Anwendung war der Einsatz als Steuerelement für hochpräzise Zeichentische. Damit konnte auch nachgewiesen werden, dass Kurven höherer Ordnung (Ballistik, Lehre von den Flugbahnen geschossener Körper) in Echtzeit berechnet und dementsprechend gezeichnet werden konnten. Für die Nutzung in Feuerleitsystemen war sie zu schwer.

Der in Herrliberg ZH wohnhafte ungarische Ingenieur *Peter Toth* hatte die Maschine ab 1957 im Auftrag des damaligen technischen Direktors der Contraves, *Max Lattmann*, entwickelt. Die Transistorschaltungen waren so ausgelegt, dass sie grosse Temperaturschwankungen aushalten konnten. Die Maschine hatte einen Kernspeicher. Für die Ein- und Ausgabe von Daten wurden Lochkarten und Lochbänder verwendet. Von der Cora 1 wurden etwa 60 Stück hergestellt. – Der gleiche Lattmann hatte 1949 Eduard Stiefel auf seiner Reise zu Konrad Zuse ins Allgäu begleitet (Besichtigung der legendären Relaisrechenmaschine Z4, siehe Seite 6).

Cora 1 steuerte einen hoch präzisen Zeichentisch

Die Cora 1 steuerte einen Zeichentisch. Contraves hatte einen Koordinatographen von dem 1859 gegründeten Berner Unternehmen Haag-Streit (heute in Köniz) übernommen und zum Coragraphen weiter entwickelt. Die in Assembler (niedrige, maschinennahe Programmiersprache) programmierte Anlage wurde beispielsweise im österreichischen Vermessungswesen und im Schiffsbau (Howaldtswerke-Deutsche Werft, Kiel, Steuerung einer Brennschneidemaschine) eingesetzt. Die Oerlikon Contraves AG heisst seit 2009 Rheinmetall Air Defence AG.

Auch die Eidgenössische Technische Hochschule (ETH) Lausanne kaufte eine solche Anlage für kartografische Arbeiten. Zu den Hauptarbeitsgebieten von Walter Karl Bachmann (Lehrstuhl für Geodäsie und Fotogrammetrie der ETH Lausanne) gehörte die „Einführung der elektronischen Rechner und automatischen Zeichentische in Katasterwesen, Strassenplanung und Fotogrammetrie“. Später geriet die Cora in Vergessenheit.

Cora 1 in Lausanne ausgestellt

Das Bolo-Museum (www.bolo.ch) der ETH Lausanne hat bei der Eröffnung seiner neuen Ausstellung „Disparition programmée“ (Programmiertes Verschwinden) am 9. November 2011 den wieder entdeckten Transistorrechner Cora 1 enthüllt. Wahrscheinlich haben keine weiteren Exemplare der Cora 1 überlebt. Eine andere Cora 1 wurde 1964 an der Schweizerischen Landesausstellung (Expo) in Lausanne vorgestellt. Sie steuerte, hinter einer Mauer versteckt, einen Coragraphen. Ein Meilenstein war die Nutzung des Coragraphen für gedruckte Leiterplatten (Schaltungsplatinen) mit bis zu 16 Schichten.

Cora 2 für Skyguard, Seaguard und Fieldguard

Der Schweizer Ingenieur *Peter Blum* aus Oberhasli ZH leitete ab 1966 die Entwicklung der Cora 2. Sie wurde für Skyguard (allwettertaugliches, mobiles Feuerleitsystem für Tiefflieger- und Flugkörperabwehr) gefertigt, sie war schneller und deutlich kleiner als ihre Vorgängerin. Die Maschine war voll militärtauglich und liess sich auch im Feld nutzen. Sie hatte integrierte DTL-Schaltkreise (Dioden-Transistor-Logik), einen Kernspeicher und einen Lochstreifenleser für die Programmeingabe. Von diesem 1969 fertig gestellten Militärrechner wurden mehrere Hundert Stück hergestellt und als Teil von Feuerleitsystemen weltweit an die verschiedensten Streitkräfte, so auch an die österreichische und die Schweizer Armee geliefert.

Vorgabe ist dabei, dass Ersatzteile noch jahrzehntelang verfügbar sein müssen. Skyguard wird nach wie vor eingesetzt. Laut Joachim Kasperek von der Rheinmetall Air Defence ist der Rechner Cora 2MB weltweit noch in sehr vielen Skyguards im Einsatz.

Die in der Programmiersprache Ada programmierte Cora 2 war auch Bestandteil von Seaguard (System für den Schutz von Kriegsschiffen gegen Lenkwaffen). Dazu wurden etwa acht Parallelrechner verwendet. Ein Kunde war z.B. die Hamburger Werft Blohm + Voss (heute Thyssen-Krupp Marine Systems). Der frei programmierbare Echtzeitrechner Cora 2 wurde auch für das Artilleriefeuerleitsystem Fieldguard verwendet. Das Gerät wurde später weiter entwickelt.

Verkehrsbetriebe Zürich nutzten die Cora 2 für die Steuerung des Funkverkehrs

Die Verkehrsbetriebe Zürich (VBZ) nutzten eine Cora 2 für die Steuerung der Sprechfunkverbindungen (UKW-Funkgeräte in den Fahrzeugen, die durch ihre Fahrgestellnummer erkannt wurden). Zuvor hatte Ambros Speiser, einer der Erbauer des Röhrenrechners ERMETH, im Auftrag der VBZ die Contraves besucht, um eine geeignete Lösung zu finden. Die zivile Ausgabe der Cora 2 fand aber zu keinem Zeitpunkt den Weg zu einer zivilen Kundschaft, der Rechner war schlicht und einfach zu teuer. Der Coragraph 2 wurde später an ein im Raum Zürich ansässiges Unternehmen verkauft.

Wer war an Cora beteiligt?

Peter Toth leitete – wie er in einem Gespräch an der ETH Zürich am 17. November 2011 erzählte – bei der Contraves seit 1957 die Abteilung ETC (Entwicklung, Technologie, Computer). Sie beschäftigte am Schluss 32 Ingenieure. Darunter waren u.a. Theodor Angehrn (Schaffhausen, Berechnung von Schaltkreisen), Arthur Sturzenegger (†, Entwicklung des Kernspeichers), Hans-Peter Girsberger (Regensdorf, Elektronik für Ein- und Ausgabegeräte), Peter Blum (Oberhasli, Toths Stellvertreter und Nachfolger für die Cora 2), Katharina Tomica (Steinmaur, Programmierung) und Hans Thomale (Hägendorf, Leiter Programmierung). Ein Telefongespräch mit Peter Blum fand am 19. November 2011 statt. Die Contraves siedelte später nach Zürich Oerlikon um.

Cora 1 (1963) ist der erste in der Schweiz gebaute Transistorrechner, der erste industriell gefertigte digitale Prozessrechner der Schweiz.

Eidgenössische Technische Hochschule Zürich (ETHZ)

Nach dem Röhrenrechner ERMETH (1956) entstanden an der ETH Zürich die bahnbrechenden Arbeitsstationen von Niklaus Wirth: Lilith (Entwicklung 1978–1980), Ceres 1 (1985), Ceres 2 (1988) und Ceres 3 (1990). Die Vermarktung der Lilith scheiterte jedoch. Der 1982 von der Firma DISER des damaligen Nestlé-Informatikchefs Heinz Waldburger begonnene Versuch wurde ein Jahr später abgebrochen. Auch das von Anton Gunzinger geschaffene

Multiprozessorsystem Music (1992) und sein Superrechner Gigabooster (1994, Supercomputing Systems, Zürich) konnten sich nicht durchsetzen.

Eidgenössische Technische Hochschule Lausanne (ETHL)

Von 1974 bis 1992 entwickelte Jean-Daniel Nicoud von der ETH Lausanne eine Reihe von tragbaren Smakys, z.B. Smaky 1 und 2 (1975), Smaky 4 (1976), Smaky 5 (= Scrib, tragbares Textverarbeitungssystem für Medienschaffende), Smaky 6 (1978), Smaky 8 (1981), Smaky 100 (1984), Smaky 324 (1988), Smaky 300 (1990), Smaky 196 (1991), Smaky 130 (1992). Die Smakys wurden (ab Modell 6) von Epsitec z.T. in hohen Stückzahlen hergestellt (www.smaky.ch). 1977 erschien Dauphin, ein Computer zum Selberbauen (www.epsitec.ch/dauphin-d). André Guignard von der ETH Lausanne entwickelte 1974 seine erste Maus, ein bedeutender Grundstein für die erfolgreiche Zubehörherstellerin Logitech.

Abb. 6.1 *Der erste Schweizer Transistorrechner Cora 1 mit seinem Schöpfer Peter Toth, EPFL, November 2011, © Alain Herzog*

Abb. 6.2 *Der wieder entdeckte Transistorrechner Cora 1 im Musée Bolo der ETH Lausanne, EPFL, November 2011, © Alain Herzog*

Hinweise zu den Tabellen

Um die frühen programmgesteuerten oder speicherprogrammierten digitalen Rechenmaschinen vergleichen zu können, wurden tabellarische Übersichten erstellt. Sie beruhen auf umfangreichen Erhebungen in den diesbezüglichen Ländern und den entsprechenden Institutionen. Eine Umfrage bei den Erfindern war nicht möglich, da sie nicht mehr am Leben sind. Ausgewertet wurde die verfügbare Primärliteratur, desgleichen die Sekundärliteratur (siehe Quellenverzeichnis). In den Veröffentlichungen sind viele Widersprüche und Fehler auszumachen, was die Arbeit erheblich erschwerte. Massgebend für den Inhalt der Tabellen sind die Angaben in den Urtexten, die allerdings uneinheitlich (besonders die Zeitangaben) und nicht immer eindeutig sind. Dank der ETH-Bibliothek und dem schweizerische Bibliotheksnetz war eine hervorragende, umfassende Sammlung von Schriften zugänglich. Die meisten Bücher und Zeitschriften sind englisch- oder deutschsprachig.

Die Angaben in den Übersichten beziehen sich jeweils auf das erste Modell (z.B. Harvard Mark 1/IBM ASCC), die nachfolgenden Versionen enthielten häufig Änderungen und Verbesserungen. Bei der Zuordnung zu den verschiedenen Merkmalen gibt es Meinungsverschiedenheiten. Oft gibt es Mischformen:

- Zahlreiche Geräte enthielten sowohl elektromechanische als auch elektronische Bauteile (Relais und Röhren). Ein Zwitter ist etwa IBM SSEC.

- Auch bei der Zahlendarstellung gibt es Zwischenlösungen: dual verschlüsselte Dezimalziffern (z.B. Aiken-Code bei der ERMETH, Stibitz-Code bei der M9).
- Bei der Fest- und Gleitkommarechnung gibt es Sonderformen: Der EDSAC hatte Unterprogramme für die Gleitpunktarithmetik, was die Abarbeitung stark verlangsamte. IBM 650 war wahlweise mit Gleitpunktrechnung lieferbar.
- Neben reinen Serien- und Parallelrechnern wurden auch Serien-Parallelrechner, also Mischformen, hergestellt. Mit der Parallelverarbeitung wollte man die Rechengeschwindigkeit erhöhen, die vor allem bei Relaisanlagen tief war. Es ist zu unterscheiden zwischen der seriellen bzw. parallelen *Verarbeitung* im Rechenwerk und der seriellen bzw. parallelen *Datenübertragung*. Es gibt eine serielle oder parallele Ausführung der Programmanweisungen (Ablauf) bzw. einen seriellen oder parallelen Datenaustausch zwischen dem Speicherwerk (Hauptspeicher) und den Speicherregistern des Rechenwerks (serieller oder paralleler Zugriff auf die Register). Ein Speicherregister ist ein Speicherbereich innerhalb des Rechenwerks bzw. des Prozessors (Kombination von Rechen- und Steuerwerk), ein schneller Pufferspeicher. Je näher das Register beim Prozessor ist, desto kürzer ist die Zugriffszeit. Es dient der (vorübergehenden) Zwischenspeicherung der dem Hauptspeicher zugeführten bzw. der von ihm abgeführten Daten (Befehle, Speicheradressen, Rechenoperanden, Zwischenergebnisse usw.). Dank der Pufferung lässt sich die unterschiedliche Geschwindigkeit von Rechen- und Speicherwerk abfedern. Je nach Verwendungszweck gibt es unterschiedliche Register. Die Speicherstellen bestanden früher aus Relais, Röhren, Magnettrommeln, Ferritkernen. – Eine Von-Neumann-Maschine ist laut EDVAC-Bericht (Philadelphia) ein Serienrechner. Der unter von Neumanns Leitung entworfene IAS-Computer (Princeton) ist hingegen ein Parallelrechner. Rein seriell sind laut Paul Ceruzzi (Reckoners. The prehistory of the digital computer, from relays to the stored program concept, 1935–1945, Greenwood Press, Westport, Connecticut 1983, Seite 141) z.B. EDVAC (Laufzeitspeicher mit Nacheinanderzugriff) und seine Abkömmlinge EDSAC und UNIVAC, überdies die programmierbaren Taschenrechner. Zu den rein parallelen Maschinen gehören ENIAC (im Anfangszustand) und moderne Supercomputer. Von Neumanns IAS-Maschine (Kathodenstrahlspeicher mit Direktzugriff), Zuses Z3 und Z4 und die meisten heutigen Digitalrechner weisen laut Ceruzzi zwar einen seriellen Programmablauf, aber einen parallelen Austausch mit den Speicherregistern auf. Beim ABC ist die Programmabarbeitung parallel, der Speicherzugriff seriell. Auch Colossus hat eine Mischform.
- Fliessend ist auch die Grenze zwischen Spezialrechnern (Einzweckmaschinen) und Universalrechnern (Mehr- oder Allzweckmaschinen). Gewisse Geräte wurden ursprünglich als Spezialanlagen geplant, aber als Universalanlagen benutzt (z.B. BINAC, ENIAC). Spezialgeräte sind etwa Geräte mit fest verdrahteter Steuerung. Die am vielseitigsten verwendbaren Automaten sind speicherprogrammiert.
- Umstritten ist ferner der unscharfe Begriff der (freien) Programmierbarkeit. Seine Bedeutung hat sich im Lauf der Zeit gewandelt. Die frühen Rechenmaschinen wurden extern gesteuert, sie wurden üblicherweise über Stecktafeln (Schalttafeln, Kabelverbindungen) und Drehschalter „programmiert“. Der ENIAC hatte beispielsweise ein Konstantenregister mit Drehschaltern (mit den Stellungen 0–9). Wesentlich beweglicher war die Bedienung über Lochkarten und Lochstreifen. Die starre Lochstreifensteuerung wurde durch den Einsatz mehrerer Lochstreifenleser (Unterprogramme) flexibler. Heute erfolgt die

Steuerung intern über gespeicherte, selbst veränderliche Programme. Unter „programmgesteuert“ versteht man im Gegensatz zu „speicherprogrammiert“ die externe Lenkung eines Computers. Manche halten etwa den Atanasoff-Berry-Rechner für nicht programmierbar, laut Fachleuten (Nachbau) zu Unrecht. Bei der Automation gibt es ebenfalls verschiedene Stufen, von der weitgehend händischen Betreuung bis zum den selbsttätigen oder gar vollautomatischen Betrieb.

Viele geschichtlich bedeutsame Digitalrechner wurden, nachdem sie ausgedient hatten und technisch veraltet waren, ausser Dienst gestellt und entsorgt, d.h. verschrottet. Daher ist in machen Fällen nichts mehr übrig geblieben, oder es sind nur noch wenige Überreste erhalten. In einigen Fällen gibt es Nachbauten oder Emulationen (programmliche Nachbildungen).

Tab. 6.2 Die ersten arbeitsfähigen elektromechanischen und elektronischen Digitalrechner (Auswahl)

Frühe betriebsbereite Relais- und Röhrenrechner (Gesamtliste)																					
Name des Rechners	**Jahr**	**Monat**	**Erbauer**	**Einrichtung**	**Land**	Serienfertigung	Einzelfertigung	speicherprogrammiert	programmgesteuert	programmierbar	Universalrechner	Spezialrechner	Serienrechner	Parallelrechner	Gleitkomma	Festkomma	binär	dezimal	elektronisch	elektromechanisch	**Bemerkungen**
ABC (Atanasoff Berry computer)	1905	Mai Betriebs-bereitschaft	John Vincent Atanasoff, Clifford Edward Berry	Iowa State College, Ames, Iowa	USA	□	■	□	■	■	□	■	□	■	□	■	■	□	■	□	binärer Röhrenrechner, Parallelrechner, Spezialrechner, Bauzeit: 1937–1942, Vorführung des Versuchsgeräts: Oktober 1939, (kriegsbedingter) Abbruch der Weiterentwicklung: Juni 1942, binäre Lochkartenstanz-/lesevorrichtung, manuelle Ablaufsteuerung, beschränkt programmierbar, Patentstreit Honeywell gegen Sperry Rand vor dem Bundesgericht in Minneapolis 1. Juni 1971–13. März 1972, Urteil am 19. Oktober 1973 (Richter Earl Richard Larson): Das ENIAC-Patent (Anmeldung am 26. Juni 1947, Erteilung am 4. Februar 1964) wird für ungültig erklärt. Presper Eckert und John Mauchly werden also nicht (mehr) als Erfinder des "automatischen elektronischen digitalen Computers" anerkannt. Gewürdigt werden hingegen die Leistungen von John Atanasoff. Der Entscheid wird nicht angefochten.
Colossus 1	1943	8.12.1943 Erstlauf in Dollis Hill, London	Thomas H. Flowers, W. W. (Bill) Chandler, Sid W. Broad-hurst; Allen W. M. Coombs (Mark 2); Maxwell (Max) Herman Alexan-der Newman (Bletchley Park)	Post Office Research Station, Dollis Hill, London	GB	■	□	□	■	■	□	■	□	■	□	□	■	□	■	□	binärer Röhrenrechner, Parallelrechner, Spezialrechner (geheim bis 20. Oktober 1975), Bauzeit: 1943 (11 Monate), Erstlauf am 8. Dezember 1943 in Dollis Hill, London; Inbetriebnahme in Bletchley Park am 18.01.1944; z.T. bedingte Befehle; nur ganze Zahlen (weder Fest- noch Gleit-komma), Programmierung über Schalttafeln und das Setzen von Schaltern; Colossus wurde in Bletchley Park, Buckinghamshire, zum Entziffern von geheimen Funksprüchen genutzt. Weiteres Modell: Colossus Mark 2 (1944–1945). Bau von 10 Geräten (1 Colossus Mark 1 und 9 Colossus Mark 2). Vorläufer waren die Maschinen Bombe (Alan Turing) und Heath Robinson.
Complex Number Calculator oder Bell Labs Model 1	1940	08.01.1940 Inbetrieb-nahme	George Robert Stibitz, Samuel B. Williams	American Telephone & Telegraph Company (AT&T), Bell Telephone Laboratories, New York City	USA	□	■	□	■	■	□	■	□	■	□	■	□	■	□	■	dezimaler Relaisrechner, Parallelrechner, Spezialrechner, Bauzeit: 1938–1939, Vollendung: November 1939, Nutzung bis 1949, gemischt dual-dezimales Zahlensystem (Dezimalziffern ±3 binär kodiert): Stibitz-Code; keine bedingten Befehle, Programmsteuerung mit Lochstreifen, Zugriff über drei Fernschrei-ber, Vorführung vor der amerikanischen mathematischen Gesell-schaft mit Fernsteuerung über eine Telegrafenleitung vom Dart-mouth College, Hanover, New Hampshire, nach New York City: 11. September 1940; weitere Modelle: (Bell Labs) Model 2 bis 6

Frühe betriebsbereite Relais- und Röhrenrechner (Gesamtliste)

Name des Rechners	Jahr	Monat	Erbauer	Einrichtung	Land	Serienfertigung	Einzelfertigung	speicherprogrammiert	programmgesteuert	programmierbar	Universalrechner	Spezialrechner	Serienrechner	Parallelrechner	Gleitkomma	Festkomma	binär	dezimal	elektronisch	elektromechanisch	Bemerkungen
EDSAC 1 (electronic delay storage automatic calculator)	1949	06.05.1949 Erstlauf	Maurice Vincent Wilkes, William Renwick, Tom Gold, David John Wheeler, Ernest H. Lennaerts (Leo)	Universität Cambridge	GB	☐	■	■	☐	■	■	☐	■	☐	☐	■	■	☐	■	☐	binärer speicherprogrammierter Röhrenrechner, Serienrechner, Bauzeit: 1946–1949, Dauerbetrieb ab Anfang 1950, Nutzung bis Juli 1958, bedingte Befehle, Unterprogramm für Gleitpunktrechnung, Vermarktung als gewerblicher Rechner (Leo 1), weiteres Modell EDSAC 2
EDVAC (electronic discrete variable automatic computer)	1952	Anfang Jahr Betriebsbereitschaft	John Presper Eckert, John William Mauchly, T. Kite Sharpless, Herman Lukoff, Richard L. Snyder	Universität Pennsylvania, Philadelphia	USA	☐	■	■	☐	■	■	☐	■	☐	☐	■	■	☐	■	☐	binärer speicherprogrammierter Röhrenrechner, Serienrechner, Bauzeit: 1945–1952 (mit häufigem Personalwechsel), beschränkter Betrieb ab Ende 1951, volle Betriebsfähigkeit 1952, Nutzung bis Dezember 1962, Fest- und Gleitkommafähigkeiten
ENIAC (electronic numerical integrator and computer)	1946	14.02.1946 Vorstellung	John Presper Eckert, John William Mauchly, Joseph Chedaker, Arthur Walter Burks	Universität Pennsylvania, Philadelphia	USA	☐	■	☐	■	■	■	☐	☐	■	☐	■	☐	■	■	☐	programmgesteuerter dezimaler Röhrenrechner, Parallelrechner, Bauzeit: 1943–1945, Inbetriebnahme: November 1945, Nutzung bis Oktober 1955, binär verschlüsselte Dezimalzahlen (Aiken-Code), bedingte Befehle, manuelle Programmierung über das Stecken von Kabelverbindungen, später durch das Setzen von Drehschaltern
Ferranti Mark 1	1951	Februar Auslieferung	Frederic Calland Williams, Thomas Kilburn, Geoff C. Tootill	Universität Manchester/ Ferranti Ltd., Manchester	GB	■	☐	■	☐	■	■	☐	■	☐	☐	■	■	☐	■	☐	marktfähiger binärer speicherprogrammierter Röhrenrechner, Bauzeit: 1949–1951, Nutzung bis 1959, Bau von 9 Geräten (Mark 1 und Mark1*), Ferranti Mark ist eine Weiterentwicklung des Manchester Mark 1.

Frühe betriebsbereite Relais- und Röhrenrechner (Gesamtliste)

Name des Rechners	Jahr	Monat	Erbauer	Einrichtung	Land	Serienfertigung	Einzelfertigung	speicherprogrammiert	programmgesteuert	programmierbar	Universalrechner	Spezialrechner	Serienrechner	Parallelrechner	Gleitkomma	Festkomma	binär	dezimal	elektronisch	elektromechanisch	Bemerkungen
Harvard Mark 1 oder IBM ASCC (automatic sequence controlled calculator)	1944	07.08.1944 Einweihung	Howard Hathaway Aiken Harvard); Clair D. Lake (IBM), Francis E. Hamilton (IBM), Benjamin M. Durfee (IBM)	Harvard-Universität, Cambridge, Massachusetts/ North Street Engineering Laboratory, IBM, Endicott, New York	USA	□	■	□	■	■	■	□	□	■	□	■	□	■	□	■	programmgesteuerter dezimaler Relaisrechner, Parallelrechner, Bauzeit: 1939–1944, Vollendung der Maschine in Endicott: Januar 1943; Vorführung für Harvard-Mitarbeitende: Dezember 1943, Aufbau in Cambridge, Massachusetts, ab Februar 1944, Inbetriebnahme im Mai 1944, Einweihung: August 1944, Nutzung bis 1959 (15 Jahre), Entwurf der Maschine durch Harvard, Bau der Anlage durch IBM, Programmsteuerung mit Lochstreifen sowie Drehschalter, keine bedingten Befehle; weitere Modelle: Mark 2 – 4
Leo 1 (Lyons electronic office 1)	1953	Dezember Fertigstellung	John M. M. Pinkerton, David Caminer, Ernest H. Lenaerts, Derek Hemy	J. Lyons and Co. Ltd, London/Leo Computers Ltd.	GB	■	□	■	□	■	■	□	■	□	□	■	■	□	■	□	marktfähiger, speicherprogrammierter gewerblicher Röhrenrechner, Bauzeit: 1949–1953, Erstlauf: Frühling 1951, Dauerbetrieb ab Anfang 1953, Fertigstellung: 23. Dezember 1953, Nutzung bis Januar 1965, zunächst Verwendung bei Lyons, voll betriebsbereit 1954 (öffentliche Vorführung im Februar 1954), Gründung Leo Computers Ltd. am 4.11.1954; Erstlieferung Leo 2: Mai 1957 (Nutzung bis Januar 1965), weiteres Modell: Leo 3; Leo ist eine Weiterentwicklung des EDSAC (Universität Cambridge).
Manchester Baby oder SSEM (small-scale experimental machine)	1948	21.06.1948 Erstlauf	Frederic Calland Williams, Thomas Kilburn, Geoff C. Tootill	Universität Manchester	GB	□	■	■	□	■	■	□	■	□	□	■	■	□	■	□	binärer speicherprogrammierter Röhrenrechner, Serienrechner (Versuchsmodell), Bauzeit: 1946–1948, Nachfolgegerät: Manchester Mark 1 (auch MADM, Manchester automatic digital machine genannt), Bauzeit: 1948–1949 (Vollendung: Oktober 1949), marktfähiges Modell: Ferranti Mark 1, weiteres Modell: Ferranti Mark 1*/2

Frühe betriebsbereite Relais- und Röhrenrechner (Gesamtliste)

Name des Rechners	Jahr	Monat	Erbauer	Einrichtung	Land	Serienfertigung	Einzelfertigung	speicherprogrammiert	programmgesteuert	programmierbar	Universalrechner	Spezialrechner	Serienrechner	Parallelrechner	Gleitkomma	Festkomma	binär	dezimal	elektronisch	elektromechanisch	Bemerkungen
Univac 1 (universal automatic computer)	1951	31.03.1951 Auslieferung	John Presper Eckert, John William Mauchly	Remington Rand, Philadelphia	USA	■	□	■	□	■	■	□	■	□	□	■	□	■	■	□	in Serie hergestellter, weit verbreiteter marktfähiger dezimaler Röhrenrechner, Bauzeit: 1946–1951; gemischt dual-dezimales Zahlensystem (Dezimalziffern ±3 binär kodiert): Stibitz-Code, Unterprogramm für Gleitpunktrechnung, Bau von 46 Maschinen, weitere Modelle: Univac 2 (1957) und 3 (1962)
Zuse Z3	1941	12.05.1941 Vorführung	Konrad Zuse	– (Berlin)	D	□	■	□	■	■	■	□	□	■	■	□	■	□	□	■	programmgesteuerter binärer Relaisrechner mit Gleitpunktrechnung, Bauzeit: 1940–1941, 1944 bei einem Bombenangriff zerstört; keine bedingten Befehle, Programmsteuerung mit Lochstreifen; Vorläufer: Z1 (1938, mechanisch), Z2 (1939, elektromechanisch), weitere Modelle: u. a. Z5 (Fertigstellung 1952, Auslieferung an Leitz-Werke, Wetzlar, 7. Juli 1953), Serienfertigung: M9 (1953), Z11 (ab 1956, Relaisrechner), Z22 (ab 1958, speicherprogrammierter Röhrenrechner), Z23 (ab 1961, Transistorrechner) u.a., Spezialrechner S1 (1942) und S2 (1943, Prozessrechner)
Zuse Z4	1945	29.03.1945 Vorführung	Konrad Zuse	– (Berlin)	D	□	■	□	■	■	■	□	□	■	■	□	■	□	□	■	marktfähiger programmgesteuerter binärer Relaisrechner mit Gleitpunktrechnung, Bauzeit 1942–1945, Nutzung 1950–1959; Programmsteuerung mit Lochstreifen

Zeichenerklärung ■ ja □ nein

Anmerkungen: Die Datumsangaben sind nur bedingt vergleichbar (Zeitpunkt des Erstlaufs, der ersten Vorführung, der Inbetriebnahme, des Dauerbetriebs, der Einweihung, der Ankündigung, der Auslieferung, der Aufstellung u.a.). Es gibt Mischformen, z.B. zwischen elektromechanischen Relaisrechnern und elektronischen Röhrenrechnern, zwischen der dezimalen und der binären Zahlendarstellung (z.B. binär verschlüsselte Dezimalziffern wie beim Stibitz-Code) oder zwischen seriellen und parallelen Rechnern, aber auch zwischen der Festpunkt- und der Gleitpunktarithmetik. Die Grenze zwischen Spezial- und Universalrechnern ist fliessend. Unscharf ist auch der Begriff der Programmierbarkeit. So ist eine Programmierung über Lochstreifen viel einfacher als eine Steuerung über auswechselbare Stecktafeln oder über Drehschalter. Manche Geräte sind Serien-Parallelrechner.
Bei der Speicherprogrammierung befinden sich Daten *und* Programme im gleichen internen (Haupt-)Speicher. Daten und Programme können verändert werden.
Das Iowa State College ist heute eine Staatsuniversität.
Zuses Mitarbeiter Helmut Schreyer hatte 1940 ein Versuchsmodell mit Elektronenröhren gebaut, er wurde im Krieg zerstört. Die Zuse Z4 war im März 1945 betriebsbereit und im Juli 1950 marktfähig.

Quellen: Originaldokumente der Computerpioniere, Werke zur Informatikgeschichte. Angaben ohne Gewähr.

Tab. 6.3 Weitere arbeitsfähige elektronische Digitalrechner (Auswahl)

Weitere betriebsbereite Röhrenrechner (Gesamtliste)																					
Name des Rechners	**Jahr**	**Monat**	**Erbauer**	**Einrichtung**	**Land**	Serienfertigung	Einzelfertigung	speicherprogrammiert	programmgesteuert	programmierbar	Universalrechner	Spezialrechner	Serienrechner	Parallelrechner	Gleitkomma	Festkomma	binär	dezimal	elektronisch	elektromechanisch	**Bemerkungen**
ACE (automatic computing engine)	1950	10.05.1950 Erstlauf	Alan Mathison Turing, James H. Wilkinson, Edward A. Newman, Harry Douglas Huskey	National Physical Laboratory, Teddington, London	GB	□	■	■	□	■	■	□	■	□	□	■	■	□	■	□	trotz der Bezeichnung "Pilot" praktisch brauchbarer Digitalrechner, bedingte Befehle, Bauzeit Pilot ACE: Anfang 1949 bis Ende 1951; Erstlauf Mai 1950, öffentliche Vorführung Dezember 1950, Fertigstellung Ende 1951, Dauerbetrieb ab Anfang 1952, Nutzung bis Mai 1956; (grosser) ACE, 1 Stück, Vollendung Ende 1958, Nutzung bis 1967, marktfähige Version: DEUCE (digital electronic universal computing engine) durch English Electric Company Ltd., Stafford, März 1955, Bau von 33 Exemplaren, weiteres Modell: Deuce 2; Nachfolgegeräte Mosaic, Bendix G-15
BINAC (binary automatic computer)	1949	August Erstlauf	John William Mauchly, John Presper Eckert	Eckert-Mauchly Computer Corporation, Philadelphia	USA	□	■	■	□	■	□	■	■	□	□	■	■	□	■	□	erster speicherprogrammierter moderner Digitalrechner der USA, Bauzeit:1947–1949, öffentliche Vorführung: August 1949, Auslieferung: September 1949; z.T. unzuverlässig im Betrieb (Probleme durch Abbau und Wiederaufbau), Auslegung als Spezialrechner, Nutzung als Universalrechner
ERA 1101	1951	Dezember Ankündigung/ Auslieferung	Howard T. Engstrom, William C. Norris, Arnold A. Cohen, Charles Brown Tompkins	Engineering Research Associates, St. Paul, Minneapolis	USA	■	□	■	□	■	■	□	□	■	□	■	■	□	■	□	marktfähig, Bauzeit: 1948–1951, weitere Modelle 1102 (Auslieferung ab Juli 1954), 1103, 1103A (Kernspeicher, Auslieferung ab September 1956), 1104, Bau von je 3 Geräten (1101 und 1102), ERA 1101 ist Nachfolger des nicht kommerziellen Rechners Atlas 1 (Vollendung: Oktober 1950, Auslieferung: Dezember 1950, 2 Stück); Atlas 2 (1953), ERA 1103 (Wissenschaftsrechner): Ankündigung am 5. Februar 1953, Bau von 19 Stück (Wissenschaftsrechner wie IBM 701 und 704)

Weitere betriebsbereite Röhrenrechner (Gesamtliste)

Name des Rechners	Jahr	Monat	Erbauer	Einrichtung	Land	Serienfertigung	Einzelfertigung	speicherprogrammiert	programmgesteuert	programmierbar	Universalrechner	Spezialrechner	Serienrechner	Parallelrechner	Gleitkomma	Festkomma	binär	dezimal	elektronisch	elektromechanisch	Bemerkungen
IAS-Rechner (Institute for Advanced Study)	1952	10.06.1952 Betriebs-bereitschaft	John von Neumann, Julian Himely Bigelow, Arthur Walter Burks, Herman Heine Goldstine	Institute for Advanced Study, Princeton, New Jersey	USA	❑	■	■	❑	■	■	❑	❑	■	❑	■	■	❑	■	❑	Parallelrechner, Bauzeit: 1947–1952, Nutzung bis 1960. Es gab über ein Dutzend Nachbauten des IAS-Rechners.
IBM 650	1953	02.07.1953 Ankündigung	Francis E. Hamilton, Ernest S. Hughes, James J. Troy	International Business Machines Corporation, Endicott, New York	USA	■	❑	■	❑	■	■	❑	❑	■	❑	■	❑	■	■	❑	in hohen Stückzahlen hergestellter marktfähiger Digitalrechner der IBM (für kaufmännisch-gewerbliche und wissenschaftlich-technische Zwecke), Bauzeit: 1953–1954, Auslieferung ab Dezember 1954, meist verbreitete Rechenlage der 1950er Jahre (1953–1962: Bau von über 1800 Geräten), biquinäre Verschlüsselung der Dezimalzahlen, auf Wunsch wahlweise Gleitpunktrechnung, Nachfolger: IBM 7070 (Transistorrechner)
IBM 701	1953	07.04.1953 Einweihung	Jerrier A. Haddad, Nathaniel Rochester	International Business Machines Corporation, Poughkeepsie, New York	USA	■	❑	■	❑	■	■	❑	❑	■	❑	■	■	❑	■	❑	erster in Serie hergestellter marktfähiger Digitalrechner der IBM (für wissenschaftlich-technische Zwecke), Bauzeit: 1951–1952, Erstinstallation in New York: 20. Dezember 1952, Auslieferung ab Frühling 1953, Bau von 19 Maschinen, weitere Modelle: 702, 704, 705, 709
IBM SSEC (selective sequence electronic calculator)	1948	27.01.1948 Einweihung	Wallace John Eckert, Francis E. Hamilton (IBM), Robert R. Seeber (IBM)	International Business Machines Corporation, Endicott, New York/ Columbia-Universität, New York	USA	❑	■	■	■	■	■	❑	❑	■	❑	■	❑	■	■	■	erster speicherprogrammierter Digitalrechner, Hybridrechner (Zwitter), Bauzeit: 1946–1947, Versuchsaufbau 1947, Nutzung bis Juli 1952, Steuerung über Lochkarten, bedingte Befehle

Weitere betriebsbereite Röhrenrechner (Gesamtliste)																					
Name des Rechners	Jahr	Monat	Erbauer	Einrichtung	Land	Serienfertigung	Einzelfertigung	speicherprogrammiert	programmgesteuert	programmierbar	Universalrechner	Spezialrechner	Serienrechner	Parallelrechner	Gleitkomma	Festkomma	binär	dezimal	elektronisch	elektromechanisch	Bemerkungen
SEAC (Standards eastern automatic computer)	1950	20.06.1950 Inbetriebnahme	Samuel N. Alexander, Ralph Slutz	US Bureau of Standards Ost, Washington, D.C.	USA	■	□	■	□	■	■	□	■	□	□	■	□	■	■	□	Bauzeit: 1948–1950, Vorführung: April 1950, Nutzung bis Oktober 1964 weiteres Modell: DYSEAC
SWAC (Standards western automatic computer)	1950	17.–19.8. 1950 Einweihung	Harry Douglas Huskey	US Bureau of Standards West/ Universität Kalifornien, Los Angeles	USA	□	■	□	■	■	■	□	□	■	■	□	■	□	□	■	Bauzeit: 1949–1950, Betriebsbereitschaft: Juli 1950, voll betriebstauglich ab Mitte 1953, Nutzung bis Dezember 1967.
Whirlwind 1	1951	April Fertigstellung	Jay Wright Forrester, Robert Rivers Everett, Perry O. Crawford	Massachusetts Institute of Technology, Cambridge, Massachusetts	USA	□	■	□	■	■	■	□	□	■	■	□	■	□	□	■	Bauzeit: 1945–1951, Vollendung 1951, volle Betriebsfähigkeit 1953, Nutzung bis 1973, Echtzeitverarbeitung

Zeichenerklärung ■ ja □ nein

Anmerkungen

Die Datumsangaben sind nur bedingt vergleichbar (Zeitpunkt des Erstlaufs, der ersten Vorführung, der Inbetriebnahme, des Dauerbetriebs, der Einweihung, der Ankündigung, der Auslieferung, der Aufstellung u.a.). Es gibt Mischformen, z.B. zwischen elektromechanischen Relaisrechnern und elektronischen Röhrenrechnern, zwischen der dezimalen und der binären Zahlendarstellung (z.B. binär verschlüsselte Dezimalziffern wie beim Stibitz-Code) oder zwischen seriellen und parallelen Rechnern, aber auch zwischen der Festpunkt- und der Gleitpunktarithmetik. Die Grenze zwischen Spezial- und Universalrechnern ist fliessend. Unscharf ist auch der Begriff der Programmierbarkeit. So ist eine Programmierung über Lochstreifen viel einfacher als eine Steuerung über auswechselbare Stecktafeln oder über Drehschalter. Manche Geräte sind Serien-Parallelrechner.

Bei der Speicherprogrammierung befinden sich Daten *und* Programme im gleichen internen (Haupt-)Speicher. Daten und Programme können verändert werden.

Der (elektromechanisch-elektronische) Hybridrechner IBM SSEC war ansatzweise speicherprogrammiert (mit Kartensteuerung).

Quellen: Originaldokumente der Computerpioniere, Werke zur Informatikgeschichte. Angaben ohne Gewähr.

Tab. 6.4 *Frühe elektromechanische und elektronische Digitalrechner: alfabetische Gesamtübersicht*

Alfabetisches Gesamtverzeichnis der ersten Relais- und Röhrenrechner																			
Name des Rechners	**Jahr**	**Monat**	**Einrichtung**	**Land**	**elektromechanisch**	**elektronisch**	**dezimal**	**binär**	**Festkomma**	**Gleitkomma**	**Parallelrechner**	**Serienrechner**	**Spezialrechner**	**Universalrechner**	**programmierbar**	**programmgesteuert**	**speicherprogrammiert**	**Einzelfertigung**	**Serienfertigung**
ABC (Atanasoff Berry computer)	1942	Mai Betriebsbereitschaft	Iowa State College, Ames, Iowa	USA	□	■	□	■	■	□	■	□	■	□	■	■	□	■	□
ACE (automatic computing engine)	1950	10.05.1950 Erstlauf	National Physical Laboratory, Teddington, London	GB	□	■	□	■	■	□	□	■	□	■	■	□	■	■	□
BINAC (binary automatic computer)	1949	August Erstlauf	Eckert-Mauchly Computer Corporation, Philadelphia	USA	□	■	□	■	■	□	□	■	■	□	■	□	■	■	□
Colossus 1	1943	08.12.1943 Erstlauf in Dollis Hill, London	Post Office Research Station, Dollis Hill, London	GB	□	■	□	■	□	□	■	□	■	□	■	■	□	□	■
Complex Number Calculator oder Bell Labs Model 1	1940	08.01.1940 Inbetriebnahme	American Telephone & Telegraph Company (AT&T), Bell Telephone Laboratories, New York City	USA	■	□	■	□	■	□	■	□	■	□	■	■	□	■	□
EDSAC 1 (electronic delay storage automatic calculator)	1949	06.05.1949 Erstlauf	Universität Cambridge	GB	□	■	□	■	■	□	□	■	□	■	■	□	■	■	□
EDVAC (electronic discrete variable automatic computer)	1952	Anfang Jahr Betriebsbereitschaft	Universität Pennsylvania, Philadelphia	USA	□	■	□	■	■	□	□	■	□	■	■	□	■	■	□
ENIAC (electronic numerical integrator and computer)	1946	14.02.1946 Vorstellung	Universität Pennsylvania, Philadelphia	USA	□	■	■	□	■	□	■	□	□	■	■	■	□	■	□
ERA 1101	1951	Dezember Auslieferung	Engineering Research Associates, St. Paul, Minneapolis	USA	□	■	□	■	■	□	■	□	□	■	■	□	■	□	■
Ferranti Mark 1	1951	Februar Auslieferung	Universität Manchester/ Ferranti Ltd., Manchester	GB	□	■	□	■	■	□	□	■	□	■	■	□	■	□	■
Harvard Mark 1 oder IBM ASCC (automatic sequence controlled calculator)	1944	07.08.1944 Einweihung	Harvard-Universität, Cambridge, Massachusetts/North Street Engineering Laboratory, IBM, Endicott, New York	USA	■	□	■	□	■	□	■	□	□	■	■	■	□	■	□
IAS-Rechner (Institute for Advanced Study)	1952	10.06.1952 Betriebsbereitschaft	Institute for Advanced Study, Princeton, New Jersey	USA	□	■	□	■	■	□	■	□	□	■	■	□	■	■	□
IBM 650	1953	02.07.1953 Ankündigung	International Business Machines Corporation, Endicott, New York	USA	□	■	■	□	■	□	■	□	□	■	■	□	■	□	■
IBM 701	1953	07.04.1953 Einweihung	International Business Machines Corporation, Poughkeepsie, New York	USA	□	■	□	■	■	□	■	□	□	■	■	□	■	□	■
IBM SSEC (selective sequence electronic calculator)	1948	27.01.1948 Einweihung	International Business Machines Corporation, Endicott, New York/ Columbia-Universität, New York	USA	■	■	■	□	■	□	■	□	□	■	■	■	■	■	□

Alfabetisches Gesamtverzeichnis der ersten Relais- und Röhrenrechner

Name des Rechners	Jahr	Monat	Einrichtung	Land	elektromechanisch	elektronisch	dezimal	binär	Festkomma	Gleitkomma	Parallelrechner	Serienrechner	Spezialrechner	Universalrechner	programmierbar	programmgesteuert	speicherprogrammiert	Einzelfertigung	Serienfertigung
Leo 1 (Lyons electronic office 1)	1953	Dezember Fertigstellung	J. Lyons and Co. Ltd, London/Leo Computers Ltd.	GB	□	■	□	■	■	□	□	■	□	■	■	□	■	□	■
Manchester Baby oder SSEM (small-scale experimental machine)	1948	21.06.1948 Erstlauf	Universität Manchester	GB	□	■	□	■	■	□	□	■	□	■	■	□	■	■	□
SEAC (Standards eastern automatic computer)	1950	20.06.1950 Inbetriebnahme	US Bureau of Standards Ost, Washington, D.C.	USA	□	■	□	■	■	□	□	■	□	■	■	□	■	■	□
SWAC (Standards western automatic computer)	1950	17.–19.08. 1950 Einweihung	US Bureau of Standards West/Universität Kalifornien, Los Angeles	USA	□	■	□	■	■	□	■	□	□	■	■	□	■	■	□
Univac 1 (universal automatic computer)	1951	31.03.1951 Auslieferung	Remington Rand, Philadelphia	USA	□	■	■	□	■	□	□	■	□	■	■	□	■	□	■
Whirlwind 1	1951	April Fertigstellung	Massachusetts Institute of Technology, Cambridge, Massachusetts	USA	□	■	□	■	■	□	■	□	□	■	■	□	■	■	□
Zuse Z3	1941	12.05.1941 Vorführung	– (Berlin)	D	■	□	□	■	□	■	■	□	□	■	■	■	□	■	□
Zuse Z4	1945	29.03.1945 Vorführung	– (Berlin)	D	■	□	□	■	□	■	■	□	□	■	■	■	□	■	□

Zeichenerklärung: ■ ja □ nein

Quellen:
Originaldokumente der Computerpioniere, Werke zur Informatikgeschichte. Angaben ohne Gewähr.

Tab. 6.5 *Frühe elektromechanische und elektronische Digitalrechner: zeitliche Gesamtübersicht*

Zeitliches Gesamtverzeichnis der ersten Relais- und Röhrenrechner																			
Jahr	**Monat**	**Name des Rechners**	**Einrichtung**	**Land**	**elektromechanisch**	**elektronisch**	**dezimal**	**binär**	**Festkomma**	**Gleitkomma**	**Parallelrechner**	**Serienrechner**	**Spezialrechner**	**Universalrechner**	**programmierbar**	**programmgesteuert**	**speicherprogrammiert**	**Einzelfertigung**	**Serienfertigung**
1940	08.01.1940 Inbetrieb-nahme	Complex Number Calculator oder Bell Labs Model 1	American Telephone & Telegraph Company (AT&T), Bell Telephone Laboratories, New York City	USA	■	❑	■	❑	■	❑	■	❑	■	❑	■	■	❑	■	❑
1941	12.05.1941 Vorführung	Zuse Z3	– (Berlin)	D	■	❑	❑	■	❑	■	■	❑	❑	■	■	■	❑	■	❑
1942	Mai Betriebs-bereitschaft	ABC (Atanasoff Berry computer)	Iowa State College, Ames, Iowa	USA	❑	■	❑	■	■	❑	■	❑	■	❑	■	■	❑	■	❑
1943	08.12.1943 Erstlauf in Dollis Hill, London	Colossus 1	Post Office Research Station, Dollis Hill, London	GB	❑	■	❑	■	❑	❑	■	❑	■	❑	■	■	❑	❑	■
1944	07.08.1944 Einweihung	Harvard Mark 1 oder IBM ASCC (automatic se-quence controlled calculator)	Harvard-Universität, Cambridge, Massachu-setts/North Street Engi-neering Laboratory, IBM, Endicott, New York	USA	■	❑	■	❑	■	❑	■	❑	❑	■	■	■	❑	■	❑
1945	29.03.1945 Vorführung	Zuse Z4	– (Berlin)	D	■	❑	❑	■	❑	■	■	❑	❑	■	■	■	❑	■	❑
1946	14.02.1946 Vorstellung	ENIAC (electronic numerical integrator and computer)	Universität Pennsylvania, Philadelphia	USA	❑	■	■	❑	■	❑	■	❑	❑	■	■	■	❑	■	❑
1948	27.01.1948 Einweihung	IBM SSEC (selective se-quence electronic calculator)	International Business Machines Corporation, Endicott, New York/ Columbia-Universität, New York	USA	■	■	■	❑	■	❑	■	❑	❑	■	■	■	■	■	❑
1948	21.06.1948 Erstlauf	Manchester Baby oder SSEM (small-scale experimental machine)	Universität Manchester	GB	❑	■	❑	■	■	❑	❑	■	❑	■	■	❑	■	■	❑
1949	06.05.1949 Erstlauf	EDSAC 1 (electronic delay storage automatic calculator)	Universität Cambridge	GB	❑	■	❑	■	■	❑	❑	■	❑	■	■	❑	■	■	❑
1949	August Erstlauf	BINAC (binary automatic computer)	Eckert-Mauchly Computer Corporation, Philadelphia	USA	❑	■	❑	■	■	❑	❑	■	■	❑	■	❑	■	■	❑
1950	10.05.1950 Erstlauf	ACE (automatic computing engine)	National Physical Labora-tory, Teddington, London	GB	❑	■	❑	■	■	❑	❑	■	❑	■	■	❑	■	■	❑
1950	20.06.1950 Inbetrieb-nahme	SEAC (Standards eastern automatic computer)	US Bureau of Standards Ost, Washington, D.C.	USA	❑	■	❑	■	■	❑	❑	■	❑	■	■	❑	■	■	❑
1950	17.–19.08. 1950 Einweihung	SWAC (Standards western automatic computer)	US Bureau of Standards West/Universität Kali-fornien, Los Angeles	USA	❑	■	❑	■	■	❑	■	❑	❑	■	■	❑	■	■	❑
1951	Februar Auslieferung	Ferranti Mark 1	Universität Manchester/ Ferranti Ltd., Manchester	GB	❑	■	❑	■	■	❑	❑	■	❑	■	■	❑	■	❑	■

Zeitliches Gesamtverzeichnis der ersten Relais- und Röhrenrechner

Jahr	Monat	Name des Rechners	Einrichtung	Land	elektromechanisch	elektronisch	dezimal	binär	Festkomma	Gleitkomma	Parallelrechner	Serienrechner	Spezialrechner	Universalrechner	programmierbar	programmgesteuert	speicherprogrammiert	Einzelfertigung	Serienfertigung
1951	31.03.1951 Auslieferung	Univac 1 (universal automatic computer)	Remington Rand, Philadelphia	USA	□	■	■	□	■	□	□	■	□	■	■	□	■	□	■
1951	April Fertigstellung	Whirlwind 1	Massachusetts Institute of Technology, Cambridge, Massachusetts	USA	□	■	□	■	■	□	■	□	□	■	■	□	■	■	□
1951	Dezember Auslieferung	ERA 1101	Engineering Research Associates, St. Paul, Minneapolis	USA	□	■	□	■	■	□	■	□	□	■	■	□	■	□	■
1952	Anfang Jahr Betriebs-bereitschaft	EDVAC (electronic discrete variable automatic computer)	Universität Pennsylvania, Philadelphia	USA	□	■	□	■	■	□	□	■	□	■	■	□	■	■	□
1952	10.06.1952 Betriebs-bereitschaft	IAS-Rechner (Institute for Advanced Study)	Institute for Advanced Study, Princeton, New Jersey	USA	□	■	□	■	■	□	■	□	□	■	■	□	■	■	□
1953	07.04.1953 Einweihung	IBM 701	International Business Machines Corporation, Poughkeepsie, New York	USA	□	■	□	■	■	□	■	□	□	■	■	□	■	□	■
1953	02.07.1953 Ankündigung	IBM 650	International Business Machines Corporation, Endicott, New York	USA	□	■	■	□	■	□	■	□	□	■	■	□	■	□	■
1953	Dezember Fertigstellung	Loo 1 (Lyons electronic office 1)	J. Lyons and Co. Ltd, London/Leo Computers Ltd.	GB	□	■	□	■	■	□	□	■	□	■	■	□	■	□	■

Zeichenerklärung ■ ja □ nein

Quellen: Originaldokumente der Computerpioniere, Werke zur Informatikgeschichte. Angaben ohne Gewähr.

Tab. 6.6 *Frühe elektromechanische Digitalrechner (Relaisrechner)*

Frühe digitale Relaisrechner

Name des Rechners	elektromechanisch	dezimal	binär	Festkomma	Gleitkomma	Parallelrechner	Serienrechner	Spezialrechner	Universalrechner	programmierbar	programmgesteuert	speicherprogrammiert	Einzelfertigung	Serienfertigung
Complex Number Calculator	■	■	□	■	□	■	□	■	□	■	■	□	■	□
Harvard Mark 1	■	■	□	■	□	■	□	□	■	■	■	□	■	□
IBM SSEC *)	■	■	□	■	□	■	□	□	■	■	■	■	■	□
Zuse Z3	■	□	■	□	■	■	□	□	■	■	■	□	■	□
Zuse Z4	■	□	■	□	■	■	□	□	■	■	■	□	■	□

Zeichenerklärung: ■ ja □ nein *) elektromech.-elektron. Zwitterrechner (Relais-Röhren-Rechner)

Anmerkung: Die (langsamen) Relaisrechner wurden bald durch schnellere Röhrenrechner und später durch kompaktere Transistoranlagen abgelöst.

Tab. 6.7 *Frühe elektronische Digitalrechner (Röhrenrechner)*

Frühe digitale Röhrenrechner														
Name des Rechners	**elektronisch**	**dezimal**	**binär**	**Festkomma**	**Gleitkomma**	**Parallelrechner**	**Serienrechner**	**Spezialrechner**	**Universalrechner**	**programmierbar**	**programmgesteuert**	**speicherprogrammiert**	**Einzelfertigung**	**Serienfertigung**
ABC	■	□	■	■	□	■	□	■	□	■	■	□	■	□
ACE	■	□	■	■	□	□	■	□	■	■	□	■	■	□
BINAC	■	□	■	■	□	□	■	■	□	■	□	■	■	□
Colossus 1	■	□	■	□	□	■	□	■	□	■	■	□	□	■
EDSAC 1	■	□	■	■	□	□	■	□	■	■	□	■	■	□
EDVAC	■	□	■	■	□	□	■	□	■	■	□	■	■	□
ENIAC	■	■	□	■	□	■	□	□	■	■	■	□	■	□
ERA 1101	■	□	■	■	□	■	□	□	■	■	□	■	□	■
Ferranti Mark 1	■	□	■	■	□	□	■	□	■	■	□	■	□	■
IAS-Rechner	■	□	■	■	□	■	□	□	■	■	□	■	■	□
IBM 650	■	■	□	■	□	■	□	□	■	■	□	■	□	■
IBM 701	■	□	■	■	□	■	□	□	■	■	□	■	□	■
IBM SSEC *)	■	■	□	■	□	■	□	□	■	■	■	■	■	□
Leo 1	■	□	■	■	□	□	■	□	■	■	□	■	□	■
Manchester Baby	■	□	■	■	□	□	■	□	■	■	□	■	■	□
SEAC	■	□	■	■	□	□	■	□	■	■	□	■	■	□
SWAC	■	□	■	■	□	■	□	□	■	■	□	■	■	□
Univac 1	■	■	□	■	□	□	■	□	■	■	□	■	□	■
Whirlwind 1	■	□	■	■	□	■	□	□	■	■	□	■	■	□

Zeichenerklärung

■ ja □ nein

*) elektromechanisch-elektronischer Zwitterrechner

Anmerkung

Röhrenrechner gelten als Computer der ersten Generation (2. Generation: Transistorrechner). Computer im engeren Sinn sind speicherprogrammierte Digitalrechner.

Tab. 6.8 *Frühe dezimale Digitalrechner*

Die ersten Digitalrechner mit Zehnersystem														
Name des Rechners	**dezimal**	**elektromechanisch**	**elektronisch**	**Festkomma**	**Gleitkomma**	**Parallelrechner**	**Serienrechner**	**Spezialrechner**	**Universalrechner**	**programmierbar**	**programmgesteuert**	**speicherprogrammiert**	**Einzelfertigung**	**Serienfertigung**
Complex Number Calculator	■	■	□	■	□	■	□	■	□	■	■	□	■	□
ENIAC	■	□	■	■	□	■	□	□	■	■	■	□	■	□
Harvard Mark 1	■	■	□	■	□	■	□	□	■	■	■	□	■	□
IBM 650	■	□	■	■	□	■	□	□	■	■	□	■	□	■
IBM SSEC	■	■	■	■	□	■	□	□	■	■	■	■	■	□
Univac 1	■	□	■	■	□	□	■	□	■	■	□	■	□	■

Zeichenerklärung: ■ ja □ nein

Anmerkung: Dezimalzahlen werden binär oder biquinär verschlüsselt (z.B. Stibitz- oder Aiken-Code).

Tab. 6.9 *Frühe binäre Digitalrechner*

Die ersten Digitalrechner mit Zweiersystem														
Name des Rechners	**binär**	**elektromechanisch**	**elektronisch**	**Festkomma**	**Gleitkomma**	**Parallelrechner**	**Serienrechner**	**Spezialrechner**	**Universalrechner**	**programmierbar**	**programmgesteuert**	**speicherprogrammiert**	**Einzelfertigung**	**Serienfertigung**
ABC	■	□	■	■	□	■	□	■	□	■	■	□	■	□
ACE	■	□	■	■	□	□	■	□	■	■	□	■	■	□
BINAC	■	□	■	■	□	□	■	■	□	■	□	■	■	□
Colossus 1	■	□	■	□	□	■	□	■	□	■	■	□	□	■
EDSAC 1	■	□	■	■	□	□	■	□	■	■	□	■	■	□
EDVAC	■	□	■	■	□	□	■	□	■	■	□	■	■	□
ERA 1101	■	□	■	■	□	■	□	□	■	■	□	■	□	■
Ferranti Mark 1	■	□	■	■	□	□	■	□	■	■	□	■	□	■
IAS-Rechner	■	□	■	■	□	■	□	□	■	■	□	■	■	□
IBM 701	■	□	■	■	□	■	□	□	■	■	□	■	□	■
Leo 1	■	□	■	■	□	□	■	□	■	■	□	■	□	■
Manchester Baby	■	□	■	■	□	□	■	□	■	■	□	■	■	□
SEAC	■	□	■	■	□	□	■	□	■	■	□	■	■	□
SWAC	■	□	■	■	□	■	□	□	■	■	□	■	■	□
Whirlwind 1	■	□	■	■	□	■	□	□	■	■	□	■	■	□
Zuse Z3	■	■	□	□	■	■	□	□	■	■	■	□	■	□
Zuse Z4	■	■	□	□	■	■	□	□	■	■	■	□	■	□

Zeichenerklärung: ■ ja □ nein

Anmerkung: Frühe Grossrechner wie Harvard Mark 1/IBM ASCC, ENIAC, IBM SSEC waren meist dezimal.

Tab. 6.10 *Frühe digitale Festkommarechner*

Die ersten Digitalrechner mit Festkomma														
Name des Rechners	**Festkomma**	**elektromechanisch**	**elektronisch**	**dezimal**	**binär**	**Parallelrechner**	**Serienrechner**	**Spezialrechner**	**Universalrechner**	**programmierbar**	**programmgesteuert**	**speicherprogrammiert**	**Einzelfertigung**	**Serienfertigung**
ABC	■	□	■	□	■	■	□	■	□	■	■	□	■	□
ACE	■	□	■	□	■	□	■	□	■	■	□	■	■	□
BINAC	■	□	■	□	■	□	■	■	□	■	□	■	■	□
Complex Number Calculator	■	■	□	■	□	■	□	■	□	■	■	□	■	□
EDSAC 1	■	□	■	□	■	□	■	□	■	■	□	■	■	□
EDVAC	■	□	■	□	■	□	■	□	■	■	□	■	■	□
ENIAC	■	□	■	■	□	■	□	□	■	■	■	□	■	□
ERA 1101	■	□	■	□	■	■	□	□	■	■	□	■	□	■
Ferranti Mark 1	■	□	■	□	■	□	■	□	■	■	□	■	□	■
Harvard Mark 1	■	■	□	■	□	■	□	□	■	■	■	□	■	□
IAS-Rechner	■	□	■	□	■	■	□	□	■	■	□	■	■	□
IBM 650	■	□	■	■	□	■	□	□	■	■	□	■	□	■
IBM 701	■	□	■	□	■	■	□	□	■	■	□	■	□	■
IBM SSEC	■	■	■	■	□	■	□	□	■	■	■	■	■	□
Leo 1	■	□	■	□	■	□	■	□	■	■	□	■	□	■
Manchester Baby	■	□	■	□	■	□	■	□	■	■	□	■	■	□
SEAC	■	□	■	□	■	□	■	□	■	■	□	■	■	□
SWAC	■	□	■	□	■	■	□	□	■	■	□	■	■	□
Univac 1	■	□	■	■	□	□	■	□	■	■	□	■	□	■
Whirlwind 1	■	□	■	□	■	■	□	□	■	■	□	■	■	□

Zeichenerklärung

■ ja □ nein

Anmerkung

Gleitkommarechner waren zu Beginn sehr selten (Ausnahme: Zuse-Rechner).

Tab. 6.11 Frühe digitale Gleitkommarechner

Die ersten Digitalrechner mit Gleitkomma														
Name des Rechners	**Gleitkomma**	**elektromechanisch**	**elektronisch**	**dezimal**	**binär**	**Parallelrechner**	**Serienrechner**	**Spezialrechner**	**Universalrechner**	**programmierbar**	**programmgesteuert**	**speicherprogrammiert**	**Einzelfertigung**	**Serienfertigung**
Zuse Z3	■	■	❑	❑	■	■	❑	❑	■	■	■	❑	■	❑
Zuse Z4	■	■	❑	❑	■	■	❑	❑	■	■	■	❑	■	❑
EDSAC 1 *)	■	❑	■	❑	■	❑	■	❑	■	■	❑	■	■	❑
EDVAC **)	■	❑	■	❑	■	❑	■	❑	■	■	❑	■	■	❑
IBM 650 ***)	■	❑	■	■	❑	■	❑	❑	■	■	❑	■	❑	■

Zeichenerklärung: ■ ja ❑ nein

*) Unterprogramm für Gleitkommarechnung
**) Festkomma- und Gleitkommafähigkeiten
***) auf Wunsch wahlweise Gleitkommarechnung

Anmerkung: Längere Zeit gab es, von Ausnahmen abgesehen, nur Festkommarechner.

Tab. 6.12 Frühe parallele Digitalrechner

Die ersten digitalen Parallelrechner														
Name des Rechners	**Parallelrechner**	**elektromechanisch**	**elektronisch**	**dezimal**	**binär**	**Festkomma**	**Gleitkomma**	**Spezialrechner**	**Universalrechner**	**programmierbar**	**programmgesteuert**	**speicherprogrammiert**	**Einzelfertigung**	**Serienfertigung**
ABC	■	❑	■	❑	■	■	❑	■	❑	■	■	❑	■	❑
Colossus 1	■	❑	■	❑	■	❑	❑	■	❑	■	■	❑	❑	■
Complex Number Calculator	■	■	❑	■	❑	■	❑	■	❑	■	■	❑	■	❑
ENIAC	■	❑	■	■	❑	■	❑	❑	■	■	■	❑	■	❑
ERA 1101	■	❑	■	❑	■	■	❑	❑	■	■	❑	■	❑	■
Harvard Mark 1	■	■	❑	■	❑	■	❑	❑	■	■	■	❑	■	❑
IAS-Rechner	■	❑	■	❑	■	■	❑	❑	■	■	❑	■	■	❑
IBM 650	■	❑	■	■	❑	■	❑	❑	■	■	❑	■	❑	■
IBM 701	■	❑	■	❑	■	■	❑	❑	■	■	❑	■	❑	■
IBM SSEC	■	■	■	■	❑	■	❑	❑	■	■	■	■	■	❑
SWAC	■	❑	■	❑	■	■	❑	❑	■	■	❑	■	■	❑
Whirlwind 1	■	❑	■	❑	■	■	❑	❑	■	■	❑	■	■	❑
Zuse Z3	■	■	❑	❑	■	❑	■	❑	■	■	■	❑	■	❑
Zuse Z4	■	■	❑	❑	■	❑	■	❑	■	■	■	❑	■	❑

Zeichenerklärung: ■ ja ❑ nein

Anmerkung: Die ersten Digitalgeräte waren Parallelrechner. Dadurch liess sich die Geschwindigkeit erhöhen. 1945 wurde die Von-Neumann-Architektur bekannt. Die erste serielle Maschine dieser Bauweise wurde 1948 fertig gestellt.

Tab. 6.13 Frühe serielle Digitalrechner

Die ersten digitalen Serienrechner														
Name des Rechners	Serienrechner	elektromechanisch	elektronisch	dezimal	binär	Festkomma	Gleitkomma	Spezialrechner	Universalrechner	programmierbar	programmgesteuert	speicherprogrammiert	Einzelfertigung	Serienfertigung
ACE	■	□	■	□	■	■	□	□	■	■	□	■	■	□
BINAC	■	□	■	□	■	■	□	■	□	■	□	■	■	□
EDSAC 1	■	□	■	□	■	■	□	□	■	■	□	■	■	□
EDVAC	■	□	■	□	■	■	□	□	■	■	□	■	■	□
Ferranti Mark 1	■	□	■	□	■	■	□	□	■	■	□	■	□	■
Leo 1	■	□	■	□	■	■	□	□	■	■	□	■	□	■
Manchester Baby	■	□	■	□	■	■	□	□	■	■	□	■	■	□
SEAC	■	□	■	□	■	■	□	□	■	■	□	■	■	□
Univac 1	■	□	■	■	□	■	□	□	■	■	□	■	□	■

Zeichenerklärung: ■ ja □ nein

Anmerkung

Von-Neumann-Rechner sind grundsätzlich serielle Maschinen (Abarbeitung von Programm und Daten Schritt für Schritt, d.h. nacheinander). Voraussetzung war der Ersatz der langsamen (elektromagnetischen) Relais durch schnellere Elektronenröhren.

Tab. 6.14 Frühe digitale Spezialrechner

Die ersten digitalen Einzweckrechner														
Name des Rechners	Spezialrechner	elektromechanisch	elektronisch	dezimal	binär	Festkomma	Gleitkomma	Parallelrechner	Serienrechner	programmierbar	programmgesteuert	speicherprogrammiert	Einzelfertigung	Serienfertigung
ABC	■	□	■	□	■	■	□	■	□	■	■	□	■	□
BINAC *)	■	□	■	□	■	■	□	□	■	■	□	■	■	□
Colossus 1	■	□	■	□	■	□	□	■	□	■	■	□	□	■
Complex Number Calculator	■	■	□	■	□	■	□	■	□	■	■	□	■	□

Zeichenerklärung: ■ ja □ nein

*) Entwurf als Spezialrechner, Nutzung als Universalrechner

Anmerkung

Die ersten Digitalrechner waren z.T. Spezialrechner, z.B. für das Lösen von Gleichungen.

Tab. 6.15 Frühe digitale Universalrechner

Die ersten digitalen Mehrzweckrechner														
Name des Rechners	Universalrechner	elektromechanisch	elektronisch	dezimal	binär	Festkomma	Gleitkomma	Parallelrechner	Serienrechner	programmierbar	programmgesteuert	speicherprogrammiert	Einzelfertigung	Serienfertigung
ACE	■	❑	■	❑	■	■	❑	❑	■	■	❑	■	■	❑
EDSAC 1	■	❑	■	❑	■	■	❑	❑	■	■	❑	■	■	❑
EDVAC	■	❑	■	❑	■	■	❑	❑	■	■	❑	■	■	❑
ENIAC	■	❑	■	■	❑	■	❑	■	❑	■	■	❑	■	❑
ERA 1101	■	❑	■	❑	■	■	❑	■	❑	■	❑	■	❑	■
Ferranti Mark 1	■	❑	■	❑	■	■	❑	❑	■	■	❑	■	❑	■
Harvard Mark 1	■	■	❑	■	❑	■	❑	■	❑	■	■	❑	■	❑
IAS-Rechner	■	❑	■	❑	■	■	❑	■	❑	■	❑	■	■	❑
IBM 650	■	❑	■	■	❑	■	❑	■	❑	■	❑	■	❑	■
IBM 701	■	❑	■	❑	■	■	❑	■	❑	■	❑	■	❑	■
IBM SSEC	■	■	■	■	❑	■	❑	■	❑	■	■	■	■	❑
Leo 1	■	❑	■	❑	■	■	❑	❑	■	■	❑	■	❑	■
Manchester Baby	■	❑	■	❑	■	■	❑	❑	■	■	❑	■	■	❑
SEAC	■	❑	■	❑	■	■	❑	❑	■	■	❑	■	■	❑
SWAC	■	❑	■	❑	■	■	❑	■	❑	■	❑	■	■	❑
Univac 1	■	❑	■	■	❑	■	❑	❑	■	■	❑	■	❑	■
Whirlwind 1	■	❑	■	❑	■	■	❑	■	❑	■	❑	■	■	❑
Zuse Z3	■	■	❑	❑	■	❑	■	■	❑	■	■	❑	■	❑
Zuse Z4	■	■	❑	❑	■	❑	■	■	❑	■	■	❑	■	❑

Zeichenerklärung:

■ ja ❑ nein

Anmerkung

Speicherprogrammierte Von-Neumann-Rechner sind Allzweckmaschinen. Aber schon vorher gab es Vielzweckgeräte wie Zuse Z3 und Z4, Harvard Mark 1/IBM ASCC. ENIAC wurde ursprünglich als Spezialrechner gebaut, aber als Universalmaschine genutzt, was einen sehr hohen Programmieraufwand zur Folge hatte. BINAC wurde als Spezialrechner entworfen, aber als Universalrechner verwendet.

Tab. 6.16 Frühe programmgesteuerte Digitalrechner

Die ersten Digitalrechner mit externer Programmsteuerung														
Name des Rechners	**programmgesteuert**	**elektromechanisch**	**elektronisch**	**dezimal**	**binär**	**Festkomma**	**Gleitkomma**	**Parallelrechner**	**Serienrechner**	**Spezialrechner**	**Universalrechner**	**programmierbar**	**Einzelfertigung**	**Serienfertigung**
ABC	■	❑	■	❑	■	■	❑	■	❑	■	❑	■	■	❑
Colossus 1	■	❑	■	❑	■	❑	❑	■	❑	■	❑	■	❑	■
Complex Number Calculator	■	■	❑	■	❑	■	❑	■	❑	■	❑	■	■	❑
ENIAC	■	❑	■	■	❑	■	❑	■	❑	❑	■	■	■	❑
Harvard Mark 1	■	■	❑	■	❑	■	❑	■	❑	❑	■	■	■	❑
IBM SSEC	■	■	■	■	❑	■	❑	■	❑	❑	■	■	■	❑
Zuse Z3	■	■	❑	❑	■	❑	■	■	❑	❑	■	■	■	❑
Zuse Z4	■	■	❑	❑	■	❑	■	■	❑	❑	■	■	■	❑

Zeichenerklärung

■ ja ❑ nein

Anmerkung

Frühe Digitalrechner hatten ein Festprogramm (feste Verdrahtung) oder wurden meist durch Umstecken von Kabelverbindungen (Schalttafel, Stecktafel) und Setzen von Drehschaltern gesteuert. Wesentlich eleganter war die Programmierung über Lochstreifen.

Tab. 6.17 *Frühe speicherprogrammierte Digitalrechner*

Die ersten Digitalrechner mit interner Programmspeicherung														
Name des Rechners	**speicherprogrammiert**	**elektromechanisch**	**elektronisch**	**dezimal**	**binär**	**Festkomma**	**Gleitkomma**	**Parallelrechner**	**Serienrechner**	**Spezialrechner**	**Universalrechner**	**programmierbar**	**Einzelfertigung**	**Serienfertigung**
ACE	■	❑	■	❑	■	■	❑	❑	■	❑	■	■	■	❑
BINAC	■	❑	■	❑	■	■	❑	❑	■	■	❑	■	■	❑
EDSAC 1	■	❑	■	❑	■	■	❑	❑	■	❑	■	■	■	❑
EDVAC	■	❑	■	❑	■	■	❑	❑	■	❑	■	■	■	❑
ERA 1101	■	❑	■	❑	■	■	❑	■	❑	❑	■	■	❑	■
Ferranti Mark 1	■	❑	■	❑	■	■	❑	❑	■	❑	■	■	❑	■
IAS-Rechner	■	❑	■	❑	■	■	❑	■	❑	❑	■	■	■	❑
IBM 650	■	❑	■	■	❑	■	❑	■	❑	❑	■	■	❑	■
IBM 701	■	❑	■	❑	■	■	❑	■	❑	❑	■	■	❑	■
IBM SSEC	■	■	■	■	❑	■	❑	■	❑	❑	■	■	■	❑
Leo 1	■	❑	■	❑	■	■	❑	❑	■	❑	■	■	❑	■
Manchester Baby	■	❑	■	❑	■	■	❑	❑	■	❑	■	■	■	❑
SEAC	■	❑	■	❑	■	■	❑	❑	■	❑	■	■	■	❑
SWAC	■	❑	■	❑	■	■	❑	■	❑	❑	■	■	■	❑
Univac 1	■	❑	■	■	❑	■	❑	❑	■	❑	■	■	❑	■
Whirlwind 1	■	❑	■	❑	■	■	❑	■	❑	❑	■	■	■	❑

Zeichenerklärung
■ ja ❑ nein

Anmerkung
Heutige Computer sind speicherprogrammiert. Die Vorgänger waren programmgesteuert (fest verdrahtetes Programm, Schalt- oder Stecktafeln, Lochkarten, Lochstreifen).

Tab. 6.18 *Frühe einzelgefertigte Digitalrechner*

Die ersten Digitalrechner mit Einzelfertigung														
Name des Rechners	**Einzelfertigung**	**elektromechanisch**	**elektronisch**	**dezimal**	**binär**	**Festkomma**	**Gleitkomma**	**Parallelrechner**	**Serienrechner**	**Spezialrechner**	**Universalrechner**	**programmierbar**	**programmgesteuert**	**speicherprogrammiert**
ABC	■	❑	■	❑	■	■	❑	■	❑	■	❑	■	■	❑
ACE	■	❑	■	❑	■	■	❑	❑	■	❑	■	■	❑	■
BINAC	■	❑	■	❑	■	■	❑	❑	■	■	❑	■	❑	■
Complex Number Calculator	■	■	❑	■	❑	■	❑	■	❑	■	❑	■	■	❑
EDSAC 1	■	❑	■	❑	■	■	❑	❑	■	❑	■	■	❑	■
EDVAC	■	❑	■	❑	■	■	❑	❑	■	❑	■	■	❑	■
ENIAC	■	❑	■	■	❑	■	❑	■	❑	❑	■	■	■	❑
Harvard Mark 1	■	■	❑	■	❑	■	❑	■	❑	❑	■	■	■	❑
IAS-Rechner	■	❑	■	❑	■	■	❑	■	❑	❑	■	■	❑	■
IBM SSEC	■	■	■	■	❑	■	❑	■	❑	❑	■	■	■	■
Manchester Baby	■	❑	■	❑	■	■	❑	❑	■	❑	■	■	❑	■
SEAC	■	❑	■	❑	■	■	❑	❑	■	❑	■	■	❑	■
SWAC	■	❑	■	❑	■	■	❑	■	❑	❑	■	■	❑	■
Whirlwind 1	■	❑	■	❑	■	■	❑	■	❑	❑	■	■	❑	■
Zuse Z3	■	■	❑	❑	■	❑	■	■	❑	❑	■	■	■	❑
Zuse Z4	■	■	❑	❑	■	❑	■	■	❑	❑	■	■	■	❑

Zeichenerklärung

■ ja ❑ nein

Anmerkung

Erst ab 1951 waren (speicherprogrammierte) Digitalrechner in grössen Stückzahlen auf dem Markt erhältlich (für wissenschaftlich-technische und kaufmännisch-gewerbliche Anwendungen).

Tab. 6.19 Frühe seriengefertigte Digitalrechner

Die ersten Digitalrechner mit Serienfertigung																				
Name des Rechners	**Serienfertigung**	**kommerziell**	**nicht kommerziell**	**geringe Verbreitung**	**mittlere Verbreitung**	**weite Verbreitung**	**Massenproduktion**	**elektromechanisch**	**elektronisch**	**dezimal**	**binär**	**Festkomma**	**Gleitkomma**	**Parallelrechner**	**Serienrechner**	**Spezialrechner**	**Universalrechner**	**programmierbar**	**programmgesteuert**	**speicherprogrammiert**
Colossus 1	■	❑	■	■	❑	❑	❑	❑	■	❑	■	❑	❑	■	❑	■	❑	■	■	❑
ERA 1101	■	■	❑	■	❑	❑	❑	❑	■	❑	■	■	❑	■	❑	❑	■	■	❑	■
Ferranti Mark 1	■	■	❑	❑	■	❑	❑	❑	■	❑	■	■	❑	❑	■	❑	■	■	❑	■
IBM 650	■	■	❑	❑	❑	■	■	❑	■	■	❑	■	❑	■	❑	❑	■	■	❑	■
IBM 701	■	■	❑	❑	❑	■	❑	❑	■	❑	■	■	❑	■	❑	❑	■	■	❑	■
Leo 1	■	■	❑	❑	■	❑	❑	❑	■	❑	■	■	❑	❑	■	❑	■	■	❑	■
Univac 1	■	■	❑	❑	❑	■	❑	❑	■	■	❑	■	❑	❑	■	❑	■	■	❑	■

Zeichenerklärung
■ ja ❑ nein

Anmerkung
Anfänglich waren die Computer Einzelstücke oder wurden bloss in wenigen Exemplaren gefertigt. Von Colossus wurden 10 Stück hergestellt, der Riese war aber geheim. Der erste international bekannte Grossrechner war Univac 1, dann zog der bedeutendste Mitbewerber mit IBM 701 nach. Der erste massenweise produzierte Digitalrechner war IBM 650.

7 Eigenbau des Röhrenrechners ERMETH

Die Miete der Z4 war als Übergangslösung gedacht. 1950 gab es keine programmierbaren Rechner zu kaufen, und Stiefel war sich bewusst, dass der vorgesehene Eigenbau mehrere Jahre beanspruchen würde. Er hielt sich vom Oktober 1948 bis März 1949 in den USA auf, um sich einen Überblick über den Stand der Forschung zu verschaffen. Zwei seiner Mitarbeiter, der Elektroingenieur Ambros Speiser (1922–2003) und der Mathematiker Heinz Rutishauser (1918–1970), verbrachten das Jahr 1949 in den USA (u.a. bei John von Neumann, Princeton, und bei Howard Aiken, Harvard). Sie sollten sich das Wissen für den Bau moderner Rechenmaschinen aneignen.

Der programmierbare Röhrenrechner ERMETH (*e*lektronische *R*echen*m*aschine der *ETH*) entstand von 1953 bis 1956 unter der Leitung von Eduard Stiefel. Gemäss Alfred Schai verdankt die ERMETH die mathematischen und organisatorischen Eigenschaften Eduard Stiefel und Heinz Rutishauser sowie den beiden Logikern John Robert Stock und Peter Läuchli. Die technische Leitung hatte Ambros Speiser, die Schaltungen entwarf vor allem Hans Schlaeppi. Heinz Rutishauser war Leiter der mathematischen Gruppe, Ambros Speiser Leiter der technischen Gruppen. Speiser, der spätere Gründungsdirektor des IBM-Forschungslabors in Rüschlikon und des BBC-Forschungszentrums in Baden-Dättwil, betreute den Bau von 1953 bis 1955 (Planung und Entwicklung der Grundlagen). 1956 vollendete Alfred Schai das Werk (endgültiger Aufbau und Durchprüfung), denn Speiser hatte 1955 zur IBM gewechselt. Die theoretischen und experimentellen Voruntersuchungen für den Bau der ERMETH begannen allerdings schon im Studienjahr 1950/51. An der Herstellung waren die Firmen Gfeller, Bümpliz (Kreuzwähler), Hasler, Bern (Elektronik), und Wittwer, Männedorf (Speichertrommel), beteiligt. Den Schluss bildete eine erfolgreiche dreimonatige Feuerprobe, häufig in 24-stündigem Betrieb. Im Unterschied zur Z4 arbeitete die ERMETH im Dezimalsystem. Als Arbeitsspeicher (für Programme *und* Daten) diente eine Magnettrommel. Die Gebrauchsanleitung war das Werk von Heinz Waldburger. Die ETH setzte die ERMETH ab Juli 1956 bis Herbst 1963 für Forschung und Lehre ein.

Abb. 7.1 *Elektronische Rechenmaschine der ETH (ERMETH) 1955. © ETH-Bibliothek Zürich, Bildarchiv*

Rechenwerk und Leitwerk der ERMETH waren im Herbst 1955 fertig. Die Maschine lief erstmals im Juli 1956 mit einem vorläufigen Trommelspeicher (Tätigkeitsbericht des Instituts für angewandte Mathematik 1956, Seite 4), mit der grossen magnetischen Trommel jedoch erst 1957. Die ERMETH wurde zwar 1955 an der Jahrhundertfeier der ETH vorgeführt, die Maschine war aber zu diesem Zeitpunkt noch nicht betriebsbereit. Laut Tätigkeitsbericht des Instituts für angewandte Mathematik 1957 (Seite 2) war 1957 das erste normale Betriebsjahr. Die Maschine wurde am 5. Dezember 1963 abgebrochen (Tätigkeitsbericht des Instituts für angewandte Mathematik 1963, Seite 5). Ende 1958 beliefen sich die Kosten für die ERMETH auf eine Million Franken (1 008 838,70 Fr., Tätigkeitsbericht des Instituts für angewandte Mathematik 1958, Seite 8). Das Ungetüm stand bis 2004 im Winterthurer Technorama und befindet sich heute im Museum für Kommunikation in Bern. Nachfolger der ERMETH war ab April 1964 ein Transistorrechner CDC 1604-A der amerikanischen Firma Control Data. Er verwendete einen Magnetkernspeicher (Arbeitsspeicher) und Magnetbänder (Massenspeicher). Die ERMETH arbeitete 100x schneller als die Z4, die CDC 400x schneller als die ERMETH. Nach der Gründung des Rechenzentrums (1964) hatte das Institut für angewandte Mathematik keine Maschinen mehr. Die 1964 eingerichtete CDC gehörte dem RZETH. (Rechenzentrum)

Tab. 7.1 *Merkmale der ersten beiden Rechenautomaten, die an der ETH Zürich verwendet wurden*

Z4 und ERMETH im Vergleich		
Merkmal	**Rechenautomat**	
	Z4	**ERMETH**
Digitalrechner	■	■
Rechenwerk: elektromechanisch (Relais)	■	❑
Rechenwerk: elektronisch (Röhren)	❑	■
Zehnersystem (Dezimalsystem)	❑	■
Zweiersystem (Dualsystem)	■	❑
Zahlendarstellung: Gleitkomma	■	■
Betrieb: programmgesteuert	■	❑
Betrieb: speicherprogrammiert	❑	■
Steuerung: Lochstreifen	■	❑
Steuerung: vollautomatisch	■	■
Nutzung: (frei) programmierbar	■	■
Universalrechner	■	■
Von-Neumann-Rechner	❑	■
Zustand: voll betriebsfähig	■	■
Hersteller	Konrad Zuse	ETH Zürich
Bauzeit	1942–1945	1953–1956
Betrieb an der ETH Zürich	1950–1955	1956–1963
Zeichenerklärung: ■ ja ❑ nein		
© Ausbildungs- und Beratungszentrum für Informatikunterricht, ETH Zürich 2012		

Schweizer Industrie verkennt Bedeutung von angewandter Mathematik und Rechentechnik

Dem Bericht über die Tätigkeit des Instituts für angewandte Mathematik im Jahre 1956 (Seite 3) ist zu entnehmen: „Keiner der an der Entwicklung der ERMETH beteiligten Ingenieure konnte eine passende Stelle in der Schweiz finden, was äusserst bedauerlich ist.“ Schon im Jahresbericht 1955 hatte sich Eduard Stiefel beklagt (Seite 3): „Es ist auch heute noch so, dass die Absolventen meines Instituts in der Schweiz kaum interessante Stellen finden, sondern meistens sofort ins Ausland gehen, wo Spezialisten auf dem Gebiet der modernen Rechenmethoden sehr gesucht sind.“

Abb. 7.2 *Verleihung des Ehrendoktortitels 1991 an der ETH Zürich, von links nach rechts: Frederick P. Brooks (Universität North Carolina, Chapel Hill, Erfinder des Grossrechners IBM 360), Walter Gander, Vorsteher der Abteilung IIIC (Informatik) der ETH Zürich, und Konrad Zuse, einer der Väter des Computers. © Stefan Bondeli, Zürich*

Wild Heerbrugg war an der Entwicklung des Zeichentischs Z64 beteiligt

Ein weiteres Schweizer Unternehmen war laut Konrad Zuse (Aussage im Film von Mathias Knauer) an seinen Maschinen beteiligt. Der Graphomat Z64, ein beliebter rechengesteuerter Zeichentisch, wurde in Zusammenarbeit mit Wild Heerbrugg (heute Leica Geosystems, Tochter des schwedischen Konzerns Hexagon AB, Stockholm) entwickelt. Er wurde ab 1961 vertrieben. In der Jubiläumsbroschüre zum 75-jährigen Bestehen des Unternehmens (Otto Stockmaier, Erich Mätzler: Leica Heerbrugg im Wandel der Zeit, Leica AG, Heerbrugg 1996, 30 Seiten) fehlt allerdings ein Hinweis auf dieses Gerät. Darin ist u.a. zu lesen: „1959 erhält das Optische Rechenbüro für wissenschaftliche Aufgaben seinen ersten Elektronenrechner, einen „Zuse Z22."

Abb. 7.3 *Mitarbeitende des Instituts für angewandte Mathematik im Jahr 1954 (Betriebszeit der Z4 und Bauzeit der ERMETH) Hinten (stehend), von links nach rechts: Eduard Stiefel, Heinz Rutishauser, Annemarie Hürlimann, Hans Schlaeppi, Ambros P. Speiser, Peter Läuchli, John Robert Stock, Alfred Schai, Hans Rudolf Appenzeller; vorn (sitzend), von links nach rechts: Charles Sieberling, H. Walther, Emil Engel, Rudolf Messerli. Hinweis: Das Bild umfasst nicht das ganze Personal. © ETH-Bibliothek Zürich, Bildarchiv*

Wo stehen wir heute?

In der Schweiz gab es auch später bahnbrechende Entwicklungen von Rechnern, so die Arbeitsplatzrechner Lilith und Ceres von Niklaus Wirth (ETH Zürich) sowie Smaky und Scrib von Jean-Daniel Nicoud (ETH Lausanne), ferner die Maus von Jean-Daniel Nicoud und André Guignard. Niklaus Wirth, der bisher einzige deutschsprachige Träger des Turingpreises („Nobelpreis“ für Informatik), erfand wegweisende Programmiersprachen wie Algol-W, Pascal, Modula und Oberon. Unser Land hatte also gute Voraussetzungen für ein eigenes „Silicon Valley“. Doch daraus wurde bekanntlich nichts. Denn es gelang leider nicht, die in der Schweiz gebauten Geräte erfolgreich zu vermarkten. Die einzige bedeutende Herstellerin von Zubehör ist die im Raum Lausanne ansässige Logitech. Trotzdem haben nach IBM in den vergangenen Jahren weitere namhafte Unternehmen wie Cisco, Disney, Google, Microsoft und Nokia Forschungsstätten in der Schweiz errichtet, und das World Wide Web wurde am Europäischen Laboratorium für Elementarteilchenphysik (Cern) in Genf erfunden.

Abb. 7.4 *ERMETH-Belegschaft im September 1963: Hinten (stehend), von links nach rechts: Youssef Boutros, Peter Gantenbein, Alfred Stofer, Tibor Siklossy, Eduard Stiefel, Max Rössler, Jörg Waldvogel, Dimitri Koutroufiotis, Paul Szigeti, Hans Rudolf Schwarz, Alfred Schai, Carl August Zehnder, Alfred Ganz, Roshdi Abdel-Rahmann Amer; vorn (sitzend), von links nach rechts: Annemarie Meier, Josef Schär, Heinz Rutishauser, Peter Läuchli, Hans Ammann. Hinweis: Das Bild umfasst nicht das ganze Personal. Die Vor- und Nachnamen wurden mithilfe von Zeitzeugen ausfindig gemacht. © ETH-Bibliothek Zürich, Bildarchiv*

Meilensteine aus den Anfängen der Informatik an der ETH Zürich

1948 Gründung des Instituts für angewandte Mathematik (Eduard Stiefel),
1950 Inbetriebnahme des ersten programmierbaren Rechners an einer Universität des europäischen Festlandes (Z4 von Konrad Zuse),
1951 Erfindung des Compilers: Habilitationsschrift von Heinz Rutishauser: Über automatische Rechenplanfertigung bei programmgesteuerten Rechenmaschinen,
1952 erste Vorlesung zum programmgesteuerten Rechnen (Heinz Rutishauser, Ambros Speiser),
1956 Inbetriebnahme des ersten in der Schweiz gebauten programmierbaren Rechners, der ERMETH (Eduard Stiefel, Heinz Rutishauser, Ambros Speiser),
1958/60 Programmiersprache Algol (Heinz Rutishauser),
1970 Programmiersprache Pascal (Niklaus Wirth),
1978 Arbeitsplatzrechner Lilith mit Fenstertechnik, Maus und hoch auflösendem Bildschirm (Niklaus Wirth),
1986 Ceres/Oberon (Niklaus Wirth, Jürg Gutknecht).

8 Der Aufschwung des wissenschaftlichen Rechnens

Wie der Liste der 1950 bis 1955 mit der Z4 ausgeführten Aufträge und mathematischen Untersuchungen (siehe Seiten 29–39) zu entnehmen ist, wurden auf der Z4 nicht nur neue numerische Methoden erprobt, sondern auch Berechnungen zu verschiedenen, praktisch höchst bedeutsamen Problemen aus dem Ingenieurwesen und den Naturwissenschaften durchgeführt. Heute nimmt das wissenschaftliche Rechnen in diesen Gebieten eine zentrale Stellung ein. Es steht auf gleicher Augenhöhe wie die Theorie und das Experiment, die beiden alten Grundpfeiler der Wissenschaft. Dieser Forschungszweig hat sich seit Mitte der achtziger Jahre durchgesetzt. Es entstand der Begriff der rechnergestützten Wissenschaften (englisch Computational Science and Engineering). Massgebend für diese Evolution waren einerseits die rasante Entwicklung der Computer-Hardware und -Software und andererseits ein fast ebenso rascher Ausbau der numerischen Methoden.

Rechnergestützte Wissenschaften im Aufwind

Dank des frühen Einstiegs in die Informatik mit der Z4 und der damit gewonnenen Erfahrungen im wissenschaftlichen Rechnen hat die ETH Zürich auf diesem Gebiet auch in der Folgezeit eine wichtige Rolle gespielt. Keimzellen waren das Institut für angewandte Mathematik (IAM) und die 1968 aus dem IAM abgetrennte, von Heinz Rutishauser geführte Fachgruppe für Computerwissenschaften. Das IAM wurde 1970 zwecks Einbindung der Mathematikprofessur des weltweit anerkannten Numerikers Peter Henrici in *Seminar für angewandte Mathematik* (SAM) umbenannt, und aus der Fachgruppe für Computerwissenschaften wurde 1974 das *Institut für Informatik.* Viele Jahre später (1988) wurde am neuen Departement für Informatik ein *Institut für wissenschaftliches Rechnen* gegründet.

Seit Mitte der achtziger Jahre sind an den beiden Eidgenössischen Technischen Hochschulen (Zürich und Lausanne) und zum Teil auch an den kantonalen Universitäten mehrfach (und immer öfter) Professuren eingerichtet worden, die in ihrem Fach in erster Linie rechnergestützte Forschung betreiben. Es ist deshalb nicht verwunderlich, dass an der ETH Zürich unter der Federführung des SAM am Departement für Mathematik, unter Einbezug von mehreren anderen Departementen, 1997 ein Studiengang für rechnergestützte Wissenschaften eingeführt wurde. Zunächst war es ein Diplomstudiengang ab dem 5. Semester, der das Bestehen des 2. Vordiploms eines anderen Studienganges erforderte. Seit dem Herbst 2008 gibt es nun einen vollen Bachelor-/Masterstudiengang in rechnergestützten Wissenschaften (RW/CSE).

Von der Z4 zum massiv parallelen Vektorrechner

An der ETH Zürich blieb es auch Tradition, den computerorientierten Wissenschaftlerinnen und Wissenschaftlern sowie den Ingenieuren grosszügig Rechenleistung zur Verfügung zu stellen. Nach der Z4 (1950–55) und der ERMETH (1956–63) wurde 1964 eine CDC 1604 installiert, die 1970, im neu gebauten RZ-Gebäude an der Clausiusstrasse, durch ein Doppelsystem CDC 6400 / CDC 6500 ersetzt wurde. Dieses wurde seinerseits in den folgenden 15 Jahren mehrfach durch neuere Modelle von Control Data Corporation abgelöst. 1976 kam dann mit dem Cray 1S der erste Vektorrechner von Seymour Crays eigener Firma auf den Markt, der einen markanten Leistungssprung brachte. Dadurch erlebten die rechnergestützten Wissenschaften einen starken Aufschwung.

In den USA finanzierte die National Science Foundation Mitte der achtziger Jahre gleich fünf neue nationale Hochleistungsrechenzentren. Das liess auch in der Schweiz den Wunsch nach entsprechender Rechenleistung aufkommen. Unter der Federführung des Direktors des Bundesamts für Bildung und Wissenschaft, Urs Hochstrasser (vgl. seinen Zeitzeugenbericht zur Z4, Seiten 19–27), wurde im Winter 1985/86 eine „Informatik-Botschaft'" durch die eidgenössischen Räte gebracht. Die darin aufgeführten Gesamtkosten von 207 Mio. CHF enthielten Tranchen von 40 Mio. CHF für einen nationalen Supercomputer und 15 Mio. CHF für ein nationales Netzwerk. Der nationale Supercomputer, eine NEC SX-3, wurde allerdings erst 1991 am Centro svizzero di calcolo scientifico (CSCS) in Manno bei Lugano installiert. Aber schon 1988 wurden aus anderen Mitteln an der ETH Zürich ein Cray X-MP/28 und an der ETH Lausanne – wo von 1986 bis 1988 bereits ein gebrauchter Cray 1S stand – ein Cray-2/2-256 beschafft. Gleichzeitig wurden nach amerikanischem Vorbild an beiden Orten Beratungszentren aufgebaut, das Interdisziplinäre Projektzentrum für Supercomputing (IPS) in Zürich und die Groupe Applications scientifiques sur ordinateurs vectoriels (GASOV) in Lausanne. Seither sind die damals erworbenen Supercomputer natürlich mehrfach abgelöst worden. Dabei wurden jene minim parallelen Vektorrechner durch massiv parallele Systeme mit Hunderten oder sogar Tausenden von Prozessoren ersetzt.

Martin Gutknecht

9 Schweizer Remington Rand mit programmgesteuerter Rechenmaschine M9

Die Zuse KG baute für die Schweizer Remington Rand AG in Zürich eine Serie von Rechenlochern, die nicht mehr rein mechanisch, sondern mit elektromagnetischen Relais arbeiteten. Sie setzten sich aus einem Rechenwerk und einem Kartenleser/Kartenlocher zusammen. Die Aufgabe des Geräts bestand darin, mit Abfühlstiften mehrere Werte aus der Karte abzugreifen, sie in einem kleinen Programm zu verarbeiten und die Ergebniswerte wieder auf dieselbe Karte zu lochen. Die Geschäfte mit der Schweizer Remington Rand wurden zu Beginn über eine im gleichen Haus an der Grubenstrasse 11 in Zürich ansässige Tochterfirma (Mithra, daher die Bezeichnung M9) abgewickelt. Denn Zuse musste seine eigenen Patente umgehen, weil er sie zeitweise an die Frankfurter Remington-Niederlassung (Powers) übertragen hatte.

Zuse hielt in seinen Lebenserinnerungen fest: „Etwa dreissig Geräte konnten wir in die Schweiz liefern; mit den Erträgen war der Aufbau unserer Firma so gut wie gesichert. Es ist deshalb nur billig des Mannes zu gedenken, der daran den grössten Anteil hatte: des leider früh verstorbenen Oskar Weder. Oskar Weder war Angehöriger der Schweizer Remington-Rand und der eigentliche Initiator unserer Zusammenarbeit. Er hat sich seinen Vorgesetzten gegenüber stark exponieren müssen, um die Vergabe eines so umfangreichen Auftrages an eine kleine, kapitallose deutsche Firma zu rechtfertigen." Die Firma Zettler-Elektro-Apparate (ursprünglich in Mollis, damals in Weesen, heute Näfels; Nachfolgefirma Tyco Integrated Systems) hatte für die Rechenlocher besonders haltbare Relais entwickelt. Dank eines zusätzlichen Abstandstifts aus Nylon liess sich die mechanische Abnutzung weitgehend vermeiden. Dieser wurde später durch die Wartungstechniker montiert. Die M9 gilt als die erste in Serie gefertigte programmgesteuerte Rechenmaschine auf dem europäischen Festland.

Zu den Relais schreibt Hubert Draxler von Zettler electronics GmbH, Puchheim, im Juni 2011: „Der Typ AZ10 ist ein (für heutige Verhältnisse) sehr grosses Relais, das generell seit mindestens 25 Jahren nicht mehr gefertigt wird. Es gibt hierfür auch leider keine technischen Unterlagen oder Datenblätter mehr. Auf jeden Fall ist das angegebene Relais AZ10-795-12 ein kundenspezifischer Sondertyp; darauf deutet auch die Tatsache hin, dass das Relais 4 Spulenwicklungen (I ... IV) aufweist."

M9 – das Gesellenstück

Alarich Baeumler, Entwicklungsingenieur und später technischer Leiter, war ab dem 1. Juli 1953 für die Zuse KG tätig. Er schreibt im Aufsatz „Mein Weg zum Computer-Entwickler" (in: Günter Musstopf: Als die Computer Laufen lernten) im Abschnitt *M9 – Das Gesellenstück*: „Die Firma Zuse KG lebte damals vor allem von der Serienfertigung der Rechenanlage M9 für die Schweizer Tochter Mithra der Firma Remington Rand, daher der Buchstabe „M". Ein- und Ausgabe erfolgten über Lochkarten, die Software wurde je nach Aufgabenstellung über eine Stecktafel programmiert. Wir lieferten die Rechenanlage ohne Ein- und Ausgabe eingebaut in ein Mithra-Gehäuse. Die ganze Angelegenheit war sehr geheim, denn es wäre wohl der Datenverarbeitungsfirma Remington Rand sehr peinlich, wenn bekannt würde, dass der enthaltene Rechner nicht von ihr stammte.

Unser Relaisrechner M9 arbeitete im Festkomma und dezimal, d.h. jeweils 4 Binärstellen (eine Tetrade) bildeten eine dezimale Dekade. Da dummerweise 4 Binärstellen 16 Möglichkeiten bieten, aber für die Dezimalziffern nur 10 benötigt werden, muss nach jeder Rechenoperation eine Korrektur durchgeführt werden. Wir verwendeten den Stibitz-Code, d.h. die Binärzahlen 3 bis 12 einer Tetrade bildeten die Werte 0 bis 9 einer Dezimalziffer. Die erforderliche Korrektur bestand in der Addition oder je nach Operation Subtraktion einer 3.

Ich erhielt zur weiteren Einarbeitung die Schaltungsunterlagen der M9. Dabei fiel mir auf, dass im Rechenwerk je Dezimalstelle jeweils 2 Additionsschaltungen hintereinander angeordnet waren, die zweite richtigerweise für die Korrektur. Das war eine logisch hübsche Lösung, aber auch die wirtschaftlichste? Ich entwickelte ein logisches Schema für die Kombination beider Schaltungen: Welche Zahlenkombinationen können hineinkommen und welche Resultate sollen herauskommen. Das ergab eine völlig neue Schaltung mit deutlicher Reduzierung des Relaisaufwandes, und da es sich um ein Parallelrechenwerk handelte, vervielfachte sich die Ersparnis. Die M9 käme nun mit 10–15 % weniger Relais aus. Das erfreute den für Produktion und Kalkulation zuständigen Firmenteilhaber Alfred Eckhard sehr, allerdings kam ihm die ganze Angelegenheit etwas suspekt vor. Da kommt so ein junger Spund und will da ein Ei des Columbus gefunden haben, wenn das mal funktioniert! So wurden zunächst eine oder zwei Dezimalstellen mit meiner Schaltung in der Werkstatt zusammengelötet und mit allen erdenklichen Zahlenkombinationen getestet – es funktionierte wirklich. So entschloss man sich, das Risiko zu übernehmen und ab sofort meine neue Schaltung in die laufende Serie einzubauen."

Tab. 9.1 *Binär verschlüsselte Dezimalzahlen für die M9 (Stibitz-Code)*

Binäre Darstellung von Dezimalzahlen								
Dezimalziffer	**Dualzahl**				**Stibitz-Code**			
	Tetrade				Tetrade			
0	0	0	0	0	0	0	1	1
1	0	0	0	1	0	1	0	0
2	0	0	1	0	0	1	0	1
3	0	0	1	1	0	1	1	0
4	0	1	0	0	0	1	1	1
5	0	1	0	1	1	0	0	0
6	0	1	1	0	1	0	0	1
7	0	1	1	1	1	0	1	0
8	1	0	0	0	1	0	1	1
9	1	0	0	1	1	1	0	0

Anmerkung
Stibitz-Code oder Drei-Exzess-Code oder Exzess-3-Code: Dualzahl +3 (0011).
Dezimalzahlen, die als Dualzahlen dargestellt sind, werden als Dezimal-Dualzahlen (DD-Zahlen) bezeichnet.
Stibitz hatte Ende der 1930er Jahre an den Bell (Telephone) Labs in New York den Relaisrechner *Complex Number Calculator* (später Model 1 genannt) entwickelt.

Abgekürztes Rechnen dank Verschlüsselung der Binärzahlen mit 3

Der Elektroingenieur *Ernst Inauen* hat 1962 eine sehr aufschlussreiche Diplomarbeit zu einem Relaisrechner mit Lochstreifeneingabe und -ausgabe verfasst, in der u.a. ein geschicktes Verfahren für die Beschleunigung des Rechenvorgangs beschrieben wird: Verschlüsselung der Binärzahlen mit 3 (Drei-Exzess-Code). Das Dualsystem wird dem Dezimalsystem angeglichen, was das Rechnen vereinfacht. Dadurch erfolgt der Übertrag zwischen den beiden Systemen gleichzeitig, im Zehnersystem bei 10, im Zweiersystem bei 16. Bei der Multiplikation addiert die M9 den 1- oder 2-fachen bzw. den 5-fachen Wert, um die Rechenzeit zu kürzen, also für eine 9 zweimal den 2-fachen und einmal den 5-fachen Wert. Bei der Division addiert die Maschine komplementär den 1- oder 2-fachen bzw. den 5-fachen Wert. Intel hat dieses Verfahren erst um 2005 wieder entdeckt und übernommen. Ein vorzügliches Merkmal der M9 war auch das leistungslose Schalten möglichst ohne Funkenbildung und mit Überbrückung der Prellzeiten der Kontakte. Dabei wird zuerst der Kontakt geschlossen, erst dann darf der Strom über den Kontakt fliessen. Beim Abschalten wird der Kontakt erst geöffnet, nachdem kein Strom mehr fliesst. Dazu wird ein Impulsgeber (Schaltwalze) verwendet. Zum Einsatz kommen Relais mit einer Ansprech- und einer Haltewicklung.

Tab. 9.2 *Wartungstechniker der Remington Rand (Zürich) und Kunden aus Industrie und öffentlicher Verwaltung*

Remington Rand, Zürich: Personen

Wartungstechniker für die M9 bei der Schweizer Remington Rand

Name	1953	1954	1955	1956	1957	1958	1959	1960	1961	1962	1963	1964	1965	1966	1967	1968
Huggler, Werner					■	■	■	■								
Inauen, Ernst						■	■	■								
Stadelmann, Hansjürg		■	■	■	■	■	■	■	■							
Steinmann, Josef				■	■	■	■	■								
Winteler, Fred				■	■	■	■	■								

Benutzer der M9

Name	1953	1954	1955	1956	1957	1958	1959	1960	1961	1962	1963	1964	1965	1966	1967	1968
Forrer, Max 1)				■	■	■	■	■	■	■	■	■	■	■	■	■
Stadelmann, Hansjürg 2)									■	■	■					

Zeichenerklärung

Tätigkeit für die M9 ■

Weitere Wartungstechniker bei Remington Rand
Max Gloor, Ruedi Hofmann, Josef Künzli, Ernst Mettler, Straub, Georges Vörös

Direktor der Schweizer Remington Rand:
Oskar Weder

Verwaltungsratspräsident der Schweizer Remington Rand
Rudolf Waltisbühl

Anmerkungen
Die Wartungstechniker betreuten auch andere Maschinen wie die Univac 120.
Hansjürg Stadelmann war ab Herbst 1951 bei Remington Rand angestellt. Anfänglich wurden Rechenmaschinen der Marke Samas aus Paris vertrieben.
1) Spinnerei & Weberei Dietfurt (Bütschwil)
2) Stadtverwaltung Winterthur

Wie sah die M9 aus?

Die programmgesteuerte Rechenanlage M9 setzt sich aus drei Teilen zusammen, einem Rechner, einer Lochkarteneinheit (Lochkartenleser/Lochkartenstanzer) und einem getrennten Gleichrichter (Gerät für die Umwandlung von Wechselspannung in Gleichspannung). Der Rechner besteht aus einem Rechenwerk und einem Speicherwerk, er hiess damals „Panneau-Relais-Schrank", das Lochkartengerät wurde „Untergestell" genannt. Der Relaisschrank hatte vier aufklappbare Türen und beherbergte im ganzen vier Relaisrahmen (Relaisgestelle). Auf der Stirnseite der Recheneinheit wurden die Programmschalttafeln eingesetzt (Einschub mit einem Hebel. Bei den ersten Geräten wurden die Schalttafeln mit einem Motor eingezogen). Die Relaismaschine wurde über diese auswechselbaren Stecktafeln gesteuert, auf denen der jeweilige Operationsablauf verdrahtet war. Die M9 konnte alle vier Grundrechenarten ausführen.

Zusatzgerät zum Rechenlocher „Powers M9" der schweizerischen Remington Rand

In seinen Werken zur Bildgeschichte der Rechentechnik bezeichnet Wilfried de Beauclair den „Panneau-Relais-Schrank" (Rechner) als „Zuse Z9. Multiplikationswerk zum Rechenlocher M9 (Powers)" bzw. „Zuse Z9 Relaisrechner-Zusatz für Lochkartenmaschinen der schweizerischen Remington Rand". Das „Untergestell" war eine gemeinsame Entwicklung der Remington Rand und der Zuse KG. Schaltwalzen und Abfühlbox mit Sandwichkontakten, die die abgefühlten Lochkartenwerte in elektrische Signale umwandelte, und der Gleichrichter kamen von Zuse. In Zürich wurden die Relaisrahmen in die Relaisschränke eingebaut, verkabelt und erprobt. Die Zeichnung zum „Untergestell" trägt gleich wie die Abbildung des Relaisschranks das Kürzel des verantwortlichen Zuse-Entwicklungsingenieurs Alarich Baeumler (vgl. Seiten 139–140).

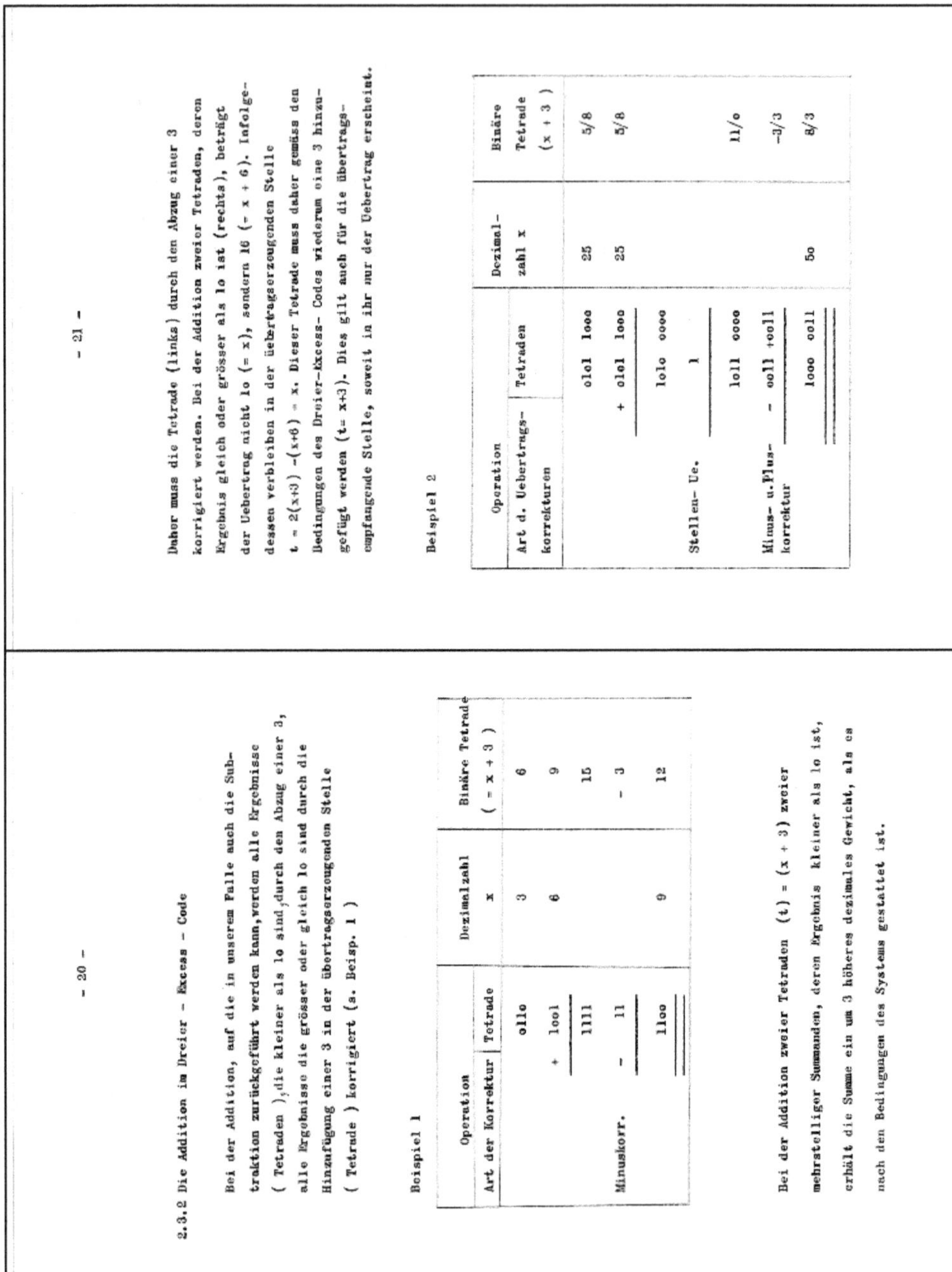

- 20 -

2.3.2 Die Addition im Dreier - Excess - Code

Bei der Addition, auf die in unserem Falle auch die Subtraktion zurückgeführt werden kann, werden alle Ergebnisse (Tetraden), die kleiner als lo sind, durch den Abzug einer 3, alle Ergebnisse die grösser oder gleich lo sind durch die Hinzufügung einer 3 in der übertragserzeugenden Stelle (Tetrade) korrigiert (s. Beisp. 1)

Beispiel 1

Operation		Dezimalzahl	Binäre Tetrade
Art der Korrektur	Tetrade	x	(= x + 3)
	ollo	3	6
	+ lool	6	9
	1111		15
Minuskorr.	- 11		- 3
	1loo	9	12

Bei der Addition zweier Tetraden (t) = (x + 3) zweier mehrstelliger Summanden, deren Ergebnis kleiner als lo ist, erhält die Summe ein um 3 höheres dezimales Gewicht, als es nach den Bedingungen des Systems gestattet ist.

- 21 -

Daher muss die Tetrade (links) durch den Abzug einer 3 korrigiert werden. Bei der Addition zweier Tetraden, deren Ergebnis gleich oder grösser als lo ist (rechts), beträgt der Uebertrag nicht lo (= x), sondern 16 (= x + 6). Infolgedessen verbleiben in der üebertragserzeugenden Stelle t = 2(x+3) -(x+6) = x. Dieser Tetrade muss daher gemäss den Bedingungen des Dreier-Excess- Codes wiederum eine 3 hinzugefügt werden (t= x+3). Dies gilt auch für die übertragsempfangende Stelle, soweit in ihr nur der Uebertrag erscheint.

Beispiel 2

Operation		Dezimal-zahl x	Binäre Tetrade (x + 3)
Art d. Uebertrags-korrekturen	Tetraden		
	olol looo	25	5/8
	+ olol looo	25	5/8
	lolo oooo		
Stellen- Ue.	1		
	loll oooo		11/o
Minus- u. Plus-korrektur	- ooll +ooll		-3/3
	looo ooll	5o	8/3

Abb. 9.1 *Addition im Drei-Exzess-Code. Quelle: Ernst Inauen, Diplomarbeit Relaisrechner 1962*

Wo wurde die M9 verwendet?

Die Schweizer Remington Rand AG richtete die programmgesteuerte Rechenmaschine M9 in den 1950er Jahren bei zahlreichen Unternehmen ein:

- Aluminium, Chippis (heute Alcan Aluminium Valais, Tochter des australischen Konzerns Rio Tinto, Melbourne),
- ATAG Allgemeine Tabak AG, Reinach AG (heute Villiger Söhne, Pfeffikon),
- Charmilles, Genf (heute Georg Fischer, Schaffhausen),
- Conservenfabrik, St. Gallen-Winkeln (später Tochter von Hero, Lenzburg, aufgelöst),
- Elektrizitätswerk der Stadt Zürich,
- Maschinenfabrik Rieter, Winterthur,
- Remington Rand, Zürich (heute Unisys (Schweiz), Thalwil),
- Spinnerei & Weberei Dietfurt, Bütschwil (aufgelöst),
- Swissair, Zürich (in Liquidation),
- Trüb, Täuber, Hombrechtikon (aufgelöst),
- Von Roll, Klus,

Auch Verwaltung und Forschung nutzten die M9:

- Stadtverwaltung Winterthur,
- Eidgenössisches Institut für Reaktorforschung (heute Paul Scherrer Institut, Villigen).

In einigen Fällen ist es unsicher, ob die betreffenden Betriebe eine M9 oder eine Univac 120 eingesetzt haben: Alu Menziken, Schweizerische Bundesbahnen (SBB, www.sbb.archiv.ch), Schweizerische Lokomotiv- und Maschinenfabrik Winterthur (Nachfolgefirmen: Winpro, Stadler Winterthur). Alle erwähnten Betriebe (auch die aufgelösten) und Behörden wurden befragt. Es gibt kaum Angaben über die ab 1953/1954 ausgelieferten ersten Modelle.

Die M9 wurde verkauft (z.B. Bütschwil) oder vermietet (z.B. Winterthur). Zudem bot Remington Rand in ihrem Rechenzentrum in der Zürcher Binz Dienstleistungen an.

Laut Wilhelm Füssl vom Deutschen Museum in München, das Zuses Nachlass verwaltet, sind für den Rechenlocher, den Zuse für die Firma Remington Rand anfertigte, alle Unterlagen bis auf wenige Reste verschollen. Der Verfasser ist daher *Ernst Inauen, Josef Steinmann* und *Fred Winteler*, ehemals Wartungstechniker der M9 bei der Schweizer Remington Rand, und *Max Forrer,* dem langjährigen Leiter des Rechenzentrums bei der Spinnerei & Weberei Dietfurt in Bütschwil, für die Bereitstellung von Schriftstücken, Zeichnungen und Fotografien zu grossem Dank verpflichtet. Josef Steinmann hat den Verfasser auf die in Vergessenheit geratene programmgesteuerte Rechenmaschine M9 aufmerksam gemacht. Die Übergabe der Schriftstücke von Fred Winteler fand am 6. Juni 2011 in Zürich statt. Die Sammlung von Max und Markus Forrer umfasst neben Bauteilen u.a. seltene Bilder zur M9 sowie zahlreiche von Hand gezeichnete grossformatige Originalablaufpläne und eine ausführliche Dokumentation über die für den Betrieb erstellten Lochkarten. Die Unterlagen wurden am 21. Juni 2011 in Bütschwil gesichtet.

Z1 bis Z11

Die Rechenanlagen Z1 bis Z5 waren Einzelanfertigungen. Die Z1 bis Z3 wurden im Krieg zerstört, die Z4 stand von 1950 bis 1955 an der ETH Zürich. Sie befindet sich heute im Deutschen Museum in München. Die Z5, eine Weiterentwicklung der Z4, wurde ab 1950 für die Leitz-Werke in Wetzlar gebaut und 1953 ausgeliefert. Später wurde sie verschrottet. 1951 wurden Vorarbeiten zu einer Neukonstruktion, die Z6, aufgenommen, das Projekt wurde wieder fallen gelassen. 1952 wurden die unter der Bezeichnung Z7 und Z8 für die Firma Remington Rand entwickelten Rechenlocher ausgeliefert. In der Schrift „Zuse KG: Zuse. 25 Jahre Entwicklung programmgesteuerter Rechenanlagen, Bad Hersfeld, 1961" ist auf Seite 33 zu lesen: „1953. Der Rechenlocher Z 9 – später unter der Bezeichnung M 9 geführt – wird entwickelt und in einer Serie von 25 Stück ausgeliefert." 1954 begann die Entwicklung der Z11, sie wurde 1955 in drei Ausfertigungen (für die Vermessungstechnik, die Optik und das Versicherungswesen) weiter entwickelt und ab 1956 ausgeliefert.

Konrad Zuse führt in seinen Lebenserinnerungen die Typen Z6 bis Z10 nicht namentlich auf Zu den Rechenlochern Z7 und Z8 gibt es nur wenige verlässliche Angaben, auch über die M9 waren bislang nur wenige Schriften bekannt. Der mechanische Rechenlocher (Z7/Z8) wurde laut Zuse nie praktisch eingesetzt. Erfolgreich war hingegen der mit Relais arbeitende Rechenlocher M9. Nur die M9 und die Z11 waren in grösseren Stückzahlen verfügbar.

Die Beziehungen zwischen den Modellen Z7, Z8 und M9 sind unklar. Es gab mehrere Entwicklungsstufen: mechanische Rechenlocher für die amerikanische Remington Rand, eine M9 mit jeweils vier einschiebbaren Relaisrahmen für technische Anwendungen, eine M9 mit eingehängten Relaisrahmen für kaufmännische Anwendungen. Die Schalttafeln waren gelötet. Von der M10 wurde laut Josef Steinmann um 1956/1957 ein Prototyp gebaut. Das Rechenwerk bestand aus Relais, der Speicher aus (Philips)Röhren. Das Vorhaben wurde aber nicht weitergeführt, weil die Univac 120 auf den Markt kam. Laut Max Forrer entwickelte die Firma Mithra die M10 unter grosser Geheimhaltung.

Tab. 9.3 *Übersicht über die Zusemaschinen Z1 bis Z11*

Mechanische und elektromechanische Zusemaschinen			
Gerät	**Auslieferung**	**Einzelstück**	**Serienfertigung**
Z1	–	■	□
Z2	–	■	□
Z3	–	■	□
Z4	1950	■	□
Z5	1952	■	□
Z6	–	–	–
Z7	1952	□	□
Z8	1952	□	□
Z9	1953	□	■
Z10	–	–	–
Z11	1956	□	■

Zeichenerklärung

■ ja □ nein

Anmerkungen

Die Anlagen Z1 bis Z3 wurden im Krieg zerstört, die Geräte Z6 und Z10 wurden aufgegeben. Die Z9 wurde unter der Bezeichnung M9 vertrieben.

Für die Z7 und die Z8 liegen keine Angaben zur den Stückzahlen vor.

ETH Zürich wartet vergeblich auf den Rechenlocher M10

Im Bericht über die Tätigkeit des Instituts für angewandte Mathematik im Jahre 1953 (Seite 4) ist zu lesen: „Die Firma Remington Rand ist in ihren Zürcher Laboratorien mit der Entwicklung von Lochkartenvorrichtungen beschäftigt. Diese stehen vor dem Abschluss, und die in der Schweiz hergestellten Einheiten werden voraussichtlich durch uns verwendet werden.“ Am 29. Dezember 1953 wurde für Lochkarteneinrichtungen von Remington ein Kredit von 110 000 Franken beantragt. Drei Jahre später (Tätigkeitsbericht 1956, Seite 5) erfährt man: „Dasselbe [d.h. erhebliche Lieferverzögerung wegen technischer Schwierigkeiten] gilt für die Lochkartengeräte, die als Ein- und Ausgang für die ERMETH geplant waren und die von der Firma MITHRA (Tochtergesellschaft der REMINGTON) bereits im Herbst 1955 hätten abgeliefert werden sollen. Sie sind aber bis heute nicht eingetroffen.“ Eduard Stiefel hält schliesslich im Bericht über die Tätigkeit des Instituts für angewandte Mathematik im Jahre 1957 auf Seite 3 fest: "Die Firma Remington hat uns mit der Lieferung von 2 M10-Lochkartenanlagen vollständig im Stich gelassen und den diesbezüglichen Lieferungsvertrag gekündigt, da sie sich hinsichtlich der Fertigstellung dieser noch in Entwicklung befindlichen Geräte schwer getäuscht hatte."

Geheimnisvolle Mithra

Zusammenfassend ist festzustellen: Die an der Zürcher Grubenstrasse 11 (Binzhof) ansässige Mithra war laut Zeitzeugen eine Entwicklungsfirma. Die Tochter der Schweizer Remington Rand war Namengeberin der M9 und der M10. Die M9 wurde von der Zuse KG im Auftrag der Zürcher Remington Rand entwickelt und gebaut und über diese Firma vertrieben. Die von Mithra Mitte der 1950er Jahre entwickelte M10 war ein Misserfolg. Wegen technischer Schwierigkeiten wurde sie nicht vollendet, es gab nur ein Muster. Laut Max Forrer kam das Aus für die M10 von der amerikanischen Muttergesellschaft. Die beiden deutschen Entwicklungsingenieure (einer hiess Flandorfer) seien völlig niedergeschlagen gewesen. Unklar bleibt das Verhältnis zwischen der Zuse KG und der M10.

Nach Auskunft des Staatsarchivs des Kantons Zürich werden im Schweizerischen Handelsamtsblatt (Bern) folgende Firmen in folgenden Zeiträumen erwähnt: Waltisbühl & Co: 1918–1976, Sperry AG: 1925–1958, Remington Rand: 1958–1966, Mithra AG: 1946–1957.

1955 übernahm Sperry die Remington Rand. Das neue Unternehmen hiess Sperry Rand. 1986 schlossen sich Sperry und Burroughs zu Unisys zusammen.

Tab. 9.4 *Vergleich des Rechenautomaten Z4 mit dem Rechenlocher M9*

Z4 und M9 im Vergleich		
Merkmal	**Rechenautomat**	
	Z4	**M9**
Digitalrechner	■	■
Rechenwerk: elektromechanisch (Relais)	■	■
Rechenwerk: elektronisch (Röhren)	❑	❑
Zehnersystem (Dezimalsystem)	❑	■
Zweiersystem (Dualsystem)	■	❑
Zahlendarstellung: Gleitkomma	■	❑
Betrieb: programmgesteuert	■	■
Betrieb: vollautomatisch	■	■
Steuerung: Lochstreifen	■	❑
Steuerung: Lochkarten	❑	■
Steuerung: auswechselbare Schalttafeln	❑	■
Steuerung: Speicherprogramm	❑	❑
Nutzung: (frei) programmierbar	■	■
Universalrechner	■	■
Von-Neumann-Rechner	❑	❑
Zustand: voll betriebsfähig	■	■
Zweck: wissenschaftliches Rechnen	■	❑
Zweck: kaufmännische Datenverarbeitung	❑	■
vier Grundrechenarten	■	■
Quadrieren	■	❑
Quadratwurzel	■	❑
Sprungbefehl	■	■
Auslieferung	1950	1953
Hersteller	Konrad Zuse	Zuse KG

Zeichenerklärung
■ ja ❑ nein

Anmerkung
Bei der Z4 wurde der bedingte Sprungbefehl nachträglich auf auf Wunsch der ETH Zürich eingebaut. Die M9 arbeitete mit binär verschlüsselten Dezimalzahlen.

Die Mithra AG war ursprünglich an der Lavaterstrasse 11 (Enge). Ihre Tätigkeit: „Fabrikation und Vertrieb von photographischen und technischen Erzeugnissen aller Art“. Im Firmenverzeichnis des Kantons Zürich (Hrsg: Kantonales Handelsregisteramt, Zürich; Orell Füssli, Zürich) wird 1946 Werner Graf von Bäretswil als Veraltungsrat aufgeführt, 1955 jedoch

Fritz Waltisbühl von Bremgarten AG. 1955 war William Kuhlman, US-Bürger, Direktor und Chester Grover Ziehm, US-Bürger in Kilchberg ZH, Präsident. Bei Waltisbühl & Co (Bahnhofstrasse 46, PKZ-Haus) werden 1946 und 1951 u.a. genannt: Fritz Waltisbühl, Zürich, und Hugo Waltisbühl, Basel (beide Bürger von Bremgarten AG), sowie Dr. Rudolf Waltisbühl von Bremgarten AG. 1946 werden Büromaschinen als Zweck bezeichnet, 1951 hingegen Verwaltung von Liegenschaften und Beteiligungen (Mitteilung des Stadtarchivs Zürich).

Weltweit einzige M9 im Museum für Kommunikation, Bern

Das Museum für Kommunikation in Bern konnte im Juni 2010 aus der Sammlung des Winterthurer Technoramas, die aufgelöst wurde, einen Remington-Rechenlocher M9 übernehmen. Die Geräte stammen ursprünglich aus der Stadtverwaltung Winterthur. Die Maschine war ab 1961 etwa 2 bis 3 Jahre beim Finanzamt der Stadtverwaltung Winterthur in Betrieb. Sie stand im 1. Stock des Stadthauses. Die gemietete Maschine wurde für die Rechnungen der städtischen Werke (Strom, Gas und Wasser) verwendet. Leiter der Lochkartenzentrale war *Hansjürg Stadelmann*. Ihm ist zu verdanken, dass die Anlage nicht verschrottet wurde, sondern 1964 ins Winterthurer Technorama (Lager in Bülach) kam. 1963 beschloss der Grosse Gemeinderat von Winterthur die Anschaffung einer Univac 1004. Die M9 wurde laut Stadelmann als vollständige Anlage dem Technorama übergeben, heute fehlt jedoch der Relaisschrank, der offenbar im Technorama verloren ging.

In den meisten Betrieben wurde die M9 für Lohnabrechnungen eingesetzt, ab und zu auch für technische Berechnungen (z.B. Turbinen) sowie für die Vor- und Nachkalkulation. In Dietfurt diente die Maschine für die ganze Buchhaltung (u.a. Lohnabrechnung, Abrechnung für Sozialversicherungen, Fakturierung, Lieferscheine, Verkaufsstatistik), die Lagerwaltung und auch für die Gemeindeverwaltung von Bütschwil. Max Forrer, von Beruf Elektriker, betreute die M9 von Mitte 1956 bis 1968. Für die M9 und die dazu gehörigen Lochkartenmaschinen schrieb er rund 1000 Zusatzprogramme, die auf Lochkarten gespeichert wurden. Je Programm waren es 50 bis 100 Lochkarten. Die M9 wurde in Regel nicht von den Benutzern, sondern von den Wartungstechnikern programmiert. Die Maschine hatte keinen Drucker, die Ergebnisse wurden auf Lochkarten ausgestanzt.

Das Museum für Kommunikation in Bern besitzt eine Sammlung von Bau- und Konstruktionsunter-lagen zur M9. Die Urkunden stammen aus den Jahren 1953 und 1954. Sie wurden am 1. Februar 2011 von Hans Neukom und vom Verfasser näher unter die Lupe genommen. Die Geräte wurden spätestens ab 1954 ausgeliefert (vgl. Beleg Rieter, Winterthur, Seite 131). Es ist das Verdienst von Fred Winteler sowie von Max und Markus Forrer, dass heute noch zusätzliche technische Unterlagen zur M9 vorhanden sind. Sie „tauchten" im Mai/Juni 2011 (wieder) auf. Ausser der M9 gibt es in Bern auch eine Z25. Dieser Transistorrechner wurde ab 1963 ausgeliefert.

Das Berner Museum für Kommunikation ist wohl weltweit das einzige Museum, das einen Rechenlocher M9 der Zuse KG besitzt. Die folgenden Museen haben keine solchen Maschinen: Atheneum, Bonn; Computerschausammlung, Fachhochschule Kiel; Deutsches Museum, München; Deutsches Technikmuseum Berlin; Heinz-Nixdorf-Museumsforum, Paderborn; Konrad-Zuse-Computermuseum, Hoyerswerda; Technisches Museum Wien; Technische Sammlungen der Museen der Stadt Dresden; Zentrum für Kunst und Medientechnologie,

Karlsruhe; Konrad-Zuse-Museum, Hünfeld; Museum of the History of Science, Oxford; Science Museum, London; Canada Science and Technology Museum, Ottawa; Computer History Museum, Mountain View, CA. Nachforschungen zu den Zuse-Maschinen (Rechenautomaten und Rechenlocher) wurden in vielen europäischen Ländern (u.a. Deutschland, Frankreich, Grossbritannien, Österreich, Schweiz) sowie in Nordamerika (Kanada, USA) durchgeführt.

Videogespräch mit Zeitzeugen der M9

Beatrice Tobler vom Museum für Kommunikation in Bern und der Verfasser führten am 19. Mai 2011 im Depot Schwarzenburg bei Bern ein Gespräch mit drei Zeitzeugen der M9 – Werner Huggler, Ernst Inauen und Josef Steinmann – durch. Dabei fertigte die Firma Videocompany.ch (Zofingen) eine Videodokumentation an. Sie ist für die Sammlung bestimmt.

Abb. 9.2 *Gespräch mit Zeitzeugen im Depot Schwarzenburg des Berner Museums für Kommunikation (19. Mai 2011). Von links nach rechts: Werner Huggler, Josef Steinmann und Ernst Inauen – drei ehemalige Wartungstechniker der Remington Rand – Herbert Bruderer (ETH Zürich) sowie Beatrice Tobler (Kuratorin des Museums für Kommunikation, Bern). Im Hintergrund, zwischen Steinmann und Inauen, das „Untergestell" (Lochkartenleser/Lochkartenstanzer) der M9, links davon die Relaisrahmen der M9. © videocompany.ch, Zofingen*

Wie kam es zu den Nachforschungen zur M9?

Dank einer Mitteilung eines ehemaligen Wartungstechnikers, *Josef Steinmann*, wurde der Verfasser auf den Rechenlocher M9 aufmerksam. Es war ein Leserecho auf einen Jubiläumsbeitrag, der an Zuses 100. Geburtstag (22. Juni 2010) in der auflagenstarken Tageszeitung „Tages-Anzeiger" (Zürich) erschien. Dann begann eine sehr aufwendige, systematische Suche nach weiteren Zeitzeugen, Nutzern des Rechenlochers, Urkunden zur M9, verbunden mit weltweiten Nachforschungen nach noch vorhandenen Exemplaren der Rechenanlage. Die Verantwortlichen bei der Zürcher Remington Rand sind längst gestorben.

Beim Gespräch mit drei Zeitzeugen im Berner Museum für Kommunikation offenbarte sich, dass eine Maschine, die fälschlicherweise der M9 zugeordnet wurde, eine bislang verschollene Lochkartenstation der ERMETH ist.

Unterlagen zur M9

Es folgen ausgewählte, meist erstmals veröffentlichte Unterlagen zum programmgesteuerten Relaisrechner M9. Sie wurden uns in verdankenswerter Weise von ehemaligen Wartungstechnikern der Schweizer Remington Rand und von seinerzeitigen Kunden, d.h. Nutzern der Maschine, zur Verfügung gestellt.

Abb. 9.3 *Ernst Inauen, ehemaliger Wartungstechniker der Remington Rand, erklärt die Arbeitsweise der Relais. Relaisrahmen des Rechenlochers M9 (ohne Schrank). Von links nach rechts: Ernst Inauen, Beatrice Tobler (Kuratorin des Museums für Kommunikation, Bern), Josef Steinmann (ehemaliger Wartungstechniker der Remington Rand), Herbert Bruderer (ETH Zürich). © videocompany.ch, Zofingen*

Lochkartentechnik

Es gab unterschiedliche Lochkartenmaschinen: Kartenlocher, Kartenstanzer, Kartenleser, Kartendoppler, Kartenprüfer, Kartenmischer, Kartensortierer (Sortiermaschinen). Für Rechenvorgänge dienten Tabelliermaschinen (Drucker) und Rechenlocher (Ausgabe auf Lochkarten). Ein Rechenlocher (Rechenstanzer) war eine Zusatzmaschine zu einer Lochkartenanlage, ein programmgesteuerter Lochkartenrechner. Er konnte Rechnungen ausführen und die Ergebnisse in Lochkarten stanzen. Die M9 hatte 90-spaltige Lochkarten. Die Grenze zwischen den (zunehmend rechenstarken) Lochkartenmaschinen und den (immer kleineren) digitalen Rechenautomaten ist fliessend.

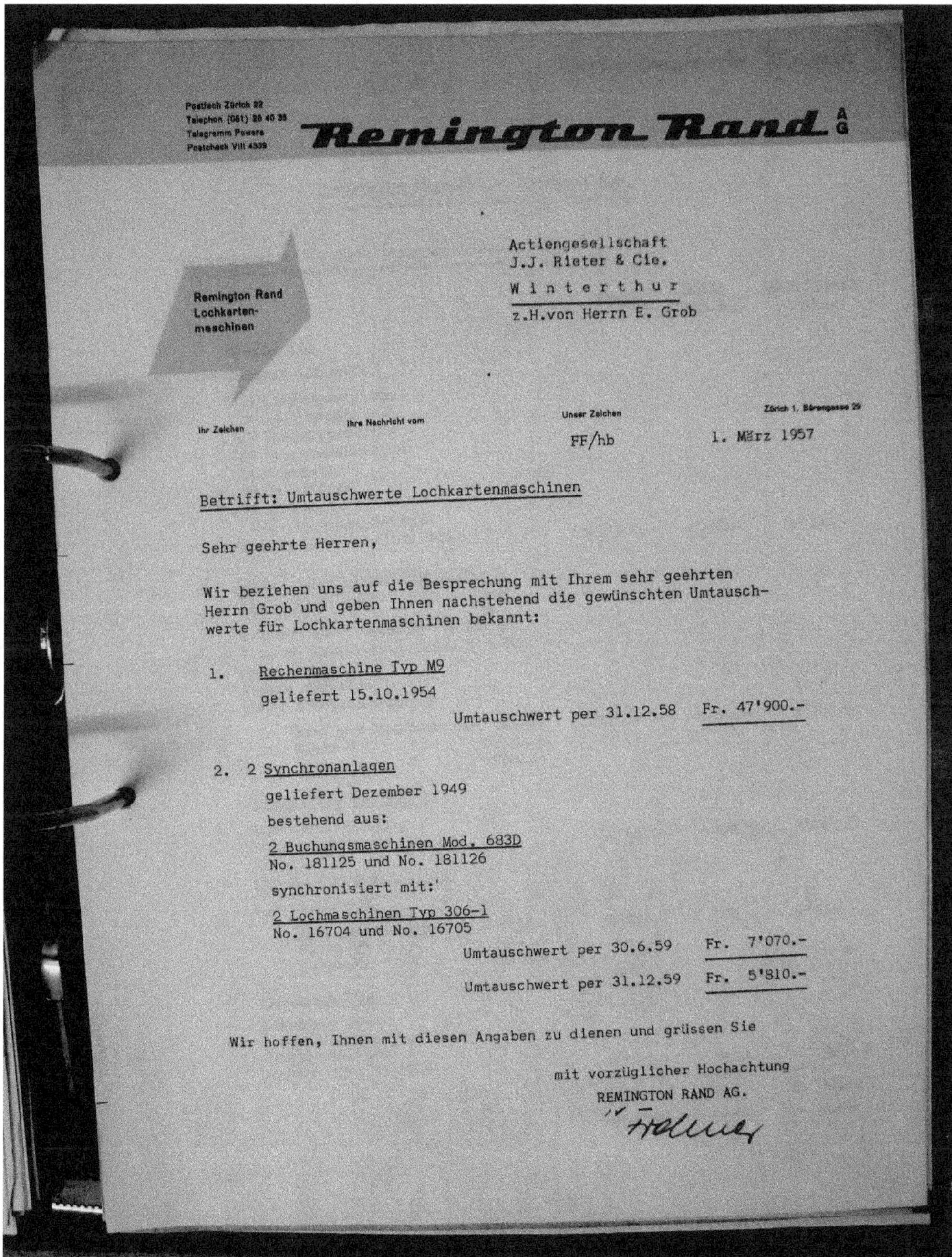

Postfach Zürich 22
Telephon (051) 25 40 35
Telegramm Powers
Postcheck VIII 4339

Remington Rand AG

Remington Rand Lochkarten-maschinen

Actiengesellschaft
J.J. Rieter & Cie.
W i n t e r t h u r

z.H.von Herrn E. Grob

Ihr Zeichen	Ihre Nachricht vom	Unser Zeichen	Zürich 1, Bärengasse 29
		FF/hb	1. März 1957

Betrifft: Umtauschwerte Lochkartenmaschinen

Sehr geehrte Herren,

Wir beziehen uns auf die Besprechung mit Ihrem sehr geehrten Herrn Grob und geben Ihnen nachstehend die gewünschten Umtauschwerte für Lochkartenmaschinen bekannt:

1. Rechenmaschine Typ M9
   geliefert 15.10.1954
   Umtauschwert per 31.12.58 Fr. 47'900.-

2. 2 Synchronanlagen
   geliefert Dezember 1949
   bestehend aus:
   2 Buchungsmaschinen Mod. 683D
   No. 181125 und No. 181126
   synchronisiert mit:
   2 Lochmaschinen Typ 306-1
   No. 16704 und No. 16705
   Umtauschwert per 30.6.59 Fr. 7'070.-
   Umtauschwert per 31.12.59 Fr. 5'810.-

Wir hoffen, Ihnen mit diesen Angaben zu dienen und grüssen Sie

mit vorzüglicher Hochachtung
REMINGTON RAND AG.

Abb. 9.4 *Umtauschwerte von Lochkartenmaschinen: Remington Rand lieferte am 15. Oktober 1954 eine Rechenmaschine des Typs M9 an Rieter, Winterthur. © Maschinenfabrik Rieter AG, Winterthur, Historisches Archiv*

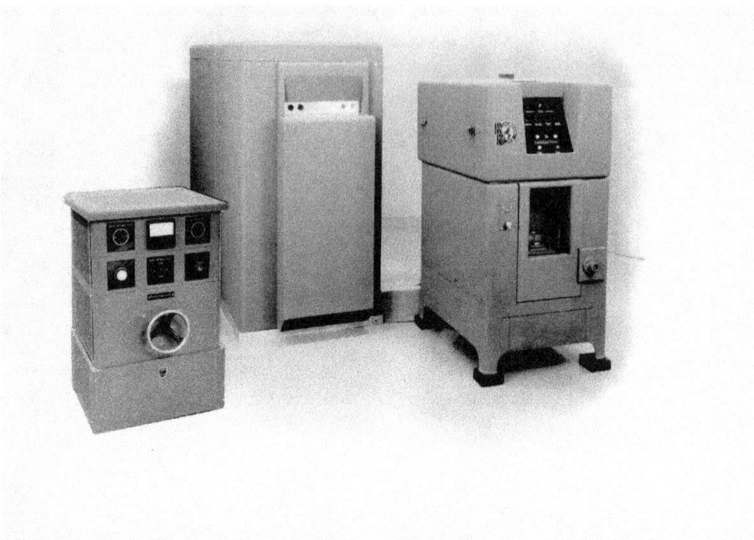

Abb. 9.5 *Gesamtansicht der programmgesteuerten Rechenmaschine M9. Zwölf Jahre lang – von 1956 bis 1968 – stand eine solche Anlage in der Spinnerei & Weberei Dietfurt (Gemeinde Bütschwil) und wurde von Max Forrer gewartet und programmiert. Eine solche Anlage kostete ohne Programme etwa 200 000 Schweizer Franken. Von links nach rechts: Gleichrichter, Recheneinheit (Relaisschrank), Abfühl- und Locheinheit (Untergestell). © Max Forrer, Oberhelfenschwil*

Abb. 9.6 *Max Forrer von der Spinnerei & Weberei Dietfurt während einer Wartung am Relaisschrank (Rechner) der M9. Rechts die offene Abfühl- und Locheinheit (Untergestell). © Max Forrer, Oberhelfenschwil*

Abb. 9.7 *M9 in der Spinnerei & Weberei Dietfurt, vorn die Lochkartenstation, hinten das Rechen- und Speicherwerk, rechts hinten ein herausgezogener Relaisrahmen. Die Recheneinheit hatte rund 2200 Relais. © Max Forrer, Oberhelfenschwil*

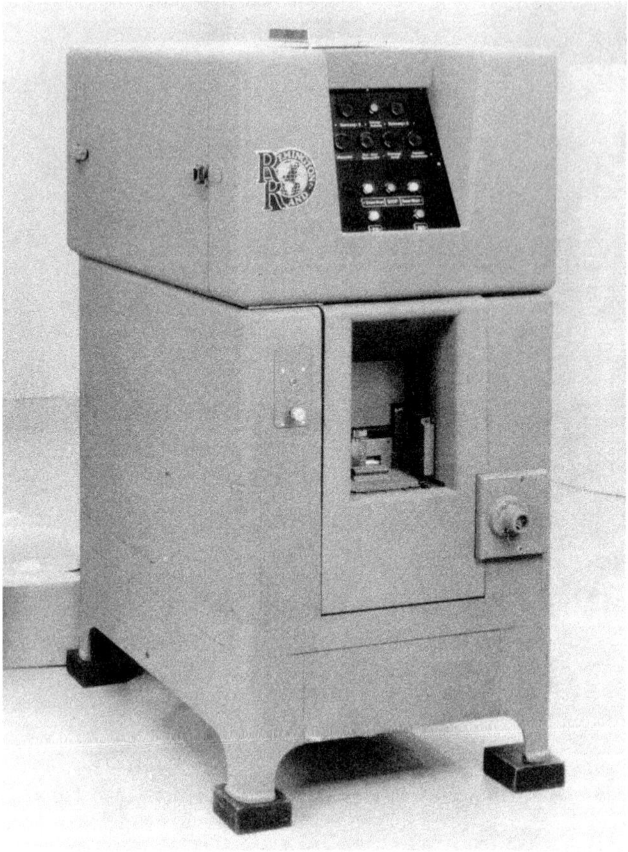

Abb. 9.8 *Gerät für die Lochkarteneingabe und -ausgabe (Untergestell) in geschlossenem Zustand. © Max Forrer, Oberhelfenschwil*

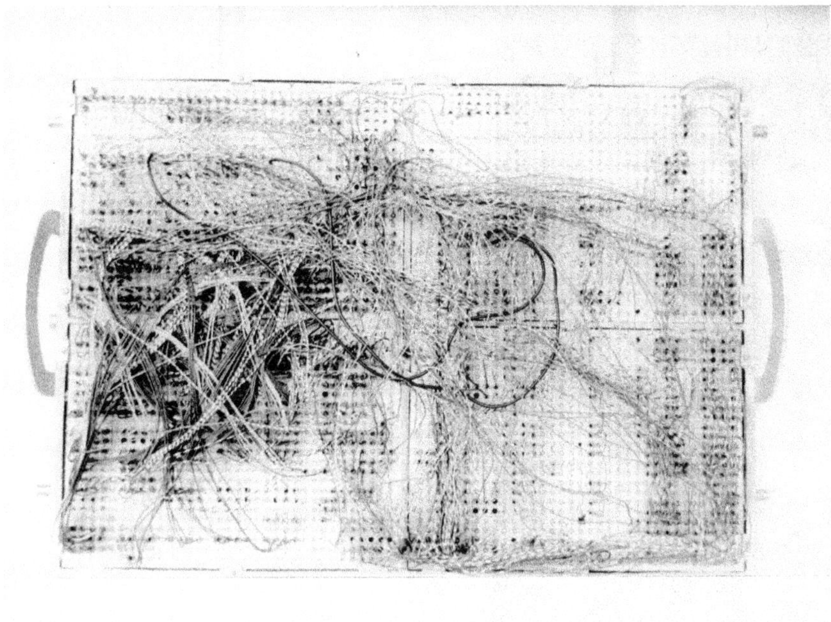

Abb. 9.9 *Auswechselbare, verdrahtete (d.h. gelötete) Schalttafel für die M9. Damit wird der Rechner programmiert. Mit den beidseitigen Griffen wird die Tafel auf der Vorderseite des Relaisschranks eingesetzt. Bei den neueren Modellen wie in Dietfurt geschah dies ohne Motor. © Max Forrer, Oberhelfenschwil*

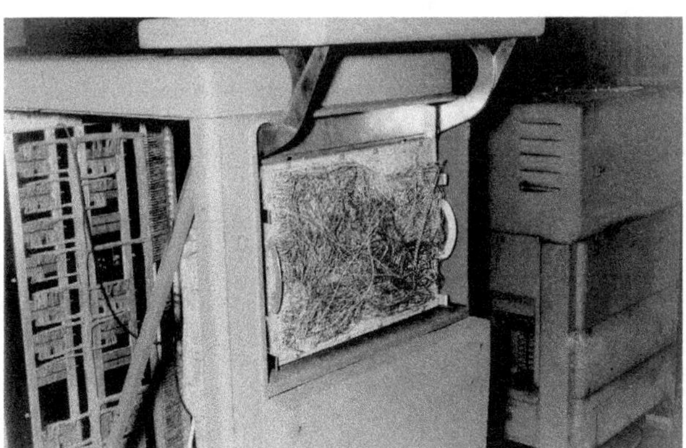

Spinnerei & Weberei Dietfurt AG, Bütschwil (SWD)

Die (störanfällige) M9 war volle zwölf Jahre bei der SWD in Betrieb. Das 1859 gegründete Textilunternehmen hatte zwischen 600 und 700 Beschäftigte und zählte zu den grössten der Schweiz. Die Produktion wurde 1999 eingestellt, die Gesellschaft 2005 aufgelöst. Die Firma gehörte seit 1941 zum Oerlikon-Bührle-Konzern und vertrieb ihr Feingewebe weltweit. Es wurden im Schnitt 1,4 Millionen Stoffmeter/Monat hergestellt.

Abb. 9.10 *M9: Vorderseite der Recheneinheit. Hier wird die austauschbare Schalttafel eingesetzt (I). © Max Forrer, Oberhelfenschwil*

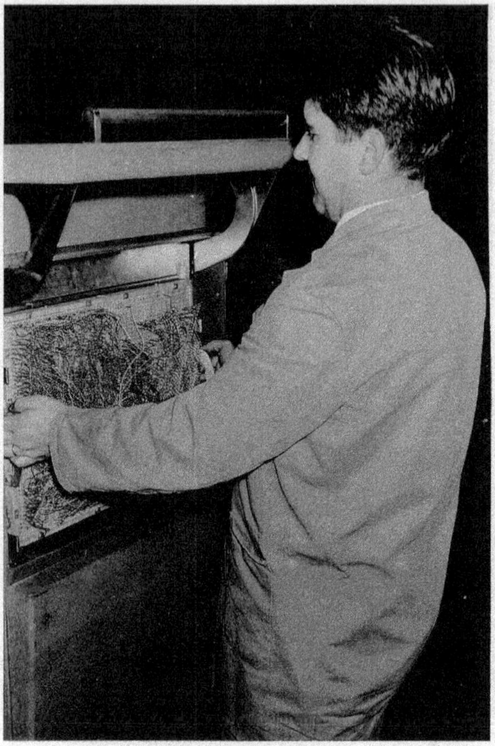

Abb. 9.11 *Vorderseite der Recheneinheit. Hier wird die austauschbare Schalttafel eingesetzt (II). Max Forrer, Leiter des Rechenzentrums, Programmierer und Techniker in einer Person, hat rund 30 Stück programmiert. Im Kaufpreis der Gesamtanlage von rund 750 000 Franken war eine halbjährige Ausbildung bei Remington Rand an der Zürcher Grubenstrasse inbegriffen. Die M9 ist ein Parallelrechner. Das Rechenwerk besteht grundsätzlich aus vier Teilen und arbeitet im Parallelbetrieb. Daher werden sämtliche Stellen gleichzeitig addiert. Im Unterschied dazu zählt ein Serienrechenwerk Stelle für Stelle mit den einzelnen Überträgen zusammen.© Max Forrer, Oberhelfenschwil*

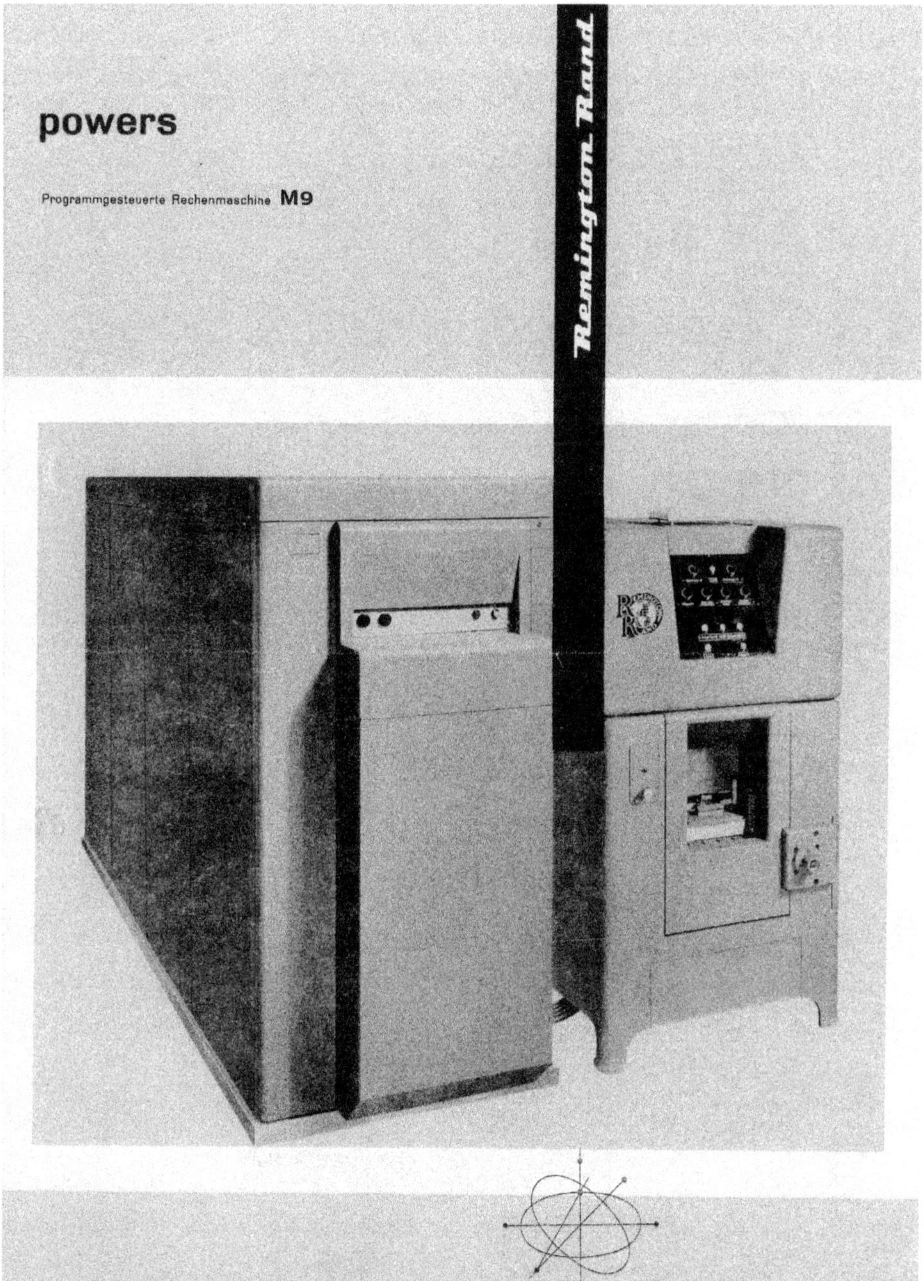

Abb. 9.12 Gesamtansicht der programmgesteuerten Rechenmaschine M9: Schrank mit Relaisrahmen und auswechselbaren Schalttafeln (links) sowie Untergestell (Abfühl- und Locheinheit, mit Abfühlbox mit Sandwichkontakten). Quelle: Prospekt der Remington Rand AG, Lochkartenmaschinen Zürich

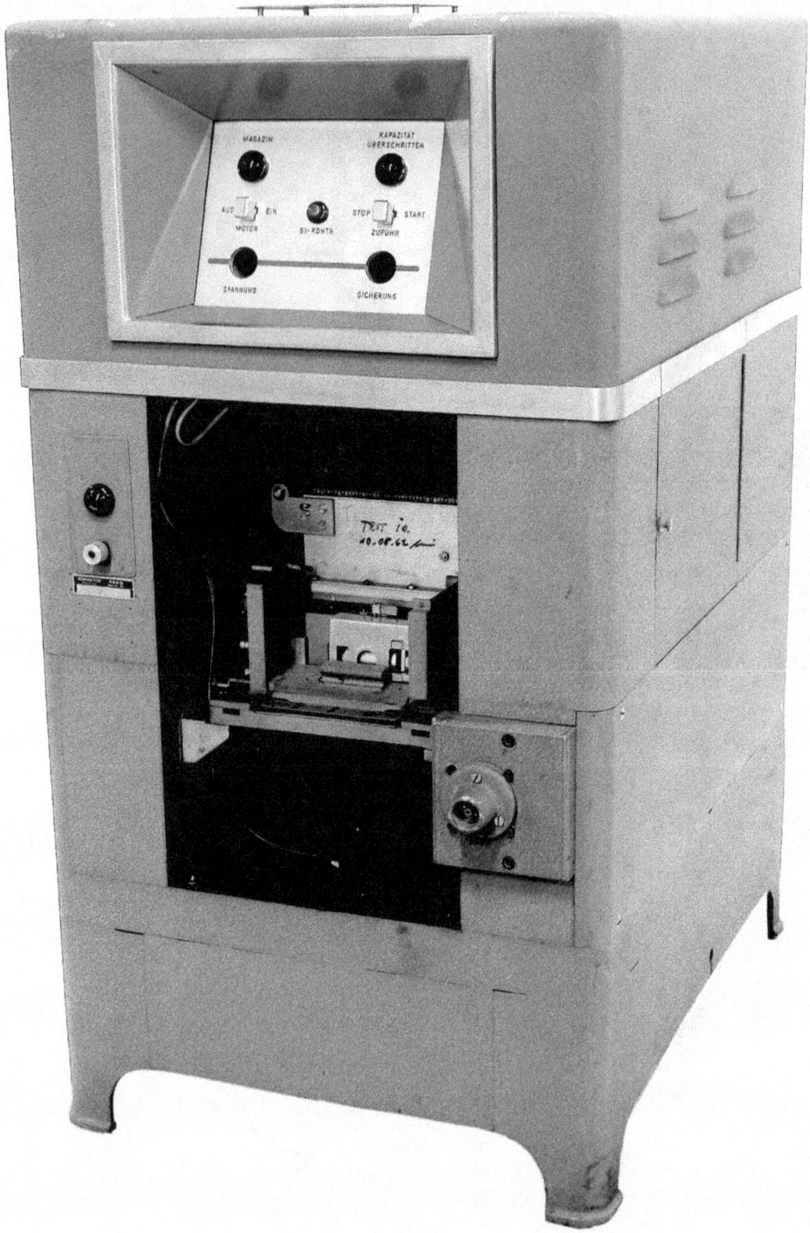

Abb. 9.13 *Rechenlocher M9 für die Schweizer Remington Rand (Lochkarteneinheit). © Museum für Kommunikation, Bern*

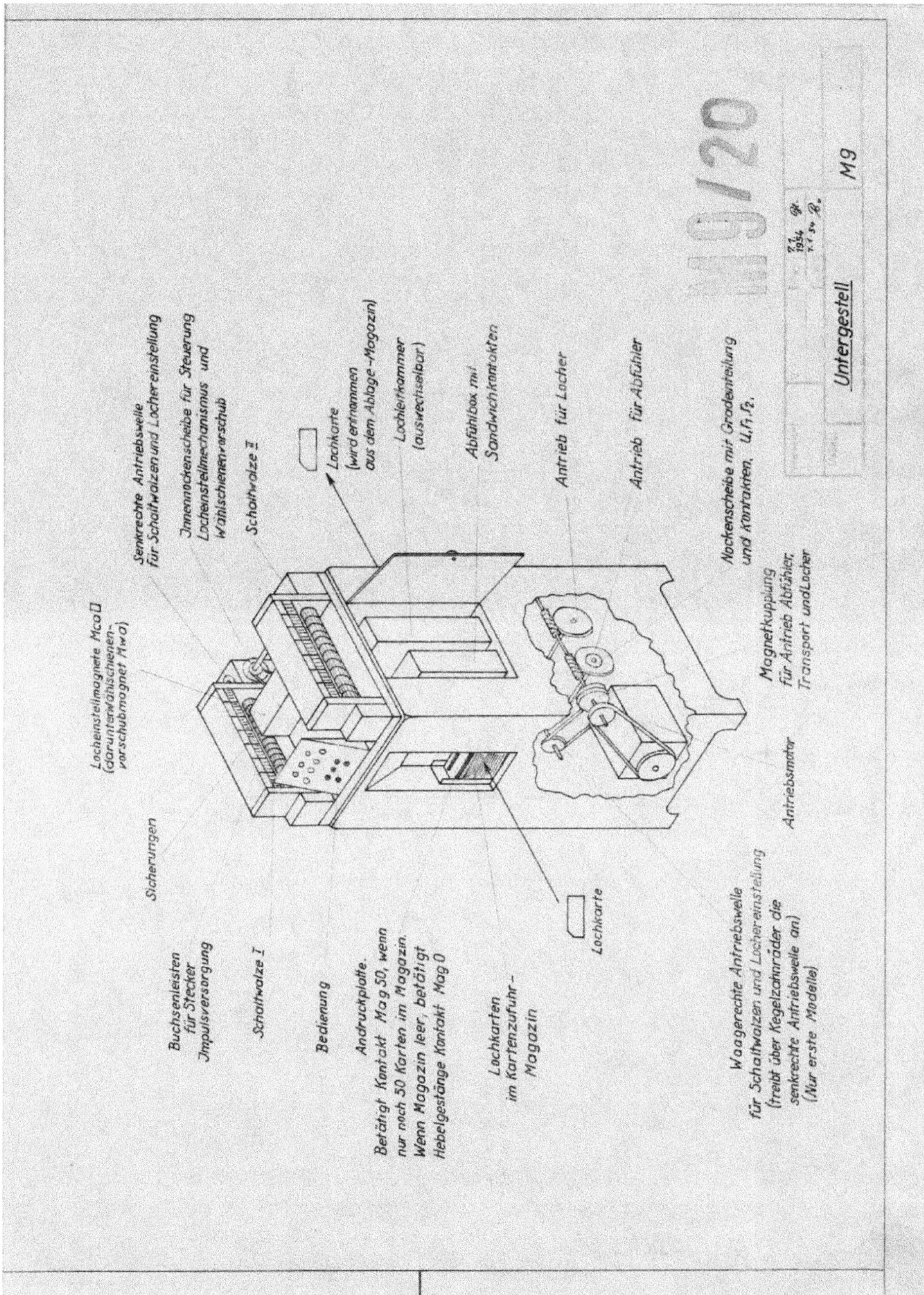

Abb. 9.14 *Untergestell der M9 (Lochkarteneinheit). Quelle: Sammlung, Museum für Kommunikation, Bern*

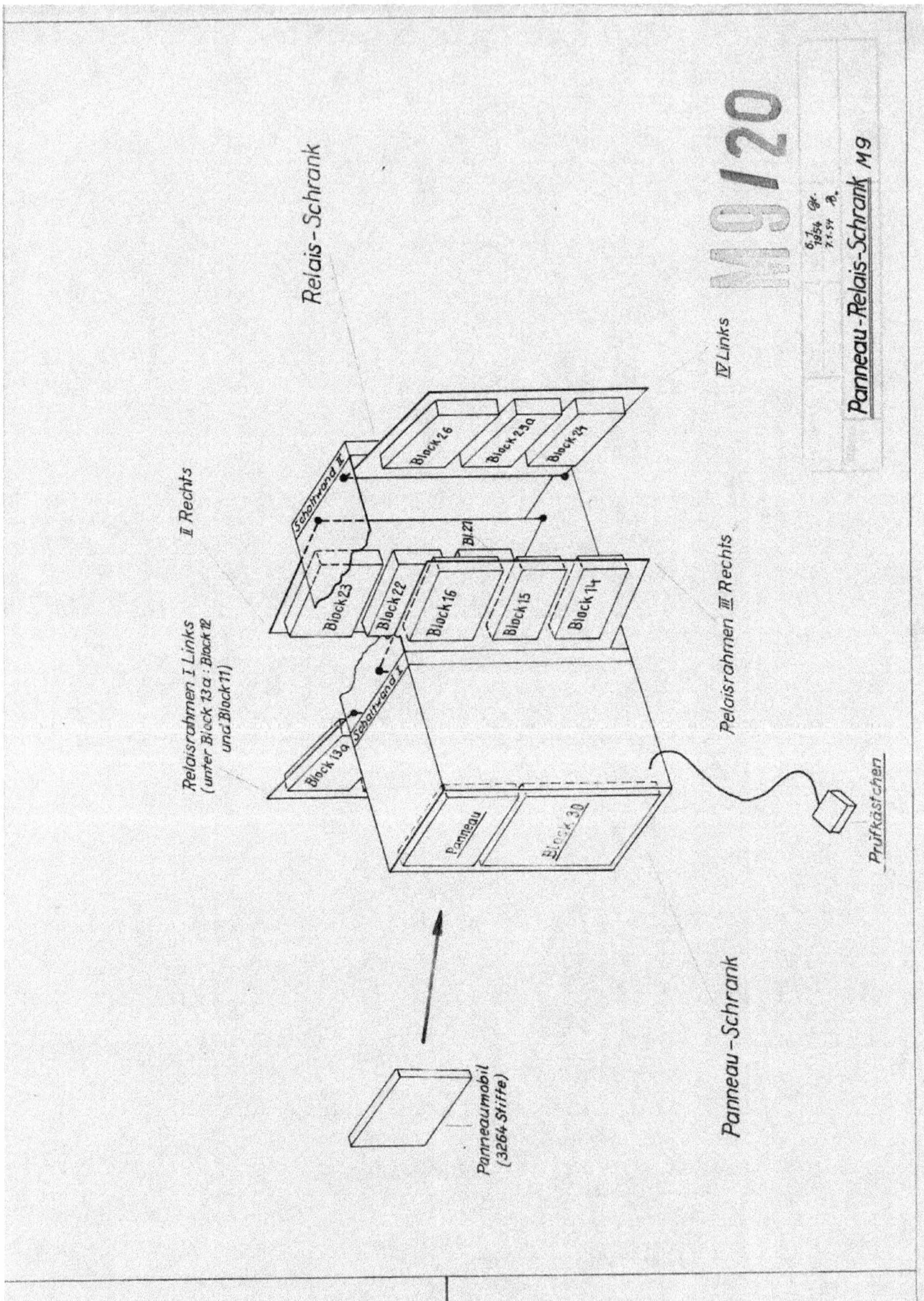

Abb. 9.15 *Panneau-Relais-Schrank der M9 (Rechen- und Speicherwerk). Quelle: Sammlung, Museum für Kommunikation, Bern*

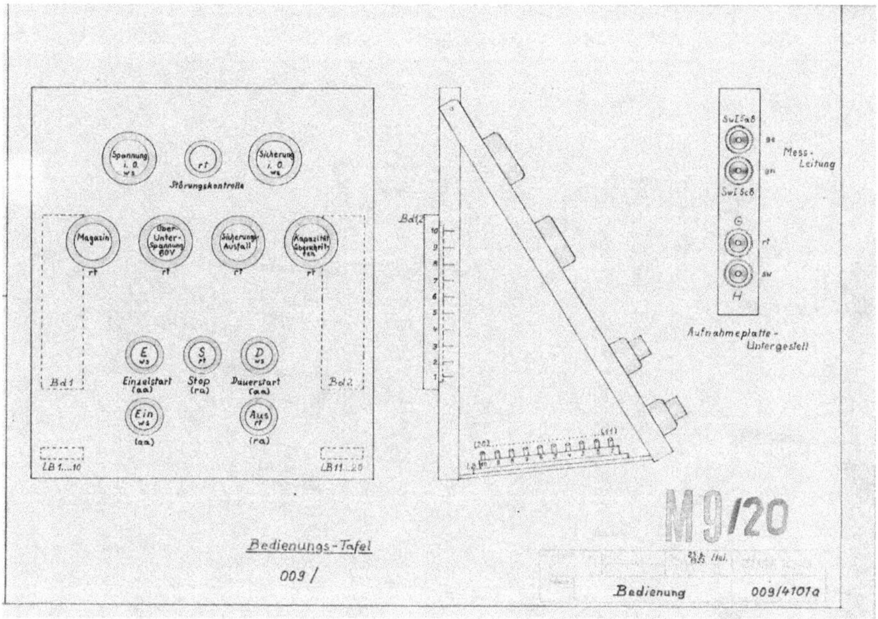

Abb. 9.16 Bedienungstafel der M9. Quelle: Sammlung, Museum für Kommunikation, Bern

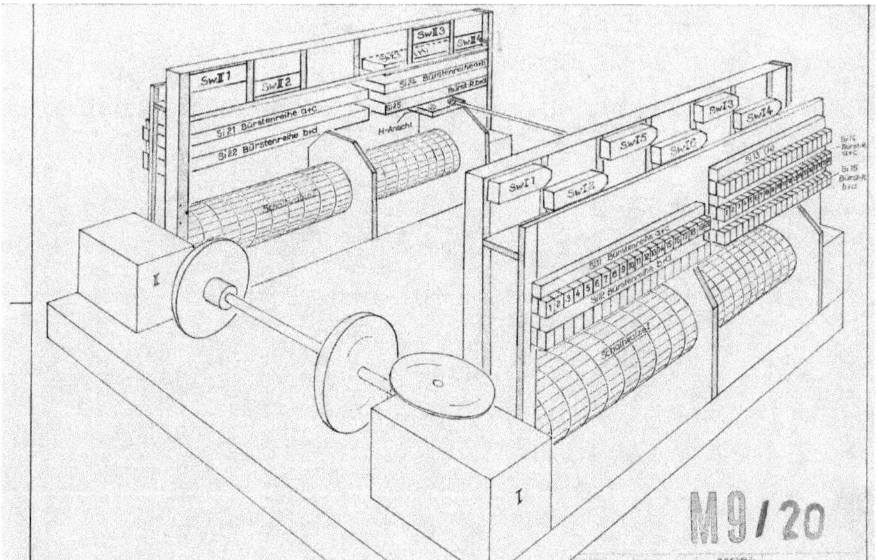

Abb. 9.17 Schaltwalze der M9 (I). Quelle: Sammlung, Museum für Kommunikation, Bern

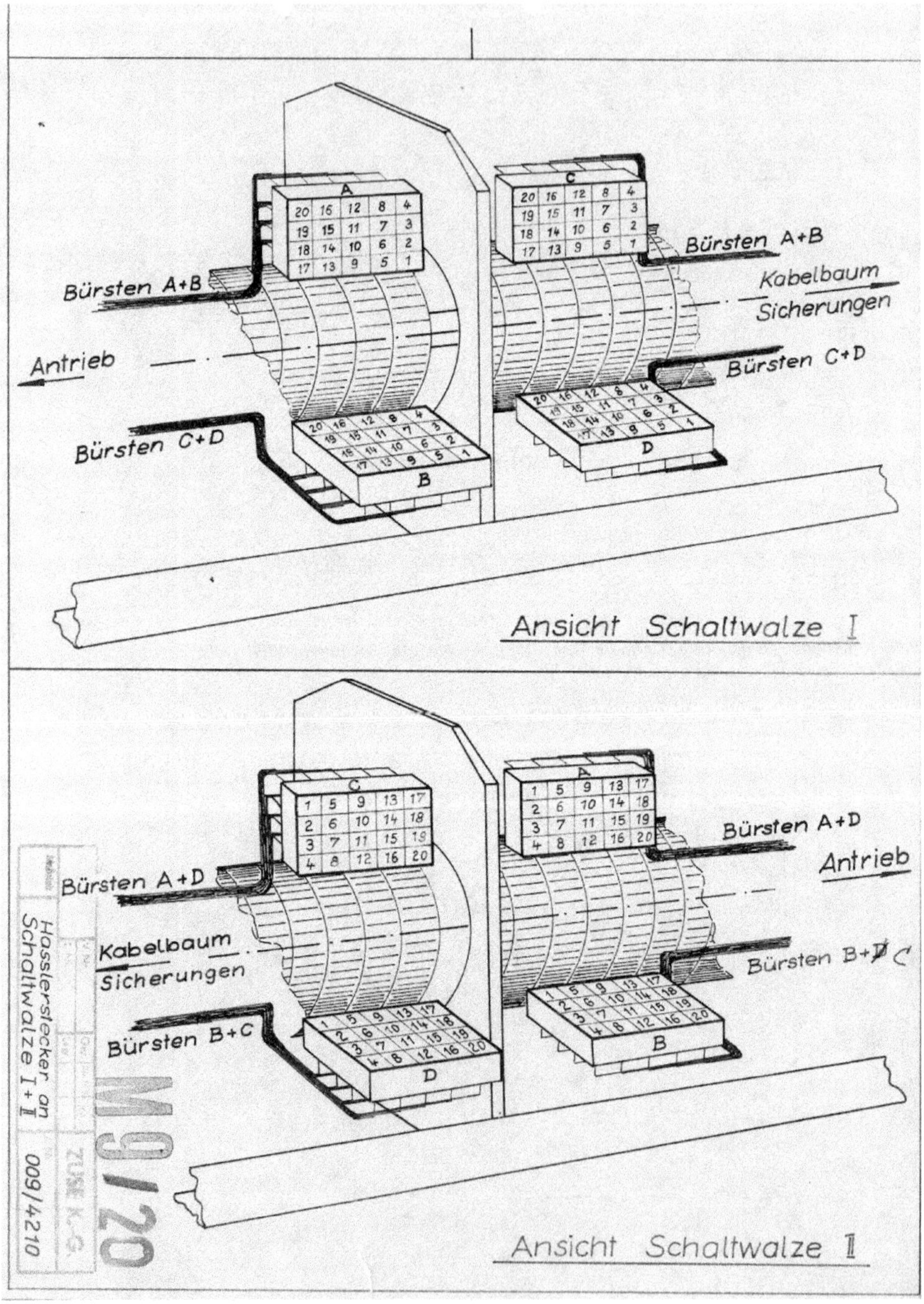

Abb. 9.18 *Schaltwalze der M9 (II). Quelle: Sammlung, Museum für Kommunikation, Bern*

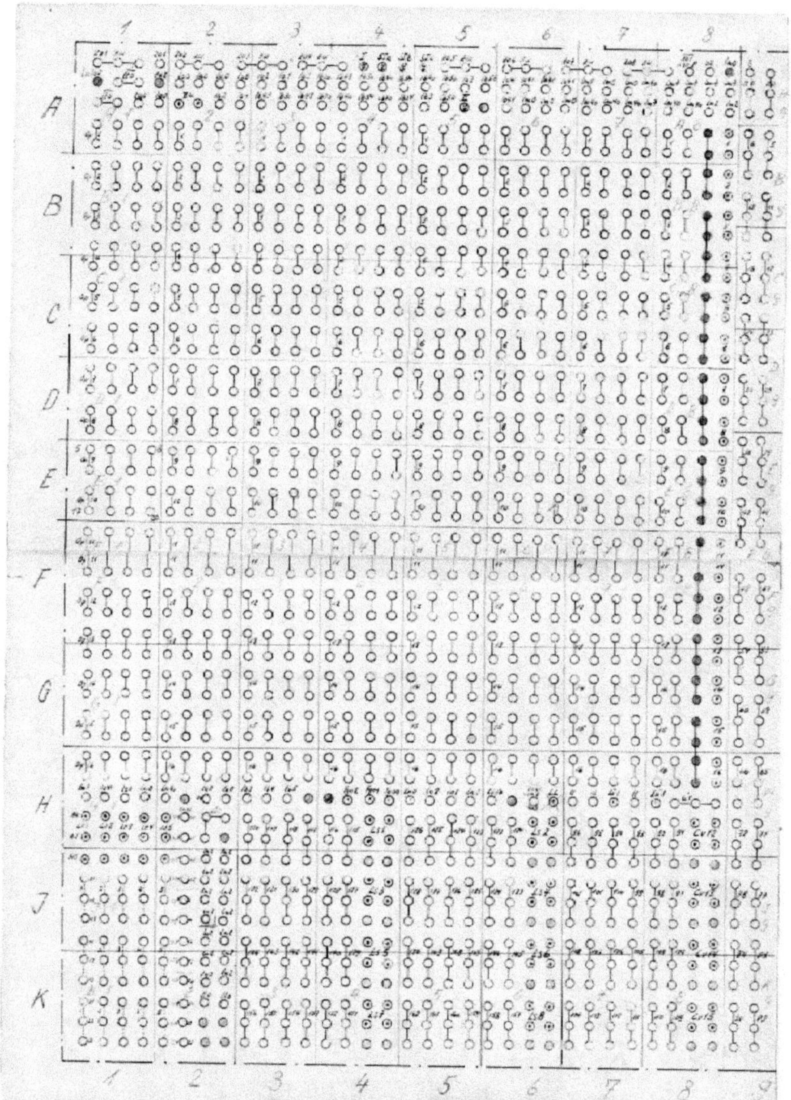

Abb. 9.19 *Auswechselbare Schalttafel (Panneau, Panel) der M9, 1. Teil. Damit wurde die Maschine programmiert. Der Ablauf des Rechenvorgangs ist verdrahtet. Quelle: Josef Steinmann, Nottwil*

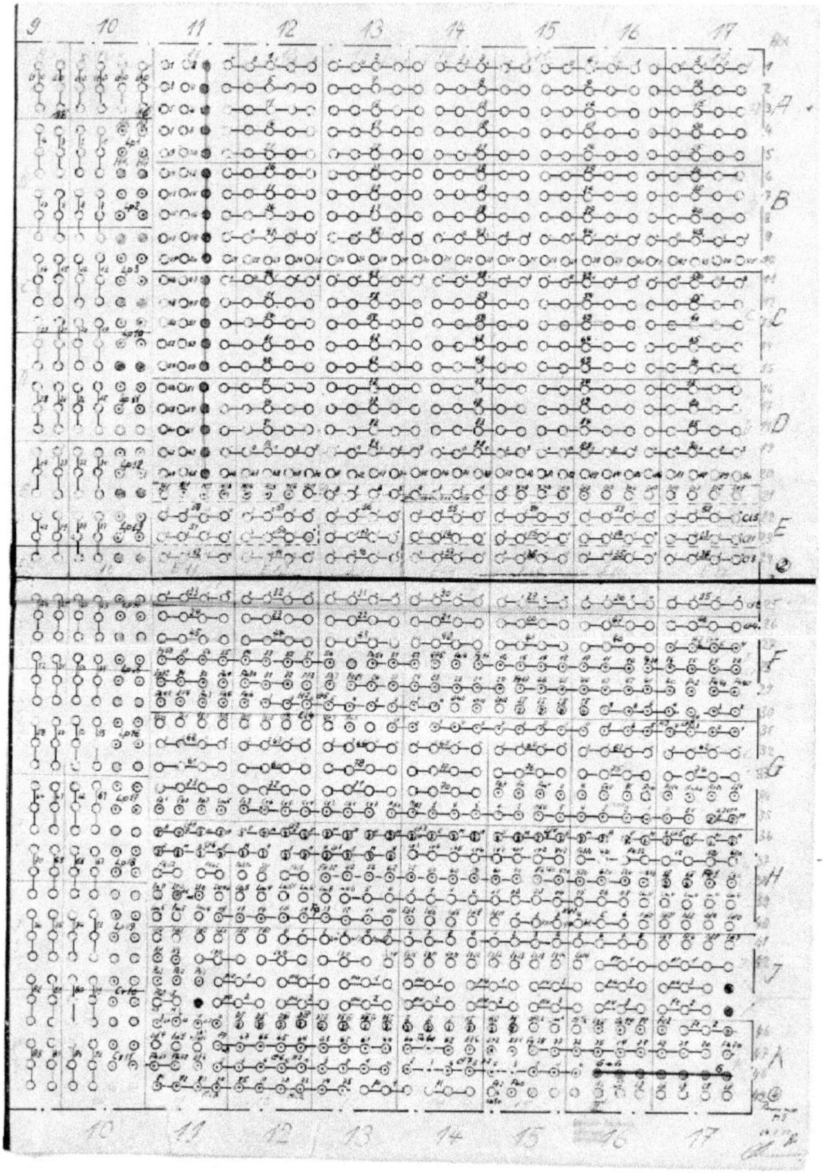

Abb. 9.20 *Auswechselbare Schalttafel (Panneau, Panel) der M9, 2. Tei. Damit wurde die Maschine gesteuert. Der jeweilige Operationsablauf ist verdrahtet. Quelle: Josef Steinmann, Nottwil*

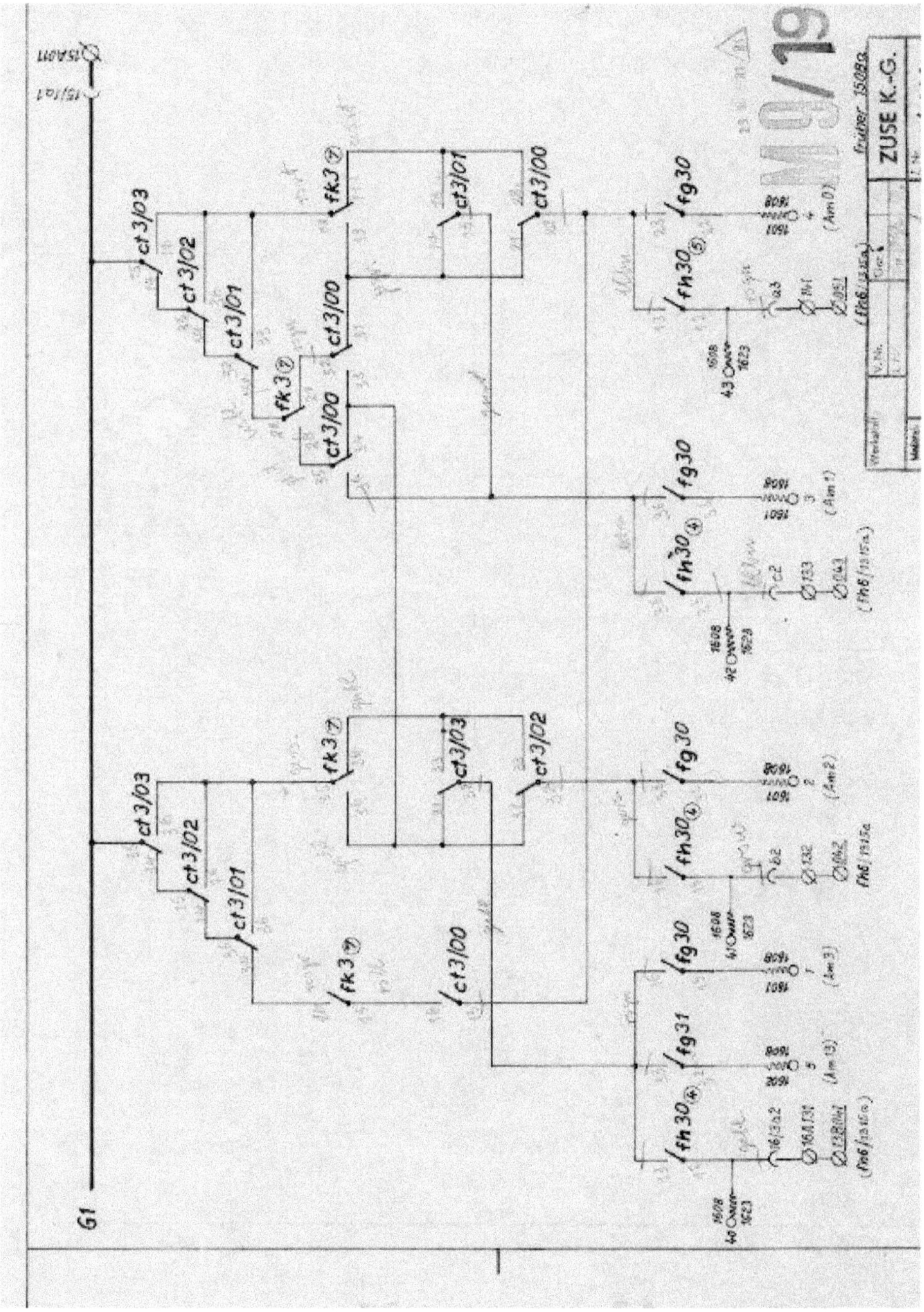

Abb. 9.21 *Schaltplan der M9. Rechen- und Speicherwerk bestehen aus Relais. Quelle: Max Forrer, Oberhelfenschwil*

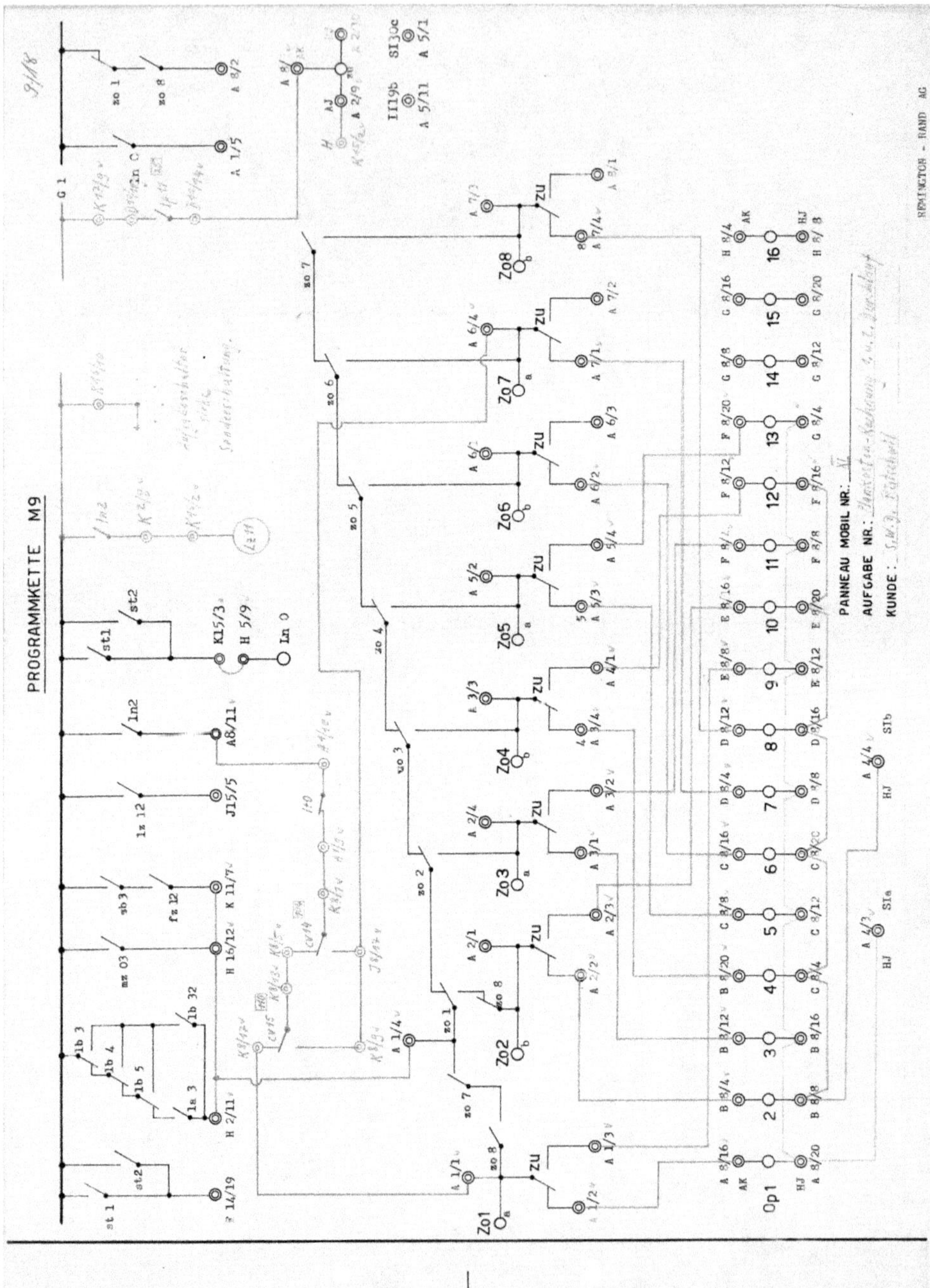

Abb. 9.22 *Programmkette M9. Bei dieser Zeichnung geht es um den ersten und zweiten Durchlauf bei der Plankostenrechnung. Remington Rand hat diese Schalttafel für die Spinnerei & Weberei Dietfurt, Bütschwil, entwickelt. Quelle: Max Forrer, Oberhelfenschwil*

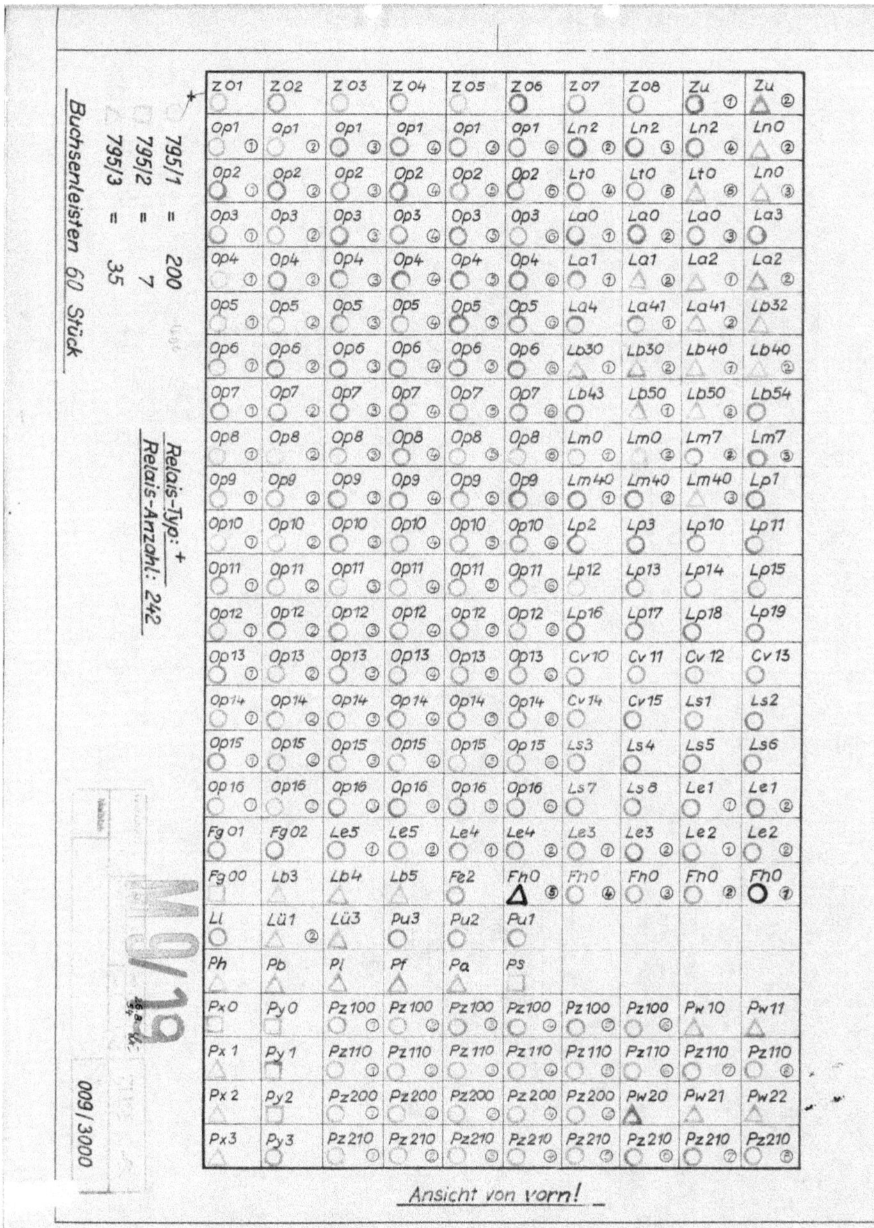

Abb. 9.23 *Relaisrahmen mit 242 Relais (25 Reihen und 10 Spalten). Funktionen der Relais: Cv = Hilfsrelais, Fg = Speicherabrufung (einzeln), Fh = Speicherabrufung (Gruppen), La = Teilkette Addition, Lb = Teilkette Addition, Le = Hilfsrelais, Lm = Teilkette Multiplikation, Ln = Start und Stopp Untergestell, Lp = Hilfsrelais, Ls = Hilfsrelais, Lt = Kennzeichen für Meisterkarte, Op = Operationsrelais, Pu = Programmleitketten, Programmschalter, Zo = Programmleitketten, Zu = Programmleitketten. Bedeutung unbekannt: Fe, Ll, Lü, Pa, Pb ,Pf, Pl, Ps, Pw, Px , Py, Pz. In Bütschwil stand Nr. 19 der M9. Damit hatte die Spinnerei & Weberei Dietfurt, Bütschwil, nach eigenen Aussagen das neueste Modell. Quelle: Max Forrer, Oberhelfenschwil*

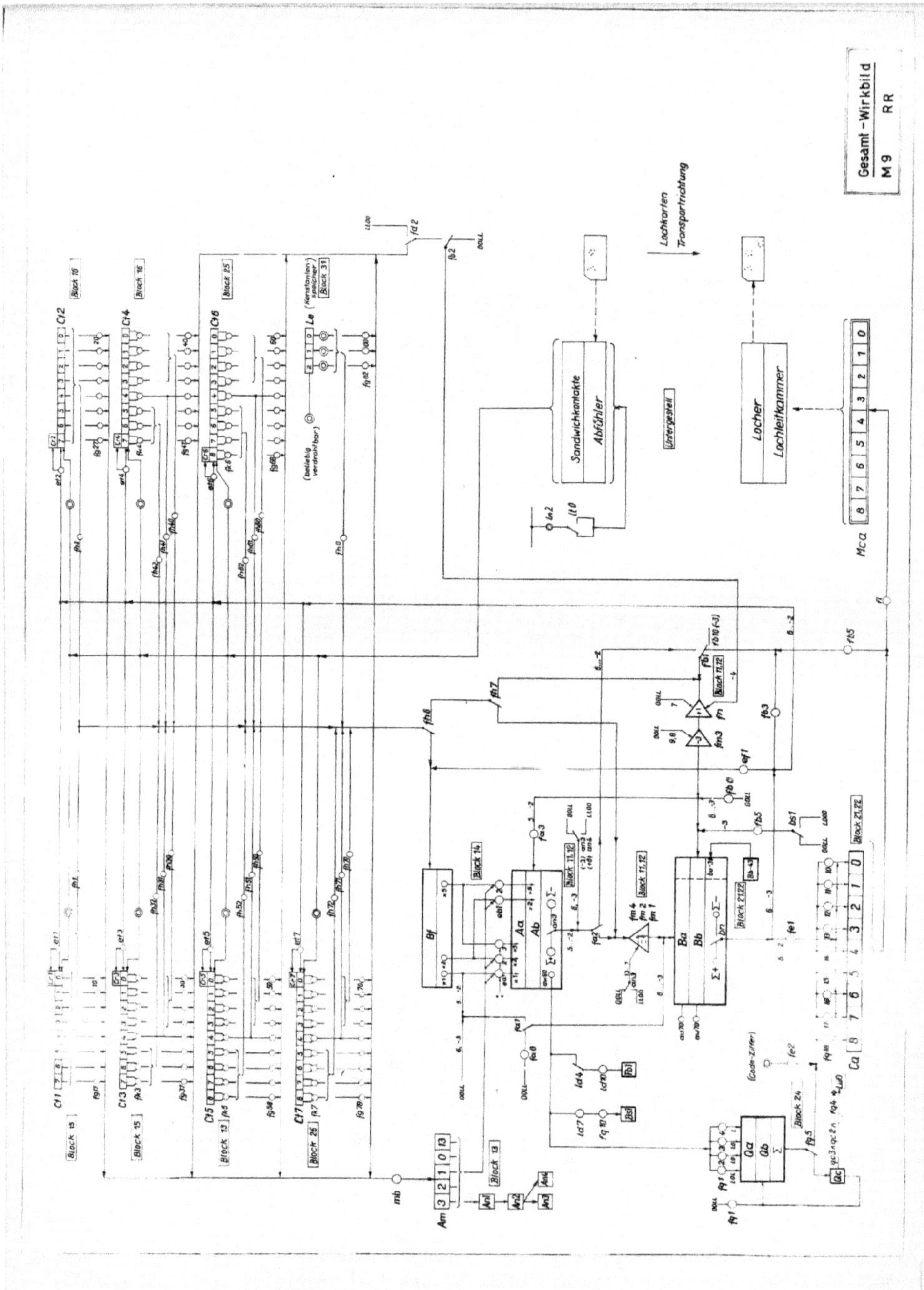

Abb. 9.24 *Gesamtwirkbild der M9. Kästchen = Relais, Kreise = Schalter. Die Kästchen sind durch Wirklinien verbunden (Pfeil: Wirkrichtung). Quelle: Fred Winteler, Zürich*

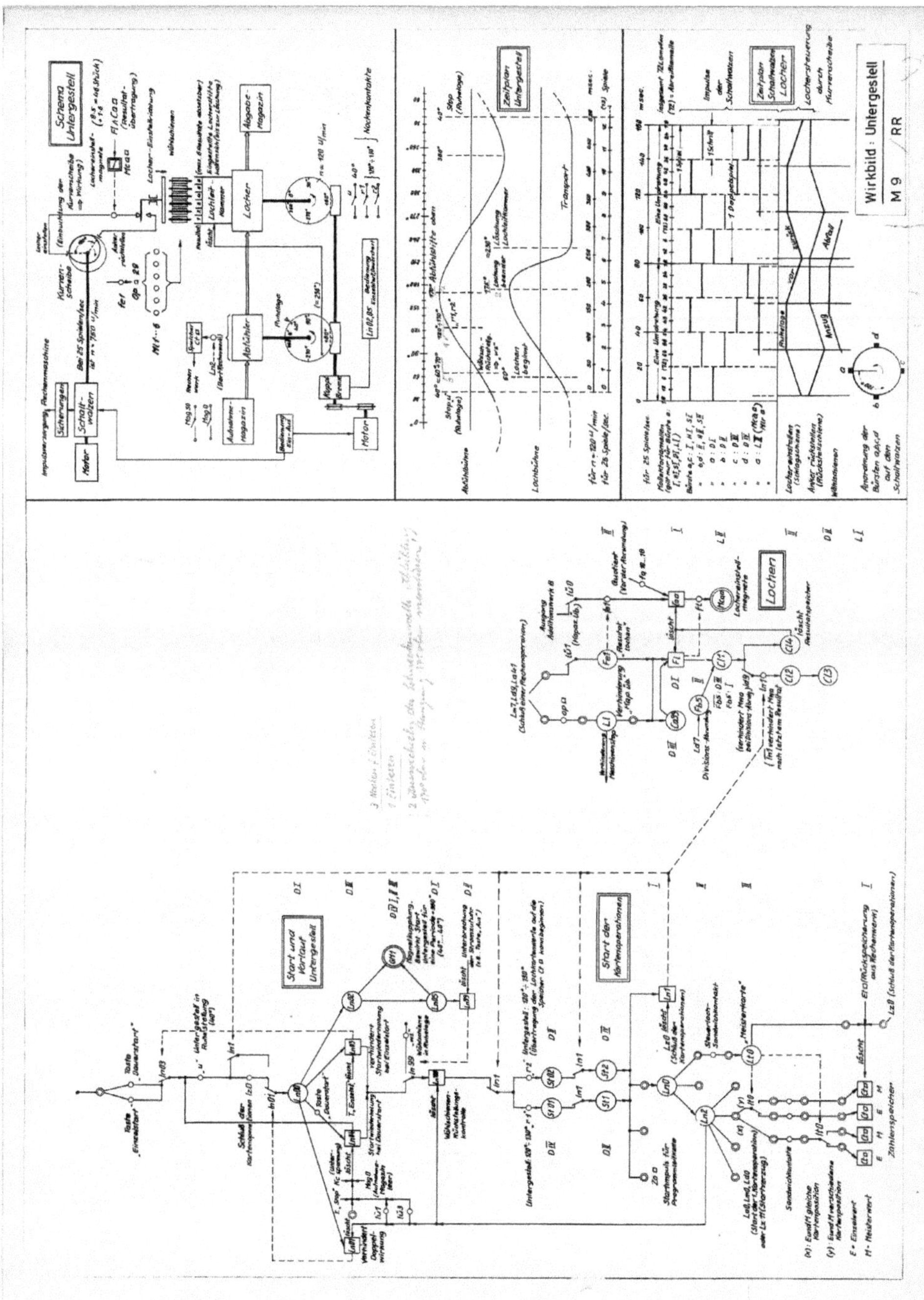

Abb. 9.25 *Wirkbild des Untergestells (Lochkarteneinheit) der M9. Quelle: Fred Winteler, Zürich*

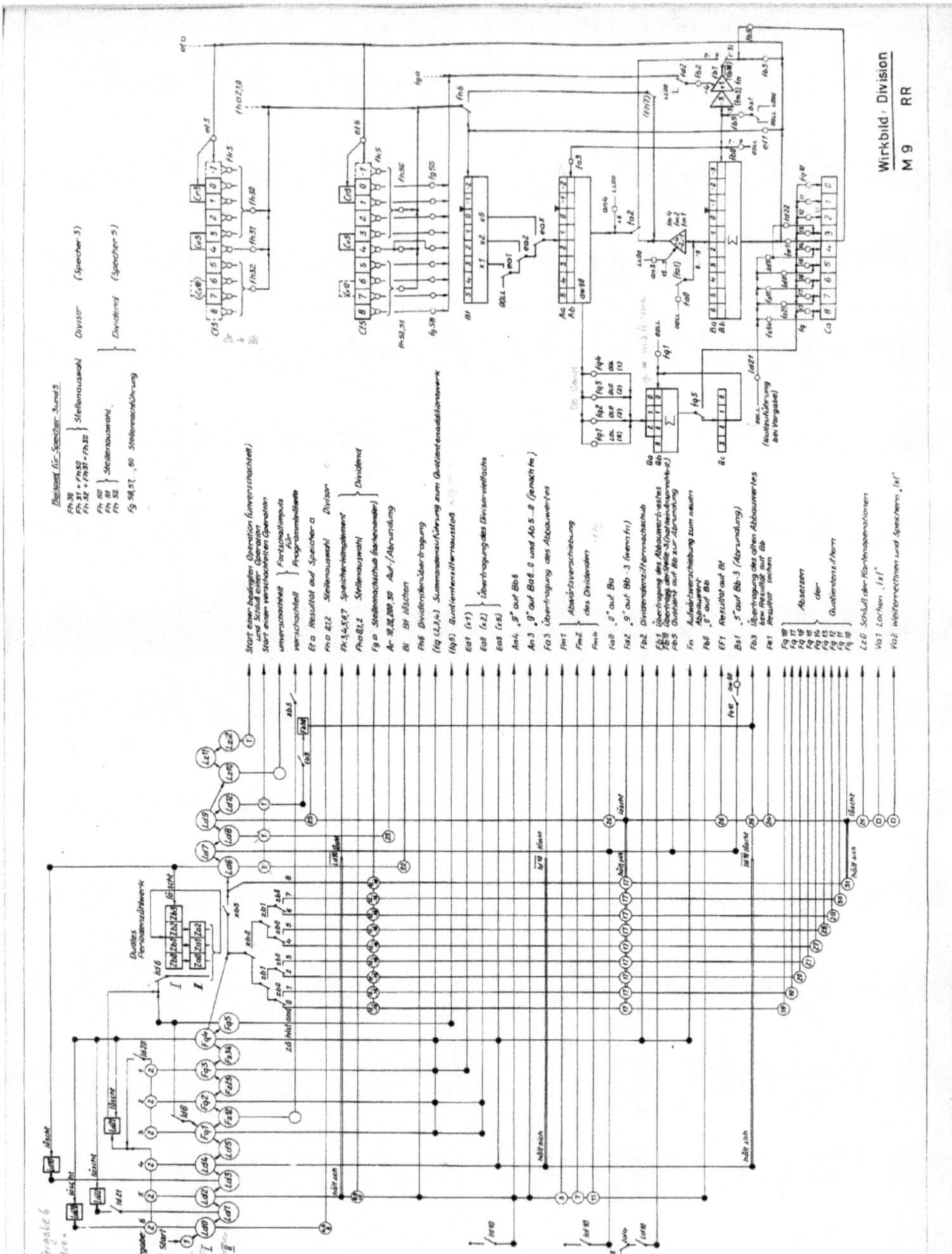

Abb. 9.26 *Wirkbild der Division bei der M9. Quelle: Fred Winteler, Zürich*

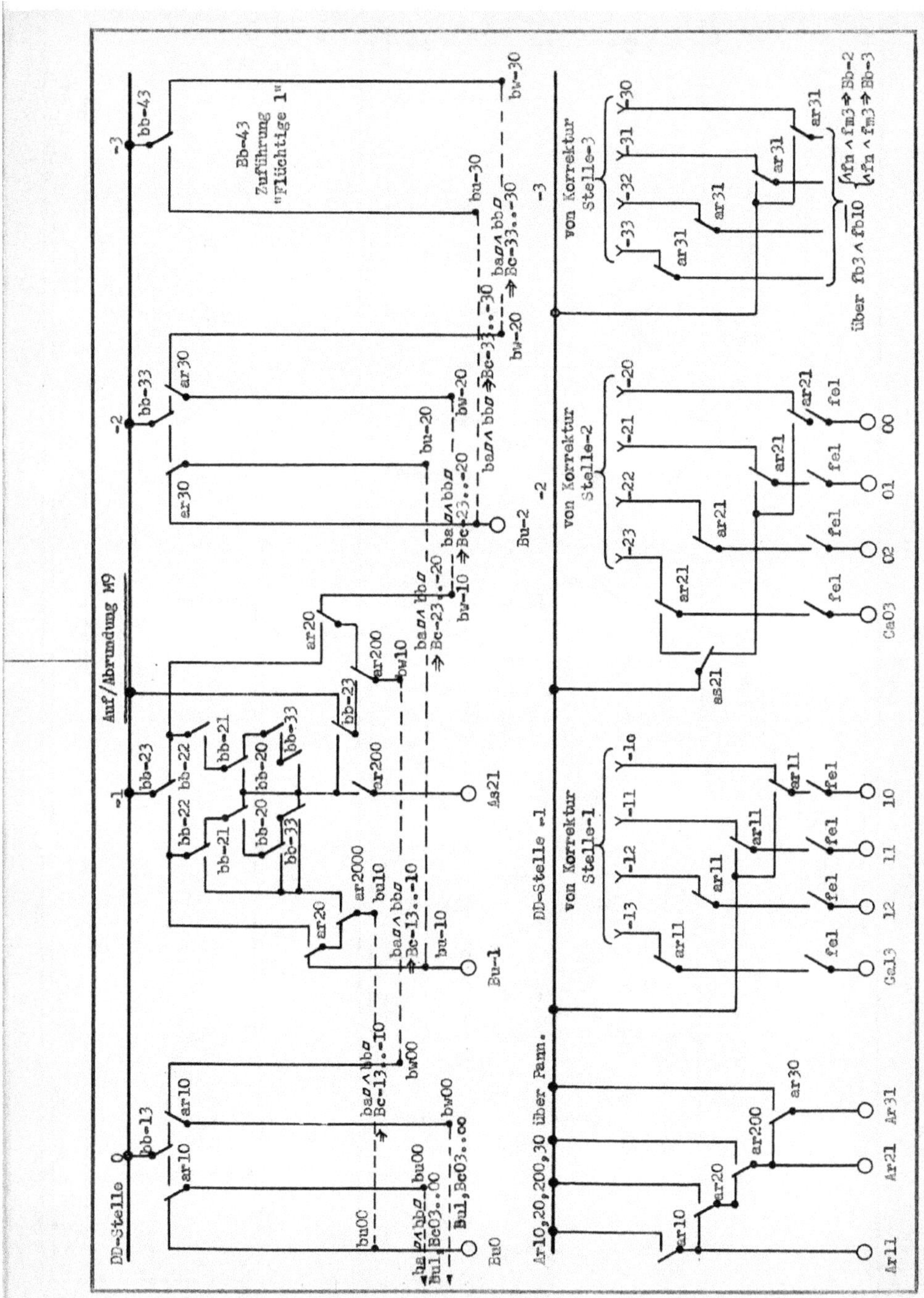

Abb. 9.27 *Auf- und Abrundung bei der M9. Quelle: Fred Winteler, Zürich*

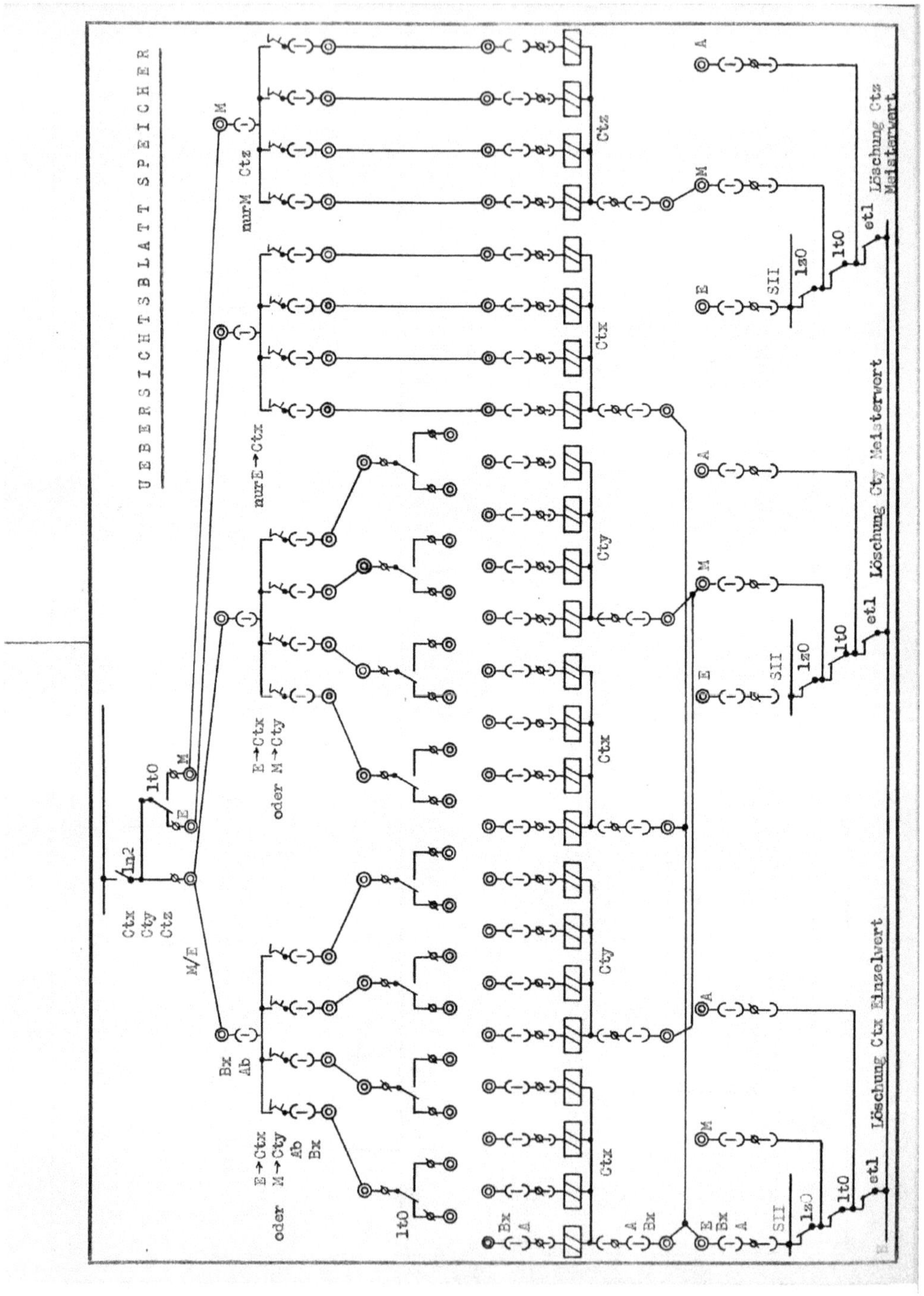

Abb. 9.28 *Übersicht über den Speicher der M9. Quelle: Fred Winteler, Zürich*

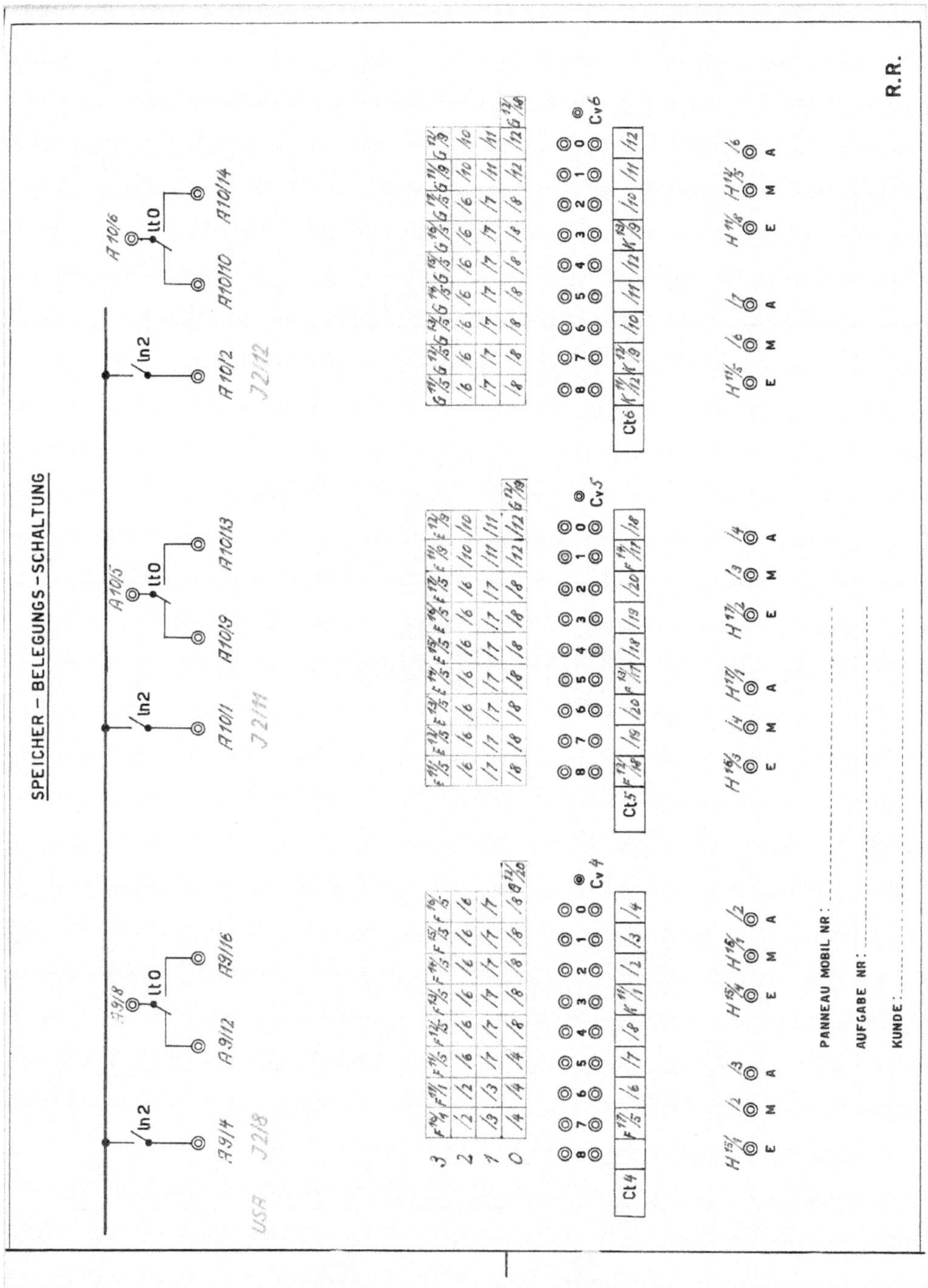

Abb. 9.29 *Speicherbelegungsschaltung der M9. Quelle: Fred Winteler, Zürich*

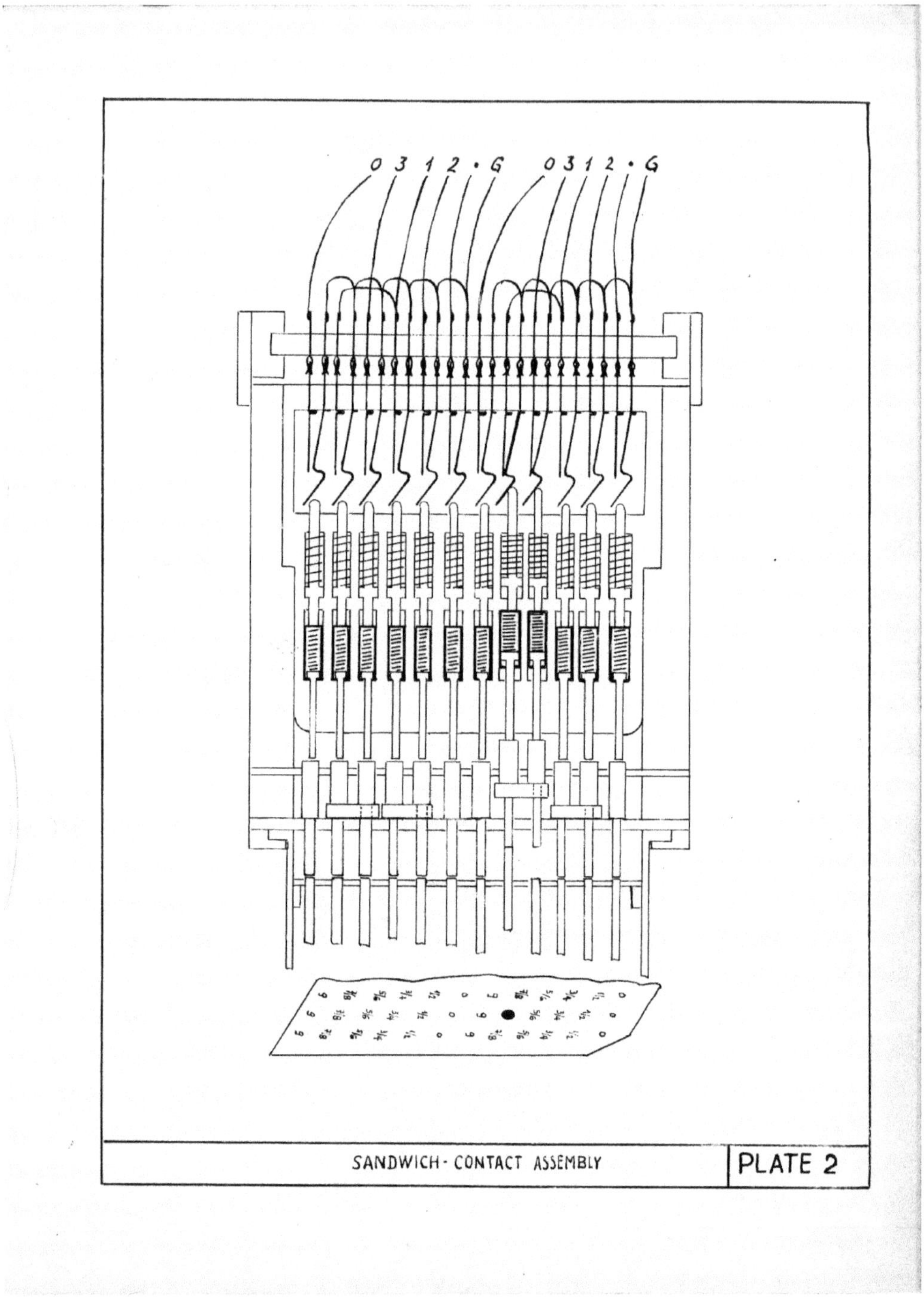

Abb. 9.30 *Sandwichkontakte der Abfühlbox (Untergestell der M9). Quelle: Fred Winteler, Zürich*

Remington Rand

W A R T U N G S P L A N   M 9

1. Untergestell

a) Periodisch fetten der Schnecken und Schneckenräder an den Kartentransportwalzen.

b) Periodisch kontrollieren (mindestens alle 14 Tage), ob Schneckenwelle, Schnecken und Keile noch festsitzen. Kann mit Hilfe des Handrades und BMC-Zange festgestellt werden. Unterlässt man diese Kontrollen, hat man bald eine grössere Reparatur zu gewärtigen (Zeitaufwand 5 Min.).

c) Kontrolle des Kupplungszwischenstückes (sehr wichtig), das Magnetkupplung mit Schneckenwelle verbindet. Kann ebenfalls mit Handrad und Halten der Welle mit BMC-Zange geschehen. Zeigt sich Spiel durch hin- und herdrehen, so sind die Grillonscheiben sofort auszuwechseln, da sonst die Kunststoffschneckenräder an den Transportwalzen infolge der Schläge ausbrechen.

d) Die Rolle (unten, die auf die Kulisse aufläuft) am Abfühlmechanismus sowie die beiden Führungszapfen (Oelrohr) und Bolzen am Exzenter (Oelloch) sind mit Maschinenoel zu schmieren.

e) Links unten die Schnecken nicht vergessen, ebenso die Kämme.

f) Am Stanzmechanismus die beiden Führungen, an der Wippe die Vierkant und Bolzen (Drehpunkt) mit Oel, den Exzenter und die Rolle mit Fett.

g) Die Kartenstop (Ovalisation) sind vom Staub zu reinigen und mit dünnem Oel zu oelen. Gleichzeitig die Gelenke und die Rollen. Rolle und Kamm für die Löschung ebenfalls.

2. Locher

a) Die Schlagstifte, Rückholbleche und Schlagbleche sind mit ganz dünnem Oel (kein Petrol) und Zerstäuber zu oelen. Dies hat sparsam zu geschehen, und besonders dürfen die Schaltwalzen nicht verschmiert werden.

b) Die Gelenke in den einzelnen Locherstellen sind gelegentlich einer Reparatur oder Revision mit dünnem Oel zu versehen. Dabei dürfen die Magnete nicht verschmiert werden.

c) Die vier Lagerstellen an der Rückstellschiene (untere, dicht über der Wahlschiene beachten) mit Maschinenoel. Die übrigen vier Lagerstellen an der Rückstellschiene und Schlagschiene haben Dauerschmierbüchsen, können aber trotzdem geoelt werden (insgesamt 8 Lagerstellen).

d) Die Exzenter auf der hinteren Antriebswelle mit den Kugellagern werden periodisch mit Fett geschmiert.

3. Schaltwalze

a) Die Schaltwalze muss periodisch alle 14 Tage gereinigt werden, und zwar soll sie trocken mit feinem Glaspapier abgezogen werden. Bei sehr starken Schlaglöchern (Brandstellen) muss die Schaltwalze überdreht werden. Es besteht eine spezielle Vorrichtung dazu, die bei RR Zürich (UNIVAC / M9) aufliegt.

b) Kohlenhalter, bei denen ein Spannbügel abgebrochen ist, müssen sofort ersetzt werden.

c) Kohlen, die abgenützt sind, müssen ebenfalls ersetzt werden, und zwar sobald sie bündig sind mit dem Kohlenhalter. Beim Neueinsetzen ist darauf zu achten, dass sie im Halter Spiel aufweisen.

4. Relaisschrank

a) Alle Monate sollen die Relais der beiden Rechenwerke A und B nachjustiert und gereinigt werden. Dabei darf kein flüssiges Reinigungsmittel (X-88) verwendet werden, sondern Kontakt-Feilen, z.B. von Hasler.

b) Nach 6 Monaten sollen die übrigen Relais auch einer eingehenden Kontrolle unterzogen werden.

c) Die Panneauxmobil, die frisch verdrahtet worden sind, müssen vor dem Einsetzen in die Maschine mit X-88 oder Tetrachlor Kohlenstoff gereinigt werden. Die Leim- und Papierrückstände werden sonst auf die Kontakte des Panneau fix übertragen und ergeben dann schlechte Kontaktgabe.

d) Das Panneau fix soll ebenfalls auf verbogene oder schmutzige Kontakte kontrolliert werden.

e) Die Panneaux mobil sollen ebenfalls vor dem Einsetzen auf eingestossene Kontaktstifte kontrolliert werden.

WICHTIG: Durch fachgemässe Aufbewahrung der Panneaux mobil können viele Fehler vermieden werden.

Gründliche Kontrollen und Einhalten obiger Vorschriften garantieren ein einwandfreies Arbeiten der Maschinen.

Nach Möglichkeit sollen vollständige Testspiele für jede vorkommende Arbeit aufliegen, damit man sich vom einwandfreien Funktionieren der Maschine überzeugen kann.

Zürich, 19. Juni 1958.

Abb. 9.31 *Wartungsplan der M9 vom 19. Juni 1958. Quelle: Fred Winteler, Zürich*

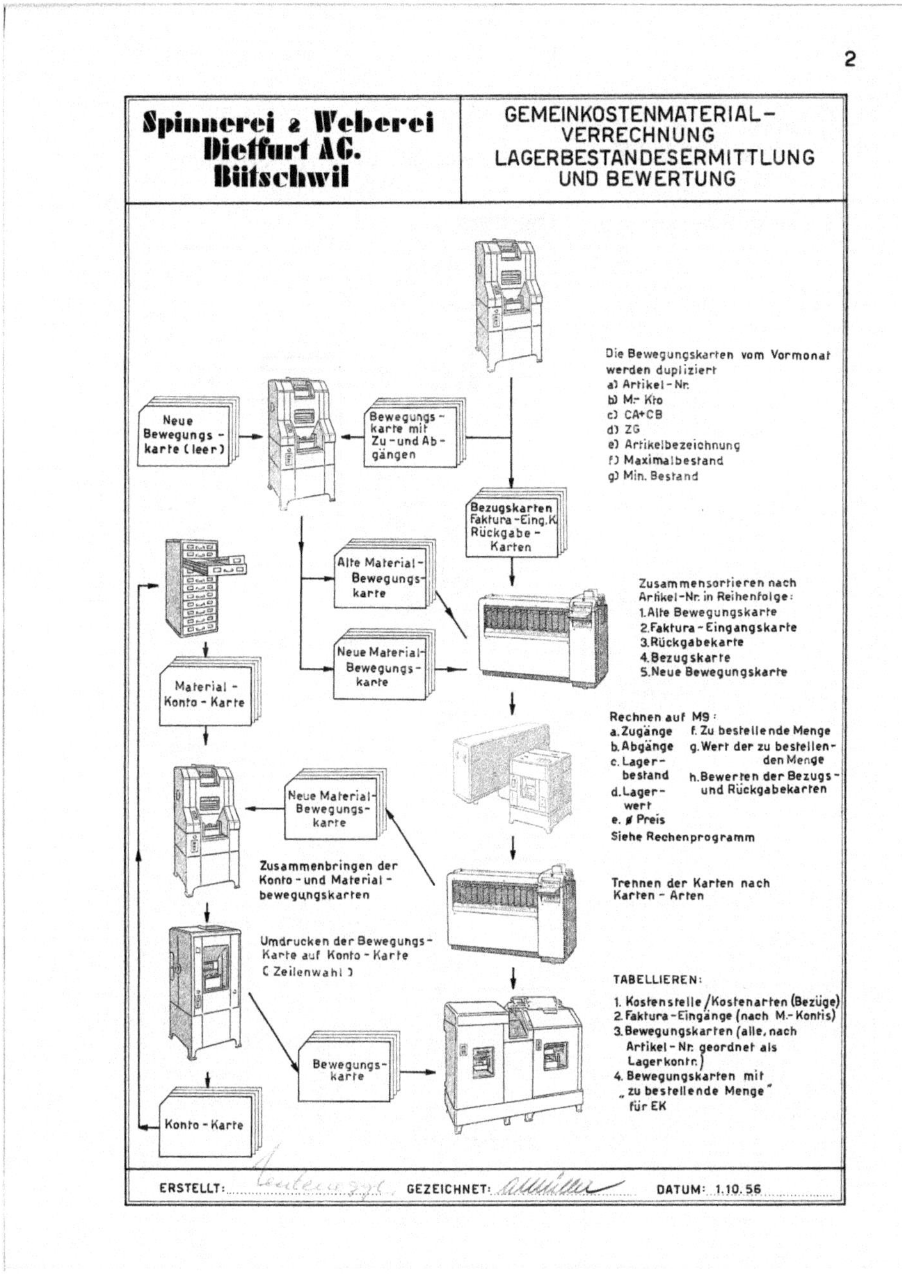

Abb. 9.32 *Lagerverwaltung im Toggenburger Textilunternehmen: Die M9 (rechte Spalte, drittunterste Gerätegruppe) im Zusammenspiel mit verschiedenen Lochkartengeräten: Lochkartendoppler, Lochkartenmischer, Sortiermaschine und Tabelliermaschine (Drucker). Handgefertigter Original-Arbeitsablaufplan vom 1. Oktober 1956. © Max Forrer, Oberhelfenschwil*

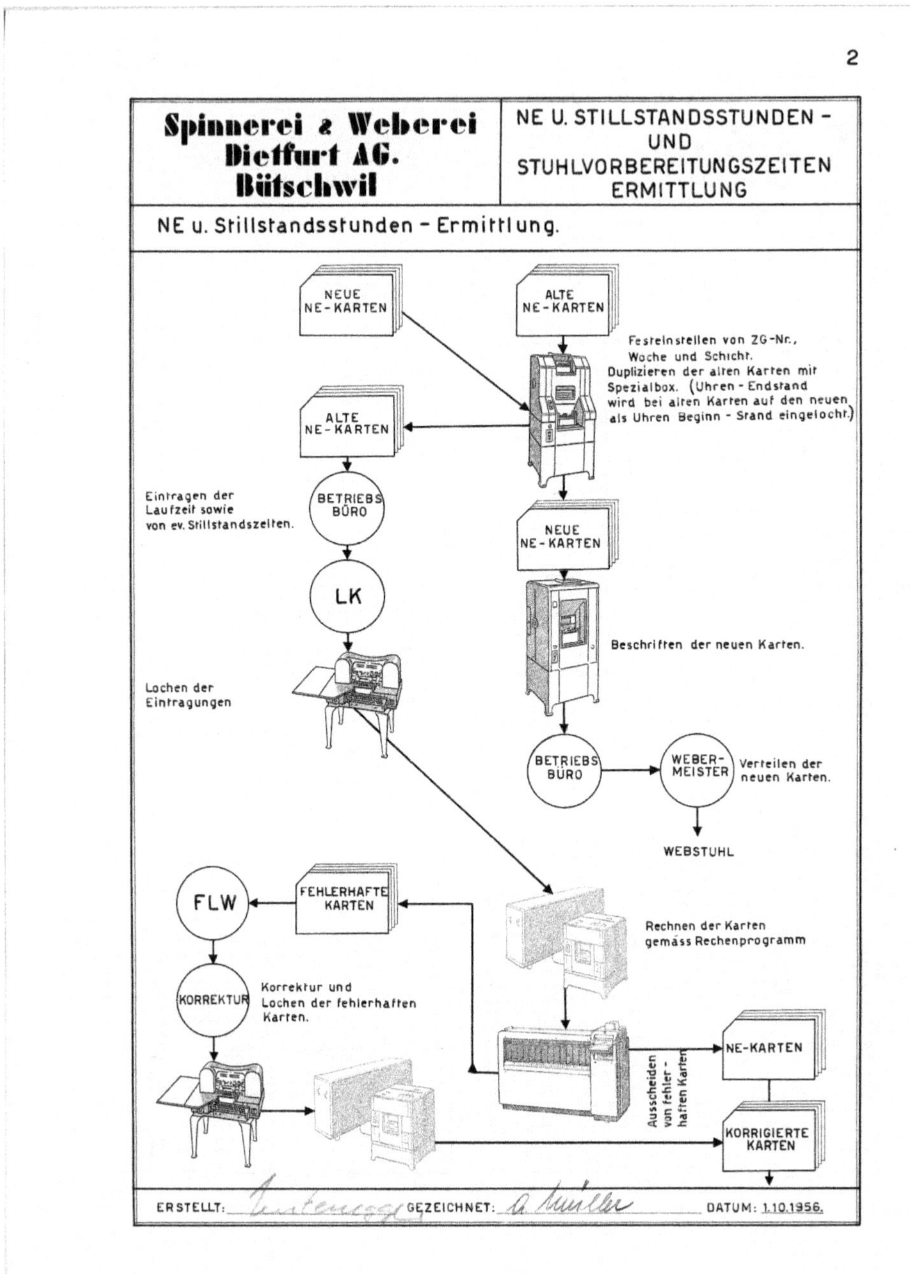

Abb. 9.33 Ermittlung von Nutzeffekt (NE), Stillstandszeit und Dauer der Webstuhlvorbereitung. M9 (Relaisschrank und Untergestell, links unten sowie zweitunterste Gerätegruppe rechts) im Zusammenspiel mit Kartenlocher, Kartendoppler und Kartensortierer. Handgefertigter Original-Arbeitsablaufplan vom 1. Oktober 1956. © Max Forrer, Oberhelfenschwil

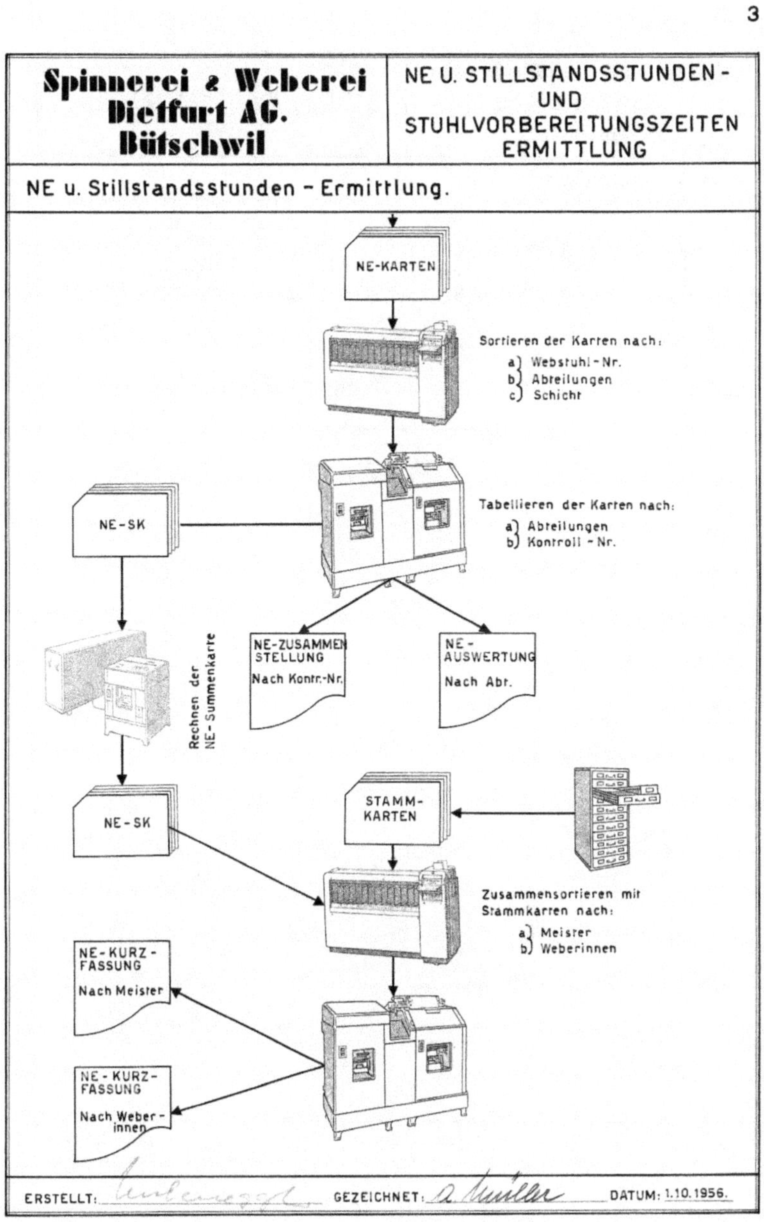

Abb. 9.34 M9 (linke Spalte, oben) im Verbund mit einer Sortiermaschine und einer Tabelliermaschine (Drucker). Entscheidend für den Arbeitsablauf war das einwandfreie Zusammenwirken aller Geräte. NE = Nutzeffekt, Stuhl = Webstuhl. Handgefertigter Original-Arbeitsablaufplan vom 1. Oktober 1956. © Max Forrer, Oberhelfenschwil

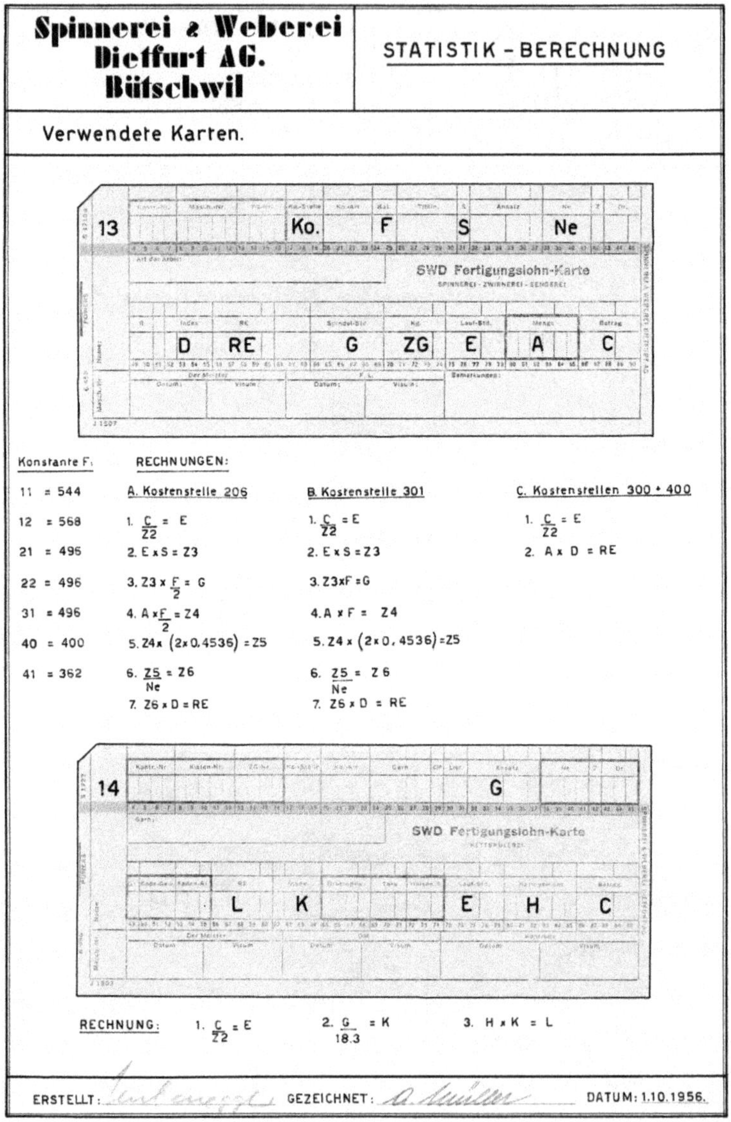

3

Spinnerei & Weberei Dietfurt AG. Bütschwil

STATISTIK - BERECHNUNG

Verwendete Karten.

13 Ko. F S Ne

SWD Fertigungslohn-Karte

D RE G ZG E A C

Konstante F:

11 = 544

12 = 568

21 = 496

22 = 496

31 = 496

40 = 400

41 = 362

RECHNUNGEN:

A. Kostenstelle 206

1. $\frac{C}{Z2} = E$
2. $E \times S = Z3$
3. $Z3 \times \frac{F}{2} = G$
4. $A \times \frac{F}{2} = Z4$
5. $Z4 \times (2 \times 0{,}4536) = Z5$
6. $\frac{Z5}{Ne} = Z6$
7. $Z6 \times D = RE$

B. Kostenstelle 301

1. $\frac{C}{Z2} = E$
2. $E \times S = Z3$
3. $Z3 \times F = G$
4. $A \times F = Z4$
5. $Z4 \times (2 \times 0{,}4536) = Z5$
6. $\frac{Z5}{Ne} = Z6$
7. $Z6 \times D = RE$

C. Kostenstellen 300 + 400

1. $\frac{C}{Z2} = E$
2. $A \times D = RE$

14 G

SWD Fertigungslohn-Karte

L K E H C

RECHNUNG: 1. $\frac{C}{Z2} = E$ 2. $\frac{G}{18.3} = K$ 3. $H \times K = L$

ERSTELLT: [handschriftlich] GEZEICHNET: A. Müller DATUM: 1.10.1956.

Abb. 9.35 Statistische Berechnung. Für die Eingabe von Daten und die Zwischenspeicherung von Ergebnissen wurden Lochkarten (Datenträger aus Karton) verwendet. Bei Remington Rand hatten sie 90 Lochspalten. Auf einer Lochkarte konnten somit jeweils 90 Ziffern, Buchstaben oder Sonderzeichen dargestellt werden. In Dietfurt wurden etwa 100 verschiedene Lochkarten verwendet. Die Abbildung zeigt, wie die M9 gerechnet hat. SWD = Spinnerei & Weberei Dietfurt. Handgefertigte Originalzeichnung vom 1. Oktober 1956. © Max Forrer, Oberhelfenschwil

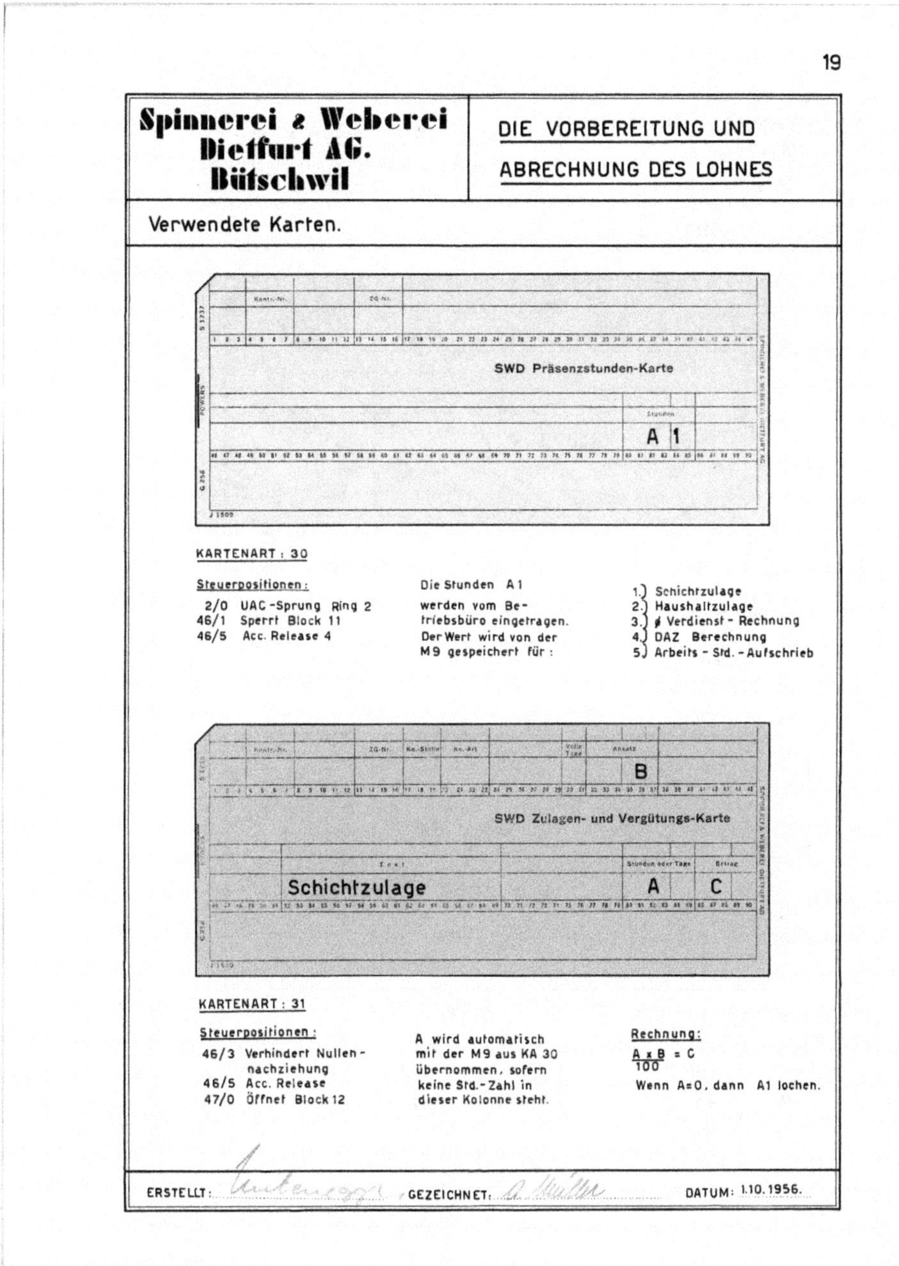

19

Spinnerei & Weberei Dietfurt AG. Bütschwil

DIE VORBEREITUNG UND ABRECHNUNG DES LOHNES

Verwendete Karten.

KARTENART : 30

Steuerpositionen:

2/0 UAC-Sprung Ring 2
46/1 Sperrt Block 11
46/5 Acc. Release 4

Die Stunden A 1 werden vom Betriebsbüro eingetragen. Der Wert wird von der M9 gespeichert für:

1.) Schichtzulage
2.) Haushaltzulage
3.) ∅ Verdienst-Rechnung
4.) DAZ Berechnung
5.) Arbeits-Std.-Aufschrieb

KARTENART : 31

Steuerpositionen:

46/3 Verhindert Nullennachziehung
46/5 Acc. Release
47/0 Öffnet Block 12

A wird automatisch mit der M9 aus KA 30 übernommen, sofern keine Std.-Zahl in dieser Kolonne steht.

Rechnung:

$\frac{A \times B}{100} = C$

Wenn A=0, dann A1 lochen.

ERSTELLT: … GEZEICHNET: … DATUM: 1.10.1956.

Abb. 9.36 *Lohnabrechnung: Karten für Präsenzzeit und Schichtzulage. Die linke obere Ecke der Karte ist abgeschnitten, damit falsch eingelegte Karten in einem Stapel sofort erkennbar sind. SWD = Spinnerei & Weberei Dietfurt, DAZ = Dienstalterszulage. Handgefertigte Originalzeichnung vom 1. Oktober 1956.© Max Forrer, Oberhelfenschwil*

23

Spinnerei & Weberei Dietfurt AG. Bütschwil	DIE VORBEREITUNG UND ABRECHNUNG DES LOHNES

Verwendete Karten.

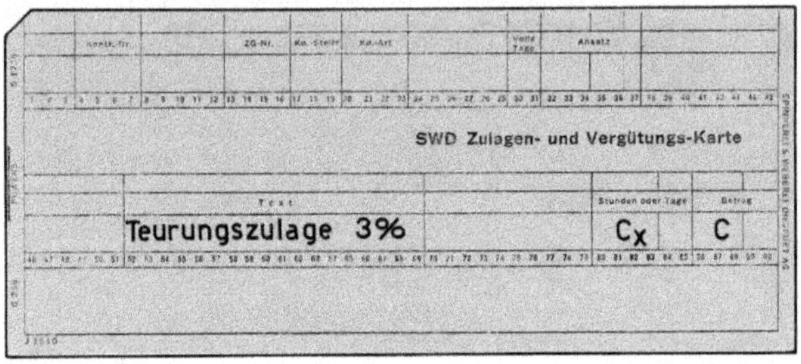

KARTENART: 38

Steuerpositionen:

46/1 Sperrt Block 11
46/3 Verh. Nullennachzhg.
46/5 Acc. Release 4
47/0 Öffnet Block 12
47/1 UAC-Sprung
47/9 Öffnet Block 2

Die 3% TZ werden von der M9 auf die Beträge der KA 11-15 und 2 gerechnet und abgesetzt.

Cx ist die gleiche Σ wie C, sie wird für eine Ø Verdienst-Rechnung in das Werk von „HZ+KZ" gebracht.

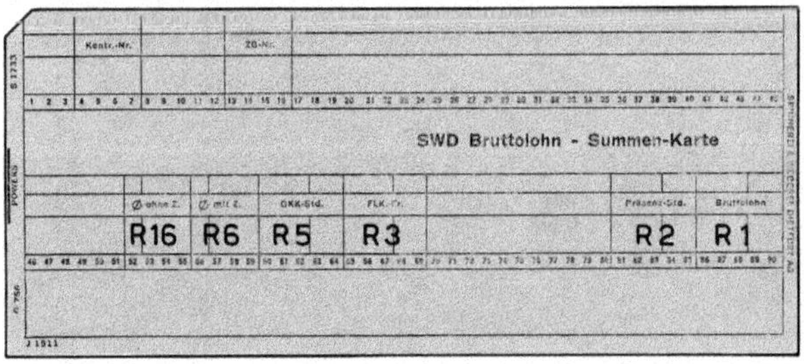

KARTENART: 4

Steuerpositionen:

46/1 Sperrt Block 11
46/5 Acc. Release 4
47/3 Sperrt Block 9+10
Öffnet Block 3
47/5 Tripple Space

Rechnung:

$\frac{R\ 15}{R\ 2}$ = R 16 (R15 = ΣC aus KA 11-15)

$\frac{R\ 1}{\Sigma M}$ = R 6 (ΣM = ΣA ex KA 30, 35, 36)

R1 = Σ aller C
R2 = A1 ex KA 30
R5 = ΣK ex KA 15+2
R3 = ΣC ex KA 11-14

ERSTELLT: Lenteneggers GEZEICHNET: R. Müller DATUM: 1.10.1956.

Abb. 9.37 *Lohnabrechnung. Karten für Teuerungszulage und Bruttolohn. Es gibt weitere Karten für Überzeitzulage, Haushaltzulage, Kinderzulage, Ferien, Feiertage und Dienstalterszulage. SWD = Spinnerei & Weberei Dietfurt. Handgefertigte Originalzeichnung vom 1. Oktober 1956. © Max Forrer, Oberhelfenschwil*

10 Quellen- und Schriftenverzeichnis

Gedruckte Schriften

Agar, Jon: Turing and the universal machine. The making of the modern computer, Icon Books, Cambridge 2001, 153 Seiten

Agar, Jon: The government machine. A revolutionary history of the computer, MIT Press, Cambridge, Massachusetts 2003, 554 Seiten

Alex, Jürgen: Wege und Irrwege des Konrad Zuse, in: Spektrum der Wissenschaft, Januar 1997, Heft 1, Seiten 78–90

Alex, Jürgen: Zur Entstehung des Computers. Von Alfred Tarski zu Konrad Zuse. Zum Einfluss elementarer Sätze der mathematischen Logik bei Alfred Tarski auf die Entstehung der drei Computerkonzepte des Konrad Zuse. Technikgeschichte in Einzeldarstellungen, VDI-Verlag, Düsseldorf 2007, XV, 377 Seiten

Alex, Jürgen; Flessner, Hermann; Mons, Wilhelm; Pauli, Kurt; Zuse, Horst: Konrad Zuse. Der Vater des Computers, Verlag Parzeller, Fulda 2000, 263 Seiten

Aloisio, Mario: The calculation of Easter day, and the origin of the word computer, in: IEEE Annals of the History of Computing, Band 26, 2004, Heft 3, Seiten 42–49

Alt, Franz L.: Electronic digital computers. Their use in science and engineering, Academic Press, New York, London 1958, X, 336 Seiten

Aspray, William: History of the stored program concept, in: Annals of the History of Computing, Band 4, 1982, Heft 4, Seiten 359–361

Aspray, William: International diffusion of computer technology, 1945–1955, in: Annals of the History of Computing, Band 8, 1986, Heft 4, Seiten 351–360

Aspray, William: An annotated bibliography of secondary sources on the history of software, in: Annals of the History of Computing, Band 9, 1987, Heft 3/4, Seiten 291–342

Aspray, William: John von Neumann's contributions to computing and computer science, in: Annals of the History of Computing, Band 11, 1989, Heft 3, Seiten 189–195

Aspray, William: John von Neumann and the origins of modern computing, MIT Press, Cambridge, Massachusetts, London 1992, XVII, 376 Seiten

Aspray, William: Was early entry a competitive advantage? US universities that entered computing in the 1940s, in: IEEE Annals of the History of Computing, Band 22, 2000, Heft 3, Seiten 42–87

Aspray, William (Hrsg.): Computing before computers, Iowa State University Press, Ames, Iowa 1990, X, 266 Seiten

Aspray, William; Burks, Arthur Walter (Hrsg.): Papers of John von Neumann on computing and computer theory, MIT Press, Cambridge, Massachusetts, London 1987, XVIII, 624 Seiten

Atanasoff, John Vincent: Advent of electronic digital computing, in: Annals of the History of Computing, Band 6, 1984, Heft 3, Seiten 229–282

Augarten, Stan: Bit by bit. An illustrated history of computers, George Allen & Unwin, London, Boston, Sidney 1985, 324 Seiten

Austrian, Geoffrey, D.: Herman Hollerith. Forgotten giant of information processing, Columbia University Press, New York 1982, XVII, 418 Seiten

Babbage, Charles: Passages from the life of a philosopher, Martin Campbell-Kelly (Hrsg.), Rutgers University Press, New Brunswick, New Jersey/IEEE Press, Piscataway, New Jersey 1994, 383 Seiten (Kapitel: On the analytical machine, Seiten 85–106)

Babbage, Charles: Passagen aus einem Philosophenleben, Kadmos-Verlag, Berlin 1997, XIII, 344 Seiten

Babbage, Henry Prevost: Babbage's calculating machines, Tomash Publishers, Los Angeles, San Francisco 1982, XIX, 342 Seiten, Anhang

Backus, John: The history of Fortran 1, 2, and 3, in: IEEE Annals of the History of Computing, Band 20, 1998, Heft 4, Seiten 68–78

Bashe, Charles J.; Johnson, Lyle R.; Palmer, John H.; Pugh, Emerson W.: IBM's early computers, MIT Press, Cambridge, Massachusetts, London 1986, XVIII, 717 Seiten

Bauer, Friedrich Ludwig: Between Zuse and Rutishauser. The early development of digital computing in Central Europe, Technische Universität München, Institut für Informatik, Bericht Nr. 7629, 1976, 41 Seiten

Bauer, Friedrich Ludwig: A computer pioneer's talk. Pioneering work in software during the 50s in Central Europe, in: Ulf Hashagen, Reinhard Keil-Slawik, Arthur L. Norberg (Hrsg.): History of computing: software issues, Springer, Berlin, Heidelberg, New York 2002, Seiten 11–22

Bauer, Friedrich Ludwig: Informatik. Führer durch die Ausstellung. Deutsches Museum, München 2004, 235 Seiten

Bauer, Friedrich Ludwig: Die Algol-Verschwörung, in: Hans Dieter Hellige (Hrsg.): Geschichten der Informatik. Visionen, Paradigmen, Leitmotive, Springer-Verlag, Berlin, Heidelberg 2004, Seiten 237–254

Bauer, Friedrich Ludwig: Kurze Geschichte der Informatik, Wilhelm Fink-Verlag, München 2007, VIII, 131 Seiten

Bauer, Friedrich Ludwig: Historische Notizen zur Informatik, Springer-Verlag, Berlin, Heidelberg 2009, X, 454 Seiten

Bauer, Friedrich Ludwig: Wer erfand den Von-Neumann-Rechner, in: Friedrich Ludwig Bauer: Historische Notizen zur Informatik, Springer-Verlag, Berlin, Heidelberg 2009, Seiten 134–143

Bauer, Friedrich Ludwig: Origins and foundations of computing, Springer-Verlag, Berlin, Heidelberg 2010, VIII, 142 Seiten

Bauer, Friedrich Ludwig: My years with Rutishauser, in: Informatik-Spektrum, 2011, Heft 5, Seiten 514–518 (Springer-Verlag, Heidelberg)

Bauer, Friedrich Ludwig; Heinhold, Josef; Samelson, Klaus; Sauer, Robert: Moderne Rechenanlagen. Eine Einführung, B.G. Teubner Verlagsgesellschaft, Stuttgart 1964, 357 Seiten (Leitfäden der angewandten Mathematik und Mechanik, Band 5)

Bauer, Friedrich Ludwig; Wössner, Herbert: Zuses „Plankalkül", ein Vorläufer der Programmiersprachen – gesehen vom Jahre 1972, in: Elektronische Rechenanlagen, Band 14, Juni 1972, Heft 3, Seiten 111–118

Berkeley, Edmund Callis: Giant brains or machines that think, John Wiley, New York/Chapman & Hall, London 1950, XVI, 270 Seiten

Berkholz, Stefan: Tüfteln für den Endsieg, in: Die Zeit, Nr. 25, 17. Juni 2010, Seite 36

Berlinski, David: The advent of the algorithm. The idea that rules the world, Harcourt, New York, San Diego, London 2000, XIX, 345 Seiten

Bernays, Paul: Brief an Alan Turing vom 24. September 1937, Archiv des Kings College der Universität Cambridge, 3 Seiten

Bernstein, Jeremy: The analytical engine. Computers – past, present and future, Secker & Warburg, London 1965, 127 Seiten

Berry, Jean R.: Clifford Edward Berry, 1918–1963: His role in early computers, in: Annals of the History of Computing, Band 8, 1986, Heft 4, Seiten 361–369

Betschon, Stefan: Als die Computer rattern lernten. Konrad Zuse, Erfinder des Computers, wurde vor 100 Jahren geboren, in: Neue Zürcher Zeitung, Nr. 136, 16. Juni 2010, Seite 61 (Forschung und Technik)

Betschon, Stefan: Zuse in Zürich. Zeitgenossen erinnern sich, in: Neue Zürcher Zeitung, Nr. 142, 23. Juni 2010, Seite 63 (Forschung und Technik)

Beyer, Kurt: Grace Hopper and the invention of the information age, MIT Press, Cambridge, Massachusetts, London 2009, XIII, 389 Seiten

Billing, Heinz: Numerische Rechenmaschine mit Magnetophonspeicher, in: Zeitschrift für angewandte Mathematik und Mechanik, Band 29, Januar/Februar 1949, Nr. 1/2, Seiten 38–42 (Akademie-Verlag, Berlin)

Billing, Heinz: Die Göttinger Rechenmaschinen G1, G2 und G3. Aus den Kindertagen der Computer/Ein Pionier erinnert sich an die Anfänge der Entwicklung, in: MPG-Spiegel, Nr. 4, 1982, Seiten 41–49 (Max-Planck-Gesellschaft, Müchen)

Böhm, Corrado: Calculatrices digitales du déchiffrage de formules logico-mathématiques par la machine même dans la conception du programme, Dissertation, ETH Zürich 1954, 51 Seiten

Booth, Andrew D.: Automation and computing, MacMillan, New York 1959, 158 Seiten

Booth, Andrew D.: Andrew D. Booth, an autobiographical sketch, in: Annals of the History of Computing, Band 19, 1997, Heft 4, Seiten 57–63

Booth, Andrew D.; Booth, Kathleen H.V.: Automatic digital calculators, Butterworths, London 1965, 3. Auflage, XI, 263 Seiten

Bowden, B.V. (Hrsg.): Faster than thought. A symposium on digital computing machines, Pitman Publishing, London 1953, Nachdruck 1971, XIX, 416 Seiten

Bowker, Geof; Giordano, Richard: Interview with Tom Kilburn, in: IEEE Annals of the History of Computing, Band 25, 1993, Heft 3, Seiten 17–32

Bozzo, Massimo: La grande storia del computer. Dall'abaco all'intelligenza artificiale, Edizioni Dedalo, Bari 1996, 281 Seiten

Breton, Philippe: Histoire de l'informatique, Editions La Découverte, Paris 1987, 239 Seiten

Bromley, Allan G.: The evolution of Babbage's calculating engines, in: Annals of the History of Computing, Band 9, 1987, Heft 2, Seiten 113–136

Bromley, Allan G.: Charles Babbage's analytical engine, 1833, in: IEEE Annals of the History of Computing, Band 20, 1998, Heft 4, Seiten 29–45

Bruderer, Herbert: Zuses legendäre Rechenmaschine, in: Tages-Anzeiger, Nr. 141, 22. Juni 2010, Seite 46 (Wissen)

Bruderer, Herbert: Bill Gates der Kriegszeit, in: St. Galler Tagblatt, Nr. 144, 24. Juni 2010, Seite 10 (Focus)

Bruderer, Herbert: Zuses Rechner an der ETH Zürich. Zürich besass dank Z4 ein Nachtleben, in: Zentralschweiz am Sonntag, Nr. 26, 27. Juni 2010, Seite 53

Bruderer, Herbert: Konrad Zuse und die ETH Zürich, in: Swiss IT Magazine, Nr. 7/8, Juli/August 2010, Seiten 28–29

Bruderer, Herbert: Vor 100 Jahren, in: Switch Journal, Oktober 2010, Seite 49

Bruderer, Herbert: Innovative Investitionen. Aus Zürich stammt einer der ersten in Serie gefertigten Computer, in: Neue Zürcher Zeitung, Nr. 281, 2. Dezember 2010, Seite 62 (Mobil/Digital)

Bruderer, Herbert: Innovative Investitionen. Aus Zürich stammt einer der ersten in Serie gefertigten Computer, in: NZZ online, 2. Dezember 2010

Bruderer, Herbert: Konrad Zuse und die ETH Zürich. Zum 100. Geburtstag des Informatikpioniers Konrad Zuse (22. Juni 2010). Departement Informatik, Professur für Informationstechnologie und Ausbildung. Technischer Bericht Nr. 705, ETH Zürich, Departement Informatik, Zürich, 1. Auflage 2010, 25 Seiten

Bruderer, Herbert: Konrad Zuse und die ETH Zürich. Zum 100. Geburtstag des Informatikpioniers Konrad Zuse (22. Juni 2010). Departement Informatik, Professur für Informationstechnologie und Ausbildung. Festschrift, ETH Zürich, 2., verbesserte und stark erweiterte Auflage 2011, 40 Seiten

Bruderer, Herbert: Konrad Zuse und die Schweiz. Relaisrechner Z4 an der ETH Zürich. Rechenlocher M9 für die Schweizer Remington Rand. Eigenbau des Röhrenrechners ERMETH. Zeitzeugenbericht zur Z4. Unbekannte Dokumente zur M9. Ein Beitrag zu den Anfängen der Schweizer Informatikgeschichte. Departement Informatik, Professur für Informationstechnologie und Ausbildung, ETH Zürich, 1. Auflage 2011, 92 Seiten

Bruderer, Herbert: Was gibt es für Zeitzeugen des Relaisrechners Z4 von Konrad Zuse und des Röhrenrechners ERMETH?, in: http://e-collection.ethbib.ethz.ch

Bruderer, Herbert: Wofür wurde der Relaisrechner Z4 von Konrad Zuse an der ETH Zürich verwendet?, in: http://e-collection.ethbib.ethz.ch

Bruderer, Herbert: ETH Zürich entdeckt weltweit einzigartige Zuse-Rechenmaschine, in: Swiss IT Magazine, Nr. 7/8, Juli/August 2011, Seiten 24–25

Bruderer, Herbert: Rechenmaschine M9. Einzigartige Fotos zu historischem Computer entdeckt, in: Der Standard.at. Wissenschaft/Technik, 5. Juli 2011, http://derstandard.at/130868 0507327/ Rechenmaschine-M9-Einzigartige-Fotos-zu-historischem-Computer-entdeckt

Bruderer, Herbert: Einzigartige Funde gemacht. Bütschwil. Unbekannte Fotos und Schriftstücke zur Zuse-Rechenmaschine M9, in: Toggenburger Zeitung, Ausgabe 27, 6. Juli 2011, Seite 24

Bruderer Herbert: Einzigartige Funde zur Computergeschichte, in: Alttoggenburger, 9. Juli 2011, Seite 5

Bruderer, Herbert: Geheimnis der Beschaffung der Zusemaschine Z4 gelüftet, in: ICT-Kommunikation, 7. November 2011 (elektronische Ausgabe)

Bruderer, Herbert: Verhalf eine unscheinbare Fussnote der ETH Zürich zu Weltruhm?, in: IT Business, Nr. 5, 2011, Seiten 29–31

Bruderer, Herbert: Wiederentdeckt! Cora, der erste in der Schweiz gebaute Transistorrechner, in: Online PC, 22. November 2011 (elektronische Ausgabe)

Bruderer, Herbert: Ein Transistorrechner für Kataster, Karten und Koordinaten, in: Tages-Anzeiger, Nr. 273, 23. November 2011, Seite 36 (Wissen)

Bruderer, Herbert: Ein Transistor-Rechner für Kataster, Karten und Koordinaten, in: Der Bund, 23. November 2011, Seite 33 (Wissen)

Bruderer, Herbert: Hat Alan Turing 1947 in Göttingen Konrad Zuse verhört?, in: ICT-Kommunikation, Nr. 11/12, 2011, Seiten 44–46

Bruderer, Herbert: Fussnote brachte Z4 an die ETH Zürich, in: Swiss IT Magazine, Nr. 12, Dezember 2011, Seiten 35–36

Bruderer, Herbert: Konrad Zuse und die ETH Zürich, in: Informatik-Spektrum, 2011, Heft 6, Seiten 565–576 (Springer-Verlag, Heidelberg)

Bruderer, Herbert: Zuse-Rechenmaschine M9 in der Schweiz, in: Log in. Informatische Bildung und Computer in der Schule, 2011, Nr. 169/170, Seiten 62–64 (Log in-Verlag, Berlin)

Bruderer, Herbert: Cora, der erste in der Schweiz gebaute Transistorrechner, in: Swiss IT Magazine, Nr. 1/2, Januar/Februar 2012

Bruderer, Herbert: Konrad Zuse und die Schweiz. Wer hat den Computer erfunden? Charles Babbage, Alan Turing und John von Neumann. Frühgeschichte der Informatik. Bibliografie zur weltweiten Informatikgeschichte. Relaisrechner Zuse Z4 an der ETH Zürich. Zuse-Rechenlocher M9 für die Schweizer Remington Rand. Zeitzeugenbericht zur Z4. Verzeichnis der Zeitzeugen und der Arbeiten mit der Z4. Röhrenrechner ERMETH und Transistorrechner Cora, Oldenbourg-Verlag, München 2012

Buck, George H.; Hunka, Stephen M.: W. Stanley Jevons, Allan Marquand, and the origins of digital computing, in: IEEE Annals of the History of Computing, Band 21, 1999, Heft 4, Seiten 21–27

Bülow, Ralf: Three inventors – scenes from early German computing history, in: Annals of the History of Computing, Band 12, 1990, Heft 2, Seiten 109–126

Burks, Alice Row: Who invented the computer? The legal battle that changed computing history, Prometheus Books, Amherst, New York 2003, 463 Seiten

Burks, Alice Row; Burks, Arthur Walter: The first electronic computer. The Atanasoff story, The University of Michigan Press, Ann Arbor 1988, XII, 387 Seiten

Burks, Arthur Walter; Goldstine, Herman Heine; von Neumann, John: Preliminary discussion of the logical design of an electronic computing instrument, The Institute for Advanced Study, Princeton 1947,V, 42 Seiten

Burks, Arthur Walter; Burks, Alice Row: The ENIAC. First general-purpose electronic computer, in: Annals of the History of Computing, Band 3, 1981, Heft 4, Seiten 310–399

Burton, Christopher, P.: Replicating the Manchester baby: Motives, methods, and messages from the past, in: IEEE Annals of the History of Computing, Band 27, 2005, Heft 3, Seiten 44–60

Caminer, David Treshman: Behind the curtain at Leo: A personal reminiscence, in: IEEE Annals of the History of Computing, Band 25, 2003, Heft 2, Seiten 3–13

Campbell-Kelly, Martin: Programming the Pilot ACE. Early programming activity at the National Physical Laboratory, in: Annals of the History of Computing, Band 3, 1981, Heft 2, Seiten 133–162

Campbell-Kelly, Martin: ICL. A business and technical history, Clarendon Press, Oxford 1989, XII, 409 Seiten

Campbell-Kelly, Martin: Programming the EDSAC: Early programming activity at the University of Cambridge, in: IEEE Annals of the History of Computing, Band 20, 1998, Heft 4, Seiten 47–69

Campbell-Kelly, Martin; Aspray, William: Computer. A history of the information machine, Westview Press, Boulder, Colorado, 2. Auflage 2004, XVIII, 325 Seiten

Campbell-Kelly, Martin; Williams, Michael Roy (Hrsg.): The Moore School lectures. Theory and techniques for design of electronic digital computers (held at the Moore School of Electrical Engineering of the University of Pennsylvania during July and August 1946), MIT Press, Cambridge, Massachusetts, London/Tomash Publishers, Los Angeles, San Francisco 1985, XXXIV, 568 Seiten

Campbell-Kelly, Martin: The history of the history of software, in: IEEE Annals of the History of Computing, Band 29, 2007, Heft 4, Seiten 40–51

Carpenter, B. E.; Doran, R. W. (Hrsg.): A. M. Turing's ACE report of 1946 and other papers, MIT Press, Cambridge, Massachusetts, London 1986, III, 140 Seiten

Ceruzzi, Paul E.: The early computers of Konrad Zuse, 1935 to 1945, in: Annals of the History of Computing, Band 3, 1981, Heft 3, Seiten 241–262

Ceruzzi, Paul E.: Reckoners. The prehistory of the digital computer, from relays to the stored program concept, 1935–1945, Greenwood Press, Westport, Connecticut, London 1983, XII, 182 Seiten

Ceruzzi, Paul E.: Electronics technology and computer science, 1940–1975: A coevolution, in: Annals of the History of Computing, Band 10, 1989, Heft 4, Seiten 257–275

Ceruzzi, Paul E.: Crossing the divide. Architectural issues and the emergence of the stored program computer, 1935–1955, in: IEEE Annals of the History of Computing, Band 19, 1997, Heft 1, Seiten 5–12

Ceruzzi, Paul E.: A history of modern computing, MIT Press, Cambridge, Massachusetts, London, 2. Auflage 2003, XII, 445 Seiten

Ceruzzi, Paul E.: Eine kleine Geschichte der EDV, MITP-Verlag, Bonn 2003, 411 Seiten

Chandler, W.W.: The installation and maintenance of Colossus, in: Annals of the History of Computing, Band 5, 1983, Heft 3, Seiten 260–262

Chroust, Gerhard; Zemanek, Heinz (Hrsg.): Die Geschichte der Datenverarbeitung. Bibliographie zur Geschichtswand, R. Oldenbourg Verlag, Wien, München 1995, XVI, 101 Seiten

Cohen, I. Bernard: Babbage and Aiken, in: Annals of the History of Computing, Band 10, 1988, Heft 3, Seiten 171–193

Cohen, I. Bernard: Howard Aiken. Portrait of a computer pioneer, MIT Press, Cambridge, Massachusetts 2000, XVIII, 329 Seiten (Kapitel 8: Aiken's background in computing and knowledge of Babbage' machines, Seiten 61–72)

Colloques internationaux du Centre National de la Recherche Scientifique, Nr. 37 (Les machines à calculer et la pensée humaine, Paris, 8-13 janvier 1951), Editions du CNRS, Paris 1953, XIX, 570 Seiten

Computation Laboratory: A manual of operation for the automatic sequence controlled calculator, Harvard University Press, Cambridge, Massachusetts 1946/MIT Press, Cambridge, Massachusetts, London/Tomash Publishers, Los Angeles, San Francisco 1985, XLVI, 561 Seiten (Hubert Arnold, Richard M. Bloch, Robert V. D. Campbell, Grace Murray Hopper)

Conradi, Walter: Computerwelten. Vom Abakus zum Avatar. Sonderausstellung. Siemens-Forum, München 2002, 73 Seiten

Contraves: Die Cora-Story, in: Contact, Hausmitteilungen der Contraves AG, Zürich, Nr. 7/1972, Seiten 8–9

Coombs, Allen W. M.: The making of Colossus, in: Annals of the History of Computing, Band 5, 1983, Heft 3, Seiten 253–259

Copeland, B. Jack: Colossus: Its origins and originators, in: IEEE Annals of the History of Computing, Band 26, 2004, Heft 4, Seiten 38–45

Copeland, B. Jack (Hrsg.): The essential Turing. Seminal writings in computing, logic, philosophy, artificial intelligence, and artificial life, plus the secrets of Enigma, Clarendon Press, Oxford 2004, VIII, 613 Seiten

Copeland, B. Jack (Hrsg.): Alan Turing's automatic computing engine. The master codebreaker's struggle to build the modern computer, Oxford University Press, Oxford 2005, XXII, 553 Seiten

Copeland, B. Jack (Hrsg.): Colossus. The secrets of Bletchley Park's codebreaking computers, Oxford University Press, Oxford 2006, XVI, 462 Seiten

Copeland, B. Jack: The Manchester computer: A revised history. Part 1: The memory, in: IEEE Annals of the History of Computing, Band 33, 2011, Heft 1, Seiten 4–21

Copeland, B. Jack: The Manchester computer: A revised history. Part 2: The baby computer, in: IEEE Annals of the History of Computing, Band 33, 2011, Heft 1, Seiten 23–37

Cortada, James W.: An annotated bibliography on the history of data processing, Greenwood Press, Westport, Connecticut, London 1983, XLII, 215 Seiten

Cortada, James W.: Historical dictionary of data processing. Bibliographies, Greenwood Press, New York, Westport, Connecticut, London 1987, XIII, 321 Seiten

Cortada, James W.: Historical dictionary of data processing. Organizations, Greenwood Press, New York, Westport, Connecticut, London 1987, X, 309 Seiten

Cortada, James W.: Historical dictionary of data processing. Technology, Greenwood Press, New York, Westport, Connecticut, London 1987, XIII, 416 Seiten

Cortada, James W.: Before the computer: IBM, NCR, Burroughs, and Remington Rand and the industry they created, 1865–1956, Princeton University Press, Princeton, New Jersey 1993, XXI, 344 Seiten

Cortada, James W.: The computer in the United States. From laboratory to market, 1930 to 1960, Sharpe, Armonk, New York, London 1993, XIX, 183 Seiten

Cortada, James W.: Commercial applications of the digital computer in American corporations, 1945–1955, in: IEEE Annals of the History of Computing, Band 18, 1996, Heft 2, Seiten 18–29

Cortada, James W.: A bibliographic guide to the history of computer applications, 1950–1990, Greenwood Press, Westport, Connecticut, London 1996, XVIIII, 279 Seiten

Cortada, James W.: Second bibliographic guide to the history of computing, computers and the information processing industry, Greenwood Press, Westport, Conecticut, London 1996, VIII, 417 Seiten

Cortada, James W.: The ENIAC's influence on business computing, 1940s–1950s, in: IEEE Annals of the History of Computing, Band 28, 2006, Heft 2, Seiten 26–28

Costello, John: As the twig is bent: The early life of John Mauchly, in: IEEE Annals of the History of Computing, Band 18, 1996, Heft 1, Seiten 45–50

Cremer, Hubert (Hrsg.): Probleme der Entwicklung programmgesteuerter Rechengeräte und Integrieranlagen, Mathematisches Institut, Aachen 1953, XIII, 85 Seiten (mit Beitrag von Konrad Zuse)

Croarken, Mary G.: Early scientific computing in Britain, Oxford University Press 1990, 160 Seiten

Croarken, Mary G.: The emergence of computing science research and teaching at Cambridge, 1936–1949, in: IEEE Annals of the History of Computing, Band 14, 1992, Heft 4, Seiten 10–15

Croarken, Mary G.: The beginnings of the Manchester computer phenomenon, in: IEEE Annals of the History of Computing, Band 15, 1993, Heft 3, Seiten 9–16

Czauderna, Karl-Heinz: Konrad Zuse, der Weg zu seinem Computer Z3, R. Oldenbourg-Verlag, München, Wien 1979, 105 Seiten

Davis, Martin: The universal computer. The road from Leibniz to Turing, W.W. Norton, New York, London 2000, XII, 257 Seiten

Davis, Martin: Engines of logic. Mathematicians and the origin of the computer, W.W. Norton, New York, London 2001, XII, 257 Seiten

de Beauclair, Wilfried: Konrad Zuse – sein Beitrag zur Entwicklung programmgesteuerter Rechenanlagen, in: Zuse KG: Zuse. 25 Jahre Entwicklung programmgesteuerter Rechenanlagen, Bad Hersfeld, 1961, Seiten 4–21 (Hrsg.: Presseabteilung)

de Beauclair, Wilfried: Allgemeine Grundlagen. Geschichtliche Entwicklung, in: Karl Steinbuch (Hrsg.): Taschenbuch der Nachrichtenverarbeitung, Springer-Verlag, Berlin, Heidelberg, New York, 2., überarbeitete Auflage 1967, Seiten 1–39

de Beauclair, Wilfried: Alwin Walther, IPM, and the calculator/computer technology in Germany, 1930–1945, in: Annals of the History of Computing, Band 8, 1986, Heft 4, Seiten 334–350

de Beauclair, Wilfried: Rechnen mit Maschinen. Eine Bildgeschichte der Rechentechnik, Springer-Verlag, Berlin, Heidelberg, 2. Auflage 2005, XII, 313 Seiten

de Beauclair, Wilfried; Genser Friedrich (Hrsg.): Vom Zahnrad zum Chip. Eine Bildgeschichte der Datenverarbeitung, Superbrain-Verlag, Balje 2005, 3 Bände, XXVII, XIII, XIII, 842 Seiten

de Marco, Giuseppe; Mainetto, Giovanni; Pisani, Serena; Savino, Pasquale: The early computers of Italy, in: IEEE Annals of the History of Computing, Band 21, 1999, Heft 4, Seiten 28–36

Delius, Friedrich Christian: Die Frau, für die ich den Computer erfand. Roman. Rowohlt, Berlin 2009, 283 Seiten

Dorsch, Hadwig: Der 1. Computer. Konrad Zuses Z1 – Berlin 1936. Beginn und Entwicklung einer technischen Revolution, Museum für Verkehr und Technik, Berlin 1989, 56 Seiten

Dotzler, Bernhard (Hrsg.): Babbages Rechen-Automate. Ausgewählte Schriften, Springer, Wien, New York 1996, VIII, 502 Seiten

Dreyer, Andrea: Konrad Zuse – Künstler und Visionär, in: Log in. Informatische Bildung und Computer in der Schule, 2010, Nr. 163/164, Seiten 130–131 (Log in-Verlag, Berlin)

Dummer, Geoffrey William Arnold: Electronic inventions and discoveries. Electronics from its earliest beginnings to the present day, Institute of Physics Publishing, Bristol, Philadelphia, 4. Auflage 1997, VIII, 284 Seiten

Dworatschek, Sebastian: Grundlagen der Datenverarbeitung, de Gruyter, Berlin, New York, 8., durchgesehene Auflage 1989, 607 Seiten (Kapitel „Entwicklung der Datenverarbeitung", Seiten 21–39)

Eames, Charles und Ray: A computer perspective, Hrsg. Glen Fleck, Harvard University Press, Cambridge, Massachusetts 1973, 175 Seiten (Ausstellungskatalog)

Eckert, John Presper: A survey of digital computer memory systems, in: IEEE Annals of the History of Computing, Band 20, 1998, Heft 4, Seiten 15–28

Eckstein, Peter: J. Presper Eckert, in: IEEE Annals of the History of Computing, Band 18, 1996, Heft 1, Seiten 25–44

Engeler, Erwin (Hrsg.): Konrad Zuse und die Frühzeit des wissenschaftlichen Rechnens an der ETH. Dokumentation zu einer Ausstellung um die Z4 – den ersten an der ETH eingesetzten Computer (1950–1955), (ETH Zürich, 17. Juni bis 15. Juli 1981). Diese Dokumentation enthält die in der Ausstellung dargestellten historischen und technischen Erklärungen und Vergleiche, Fotos und Kopien von Original-Dokumenten, ETH Zürich, Mathematisches Seminar, 1981, 109 Seiten

Engineering Research Associates, Inc.: Highspeed computing devices, Tomash Publishers, Los Angeles, San Francisco 1983, XLII, 451 Seiten

Erismann, Theodor; Speiser, Ambrosius P.; Schai, Alfred: Schweizerische mechanische und digitale Rechengeräte. Mathematische Grundlagen für den Einsatz von mechanischen Integrieranlagen bei Regelproblemen. Moderne mechanische Integrieranlagen. Digitale Schaltungen mit Transistoren. Die elektronischen und magnetischen Schaltungen der ERMETH, Schweizerische Gesellschaft für Automatik, Zürich, Sonderdruck aus Scientia electrica, Band 3, 1957, Heft 4, 36 Seiten

Evans, Christopher: Conversation: J. M. M. Pinkerton, in: Annals of the History of Computing, Band 5, 1983, Heft 1, Seiten 64–72

Eyssell, Manfred: Die Leibniz'sche Rechenmaschine (Teil 1), in: GWDG-Nachrichten, Nr. 7, 2009, Seiten 12–20 (Gesellschaft für wissenschaftliche Datenverarbeitung mbH Göttingen)

Eyssell, Manfred: Die Leibniz'sche Rechenmaschine (Teil 2), in: GWDG-Nachrichten, Nr. 8, 2009, Seiten 10–23 (Gesellschaft für wissenschaftliche Datenverarbeitung mbH Göttingen)

Eyssell, Manfred: Sprossenrad-Rechenmaschinen, in: GWDG-Nachrichten, Nr. 10, 2009, Seiten 13–27 (Gesellschaft für wissenschaftliche Datenverarbeitung mbH Göttingen)

Eyssell, Manfred: Der Erfinder des Computers: Konrad Zuse (Teil 1), in: GWDG-Nachrichten, Nr. 1, 2010, Seiten 6–20 (Gesellschaft für wissenschaftliche Datenverarbeitung mbH Göttingen)

Eyssell, Manfred: Der Erfinder des Computers: Konrad Zuse (Teil 2), in: GWDG-Nachrichten, Nr. 2, 2010, Seiten 9–28 (Gesellschaft für wissenschaftliche Datenverarbeitung mbH Göttingen)

Eyssell, Manfred: Heinz Billing – der Erbauer der ersten deutschen Elektronenrechner (Teil 1), in: GWDG-Nachrichten, Nr. 4, 2010, Seiten 9–36 (Gesellschaft für wissenschaftliche Datenverarbeitung mbH Göttingen)

Eyssell, Manfred: Heinz Billing – der Erbauer der ersten deutschen Elektronenrechner (Teil 2), in: GWDG-Nachrichten, Nr. 5, 2010, Seiten 10–29 (Gesellschaft für wissenschaftliche Datenverarbeitung mbH Göttingen)

Eyssell, Manfred: Anfänge der wissenschaftlichen Datenverarbeitung in Göttingen, in: GWDG-Nachrichten, Nr. 6, 2010, Seiten 8–23 (Gesellschaft für wissenschaftliche Datenverarbeitung mbH Göttingen)

Eyssell, Manfred: Die Rechenanlagen der GWDG – die Univac-Ära, in: GWDG-Nachrichten, Nr. 8, 2010, Seiten 10–39 (Gesellschaft für wissenschaftliche Datenverarbeitung mbH Göttingen)

Eyssell, Manfred: Die Rechenanlagen der GWDG – die IBM-Ära, in: GWDG-Nachrichten, Nr. 9, 2010, Seiten 14–37 (Gesellschaft für wissenschaftliche Datenverarbeitung mbH Göttingen)

Eyssell, Manfred: Die Rechenanlagen der GWDG – die Neuzeit, in: GWDG-Nachrichten, Nr. 11, 2010, Seiten 19–53 (Gesellschaft für wissenschaftliche Datenverarbeitung mbH Göttingen)

Fang, Irving E.: The computer story, Rada Press, St. Paul, Minnesota 1988, 104 Seiten

Ferry, Georgina: A computer called Leo. Lyons teashops and the world's first office computer, Fourth Estate, London 2003, XI, 221 Seiten

Fisher, Franklin M.; McKie, James W.; Mancke, Richard B.: IBM and the U.S. data processing industry. An economic history, Praeger Publishers, New York 1983, XII, 533 Seiten

Fisher, John: The story of computers, Hodder and Stroughton, London 1980, 78 Seiten

Fisher, John; Piper, Roger: The story of computers, Hodder and Stroughton, London 1977, 96 Seiten

Fishman, Katharine Davis: The computer establisment, Harper & Row Publishers, New York 1981, XII, 468 Seiten

Flamm, Kenneth: Creating the computer. Government, industry, and high technology, The Brookings Institution, Washington, D.C. 1988, XI, 282 Seiten

Flowers, Thomas H.: The design of Colossus, in: Annals of the History of Computing, Band 5, 1983, Heft 3, Seiten 239–252

Flynn, Jennifer: 20th century computers and how they worked. The official Startfleet History of Computers, Alpha Books/Prentice-Hall Computer Publishing, Carmel, Indiana 1993, 161 Seiten

Fothe, Michael: Konrad Zuses 100. Geburtstag. Ein vorläufiges Resümee, in: Log in. Informatische Bildung und Computer in der Schule, 2010, Nr. 163/164, Seiten 5–7 (Log in-Verlag, Berlin)

Freed, Les: The history of computers, Ziff-Davis Press, Emeryville, California 1995, IX, 153 Seiten

Fritz, W. Barkley: ENIAC – A problem solver, in: IEEE Annals of the History of Computing, Band 16, 1994, Heft 1, Seiten 25–45

Fritz, W. Barkley: The women of ENIAC, in: IEEE Annals of the History of Computing, Band 18, 1996, Heft 3, Seiten 13–28

Fröschl, Karl; Mattl, Siegfried; Werthner, Hannes: Symbolverarbeitende Maschinen. Eine Archäologie, Verein Museum Arbeitswelt, Steyr, 1993, VI, 185 Seiten

Fuegi, John; Francis, Jo: Lovelace and Babbage and the creation of the 1843 ‚notes', in: IEEE Annals of the History of Computing, Band 25, 2003, Heft 4, Seiten 16–26

Furger, Franco: Informatik-Innovationen aus der Schweiz? Lilith/Diser und Oberon. Die Workstation Lilith und das Oberon-Betriebssystem, Verlagsgemeinschaft Technopark, Zürich/Jacques Bollmann AG 1993, 109 Seiten

Füssl, Wilhelm (Hrsg.): 100 Jahre Konrad Zuse. Einblicke in den Nachlass, Deutsches Museum, München 2010, 144 Seiten

Gander, Walter: Portrait: Prof. Dr. K. Zuse, in: Output, 1992, Nr. 1, Seite 25

Gander, Walter (Hrsg.): Zuse, Konrad: Computerarchitektur aus damaliger und heutiger Sicht, ETH Zürich, Departement Informatik, August 1992, 34 Seiten

Ganzhorn, Karl: Der Schritt ins Informations-Zeitalter, Zürcher Volkswirtschaftliche Gesellschaft, 1970, 19 Seiten (unveröffentlicht)

Ganzhorn, Karl; Walter, Wolfgang: Die geschichtliche Entwicklung der Datenverarbeitung, IBM Deutschland, Stuttgart 1975, 80 Seiten

Gardner, W. David: Will the inventor of the first digital computer please stand up? in: Datamation, Band 20, Februar 1974, Heft 2, Seiten 84–90

Giloi, Wolfgang K.: Rechnerarchitektur, Springer-Verlag, Berlin, Heidelberg u.a., 2., vollständig überarbeitete Auflage 1993, XXI, 482 Seiten

Giloi, Wolfgang K.: Die Ungnade der frühen Geburt. Vortrag, gehalten am 12.12.1996 in memoriam Konrad Zuse, 12 Seiten (unveröffentlicht)

Giloi, Wolfgang K.: Konrad Zuse's Plankalkül. The first high-level, „non von Neumann" programming language, in: IEEE Annals of the History of Computing, Band 19, 1997, Heft 2, Seiten 17–24

Glade, Heinz; Manteuffel, Karl: Am Anfang stand der Abakus. Aus der Kulturgeschichte der Rechengeräte, Urania-Verlag, Leipzig, Jena, Berlin 1973, 238 Seiten

Glauber, Ulrich: Er war seiner Zeit zu weit voraus, in: Die Südostschweiz am Sonntag, 20. Juni 2010

Glauber, Ulrich: Als die Computer laufen lernten, in: Zentralschweiz am Sonntag, Nr. 26, 27. Juni 2010, Seite 53

Godfrey, M. D.; Hendry, D. F.: The computer as von Neumann planned it, in: IEEE Annals of the History of Computing, Band 15, 1993, Heft 1, Seiten 11–21

Goldstine, Herman Heine: The computer from Pascal to von Neumann, Princeton University Press, Princeton, New Jersey 1993, XII, 378 Seiten

Goldstine, Herman Heine; Goldstine, Adele: The electronic numerical integrator and computer (ENIAC), in: IEEE Annals of the History of Computing, Band 18, 1996, Heft 1, Seiten 10–16

Good, I. Jack: Early work on computers at Bletchley, in: Annals of the History of Computing, Band 1, 1979, Heft 1, Seiten 38–48

Gotlieb, C. C.; Hume, J. N. P.: High speed data processing, McGraw-Hill, New York 1958, XI, 338 Seiten

Goyal, Amita: Women in computing: Historical roles, the perpetual glass ceiling, and current opportunities, in: IEEE Annals of the History of Computing, Band 18, 1996, Heft 3, Seiten 36–42

Graef, Martin (Hrsg.): 350 Jahre Rechenmaschine, Carl Hanser-Verlag, München 1973, 124 Seiten

Grassmann, Winfried K.: A computer built with relays and a mechanical memory, and Algol, Department of Computer Science, University of Saskatchewan, Saskatoon SK, November 2011, 9 Seiten (demnächst in: The Computer Journal, Oxford University Press, Oxford)

Grattan-Guinness, I.: Charles Babbage as an algorithmic thinker, in: IEEE Annals of the History of Computing, Band 14, 1992, Heft 3, Seiten 35–48

Gray, George T.; Smith, Ronald Q.: Unisys computers: an introductory history, 2008, 296 Seiten (www.lulu.com)

Greene, Laura: Computer pioneers, Franklin Watts, New York 1985, 86 Seiten

Grier, David Alan: The ENIAC, the verb "to program" and the emergence of digital computers, in: IEEE Annals of the History of Computing, Band 18, 1996, Heft 1, Seiten 51–55

Grier, David Alan: When computers were human, Princeton University Press, Princeton 2005, VIII, 411 Seiten

Güntsch, Fritz Rudolf: Logischer Entwurf eines digitalen Rechengerätes mit mehreren asynchron laufenden Trommeln und automatischem Schnellspeicherbetrieb, Dissertation, Technische Universität Berlin 1957, 52 Seiten

Güntsch, Fritz-Rudolf: Konrad Zuse und das Konzept des Universalrechners, in: Hans Dieter Hellige (Hrsg.): Geschichten der Informatik. Visionen, Paradigmen, Leitmotive, Springer-Verlag, Berlin, Heidelberg 2004, Seiten 43–59

Güntsch, Fritz Rudolf; Schneider, H.-J.: Einführung in die Programmierung digitaler Rechenautomaten, Gruyter, Berlin, 3., völlig neu bearbeitete Auflage 1972, 320 Seiten

Gürler, Denise W.: Women's contributions to early computing at the National Bureau of Standards, in: IEEE Annals of the History of Computing, Band 18, 1996, Heft 3, Seiten 29–35

Gutknecht, Martin H.: The pioneer days of scientific computing in Switzerland, in: A history of scientific computing (Princeton, New Jersey, 1987), ACM Press, New York 1990, Seiten 301–313

Gutknecht, Martin H.: Numerical analysis in Zurich – 50 years ago, in: Colbois, Bruno; Riedtmann, Christine; Schroeder, Viktor (Hrsg.): Schweizerische Mathematische Gesellschaft 1910–2010, European Mathematical Society, Zürich 2010, Seiten 279–290

Haber, Peter (Hrsg.): Computergeschichte Schweiz. Eine Bestandesaufnahme, Chronos-Verlag, Zürich 2009, 226 Seiten (Geschichte und Informatik, Band 17)

Haddad, Jerrier A.: 701 recollecitons, in: Annals of the History of Computing, Band 5, 1983, Heft 2, Seiten 118–124

Hally, Mike: Electronic brains. Stories from the dawn of the computer age, Joseph Henry Press, Washington, D.C. 2005, XXIII, 275 Seiten

Händler, Wolfgang: Rechner von A bis Z – von Antikythera bis Zuse, in: Informatik-Spektrum, 1980, Heft 3, Seiten 105–112 (Springer-Verlag, Heidelberg)

Hanhart, Joel: Computer-Pionier in Zürich, in: 20 Minuten, 18. Juni 2010, Seite 20 (Wissen)

Harmon, Margaret: Stretching man's mind. A history of data processing, Mason/Charter Publishers, New York 1975, 239 Seiten

Hartree, Douglas Rayner: Calculating instruments and machines, Cambridge University Press, Cambridge, Massachusetts 1950, IX, 138 Seiten

Hartree, Douglas Rayner; Wilkes, Maurice Vincent: Calculating machines: Recent and prospective developments and their impact on mathematical physics, and calculating instruments and machines, Cambridge University Press, Cambridge 1947/MIT Press, Cambridge, Massachusetts 1984, 154 Seiten

Hashagen, Ulf; Hellige, Hans Dieter (Hrsg.): Rechnende Maschinen im Wandel. Mathematik, Technik, Gesellschaft. Festschrift für Hartmut Petzold zum 65. Geburtstag, Deutsches Museum, München 2011, 222 Seiten

Heger, Hans: Die Geschichte der maschinellen Datenverarbeitung, IBM Deutschland GmbH, Ehningen 1990, 228 Seiten

Heide, Lars: Shaping a technology: American punched card systems 1880–1914, in: IEEE Annals of the History of Computing, Band 19, 1997, Heft 4, Seiten 28–41

Heintz, Bettina: Die Herrschaft der Regel. Zur Grundlagengeschichte des Computers, Campus-Verlag, Frankfurt, New York, 1993, 331 Seiten

Hellige, Hans Dieter (Hrsg.): Geschichten der Informatik. Visionen, Paradigmen, Leitmotive, Springer-Verlag, Berlin, Heidelberg 2004, XII, 514 Seiten

Henger, Gregor: Informatik in der Schweiz. Eine Erfolgsgeschichte verpasster Chancen, Verlag Neue Zürcher Zeitung, Zürich 2008, 195 Seiten

Herter, David: Der Computergrossvater, in: Der Landbote, 24. Mai 2011, Seite 12

Herter, David: Als der Computer noch ganz Maschine war, in: Der Landbote, 16. November 2011, Seite 14

Heyne, Georg; Darius, Frank: The addition circuit of Zuse's Z 3 computer. Der Addierer in Zuses Z3 Rechner, in: Information Technology, 2010, Heft 1, Seiten 23–28 (Oldenbourg-Wissenschaftsverlag, München)

Hinsley, Francis Harry; Stripp, Alan (Hrsg.): Codebreakers. The inside story of Bletchley Park, Oxford University Press, Oxford 1993, XXI, 321 Seiten

Hochstrasser, Urs: Die Anwendung der Methode der konjugierten Gradienten und ihrer Modifikationen auf die Lösung linearer Randwertprobleme. Dissertation, ETH Zürich 1954, 48 Seiten

Hochstrasser, Urs: Flatterrechnung mit Hilfe von programmgesteuerten Rechenmaschinen, in: Zeitschrift für angewandte Mathematik und Physik, Band 6, 1955, Seiten 300–315

Hodges, Andrew: Alan Turing. Enigma, Springer-Verlag, Wien, New York, 2. Auflage 1994, 662 Seiten

Hodges, Andrew: Turing. A natural philosopher, Routledge, New York 1999, 58 Seiten

Hoffmann, Walter (Hrsg.): Digitale Informationswandler. Probleme der Informationsverarbeitung in ausgewählten Beiträgen, Friedrich Vieweg, Braunschweig 1962, XXIII, 740 Seiten

Hohmann, Joachim: Eine Untersuchung des Plankalküls im Vergleich mit algorithmischen Sprachen. Gesellschaft für Mathematik und Datenverarbeitung, Bericht Nr. 104, Bonn 1975, VIII, 193 Seiten

Hollingdale, S. H.; Tootill, Geoff C.: Electronic computers, Penguin Books, Harmondsworth, Middlesex 1965, 336 Seiten

Hook, Diana H.; Norman, Jeremy M.: Origins of cyberspace. A library on the history of computing, networking, and telecommunications, historyofscience.com, Novato, California 2002, X, 671 Seiten

Hosp, Janine: Zürichs erster Computer ratterte wie ein Webstuhl, in: Tages-Anzeiger, Nr. 19, 24. Januar 2011, Seite 17 (Zürich)

Hromkovic, Juraj: Sieben Wunder der Informatik. Eine Reise an die Grenze des Machbaren mit Aufgaben und Lösungen, Vieweg + Teubner, Wiesbaden, 2. Auflage 2009, XV, 360 Seiten

Hromkovic, Juraj: Theoretische Informatik. Formale Sprachen, Berechenbarkeit, Komplexitätstheorie, Algorithmik, Kommunikation und Kryptographie, Vieweg + Teubner, Wiesbaden, 4. Auflage 2011, 415 Seiten

Hromkovic, Juraj: Berechenbarkeit. Logik, Argumentation, Rechner und Assembler, Unendlichkeit, Grenzen der Automatisierbarkeit, Vieweg + Teubner, Wiesbaden, 1. Auflage 2011, 265 Seiten

Hurd, Cutbert C.: Early IBM computers. Edited testimony, in: Annals of the History of Computing, Band 3, 1981, Heft 2, Seiten 163–182

Huskey, Harry D.: The National Bureau of Standards western automatic computer (SWAC), in: Annals of the History of Computing, Band 2, 1980, Heft 2, Seiten 111–121

Huskey, Harry D.: From ACE to the G-15, in: Annals of the History of Computing, Band 6, 1984, Heft 4, Seiten 350–371

Huskey, Harry D.: The early days. Memoir, in: Annals of the History of Computing, Band 13, 1991, Heft 3, Seiten 290–306

Huskey, Harry D.: SWAC – Standards western automatic computer: The pioneer day session at NCC July 1978, in: IEEE Annals of the History of Computing, Band 19, 1997, Heft 2, Seiten 51–61

Huskey, Harry D.; Huskey, Velma R.: Chronology of computing devices, in: IEEE Transactions on computers, Band C-25, Dezember 1976, Heft 12, Seiten 1190–1199

Huskey, Harry D.; Thorensen, R.; Ambrosio, B.F.; Yowell, E.C.: The SWAC design features and operating experience, in: IEEE Annals of the History of Computing, Band 19, 1997, Heft 2, Seiten 46–50

Hyman, Anthony: Charles Babbage. Pioneer of the computer, Oxford University Press, Oxford 1984, XI, 287 Seiten

Ifrah, Georges: The universal history of computing. From the abacus to the quantum computer, John Wiley, New York 2001, 410 Seiten

Inauen, Ernst: Relaisrechner mit Lochstreifeneingabe und -ausgabe, Diplom-Arbeit, Sommer 1962, Abendtechnikum Zürich (Hochschule für Technik Zürich), 64 Seiten, 13 Abbildungen (A4), Bezug: http://e-collection.library.ethz.ch

Irvine, M. M.: Early digital computers at Bell Telephone Laboratories, in: IEEE Annals of the History of Computing, Band 23, 2001, Heft 3, Seiten 22–42

Jahresbericht des Institutes für angewandte Mathematik für das Studienjahr 1949/50, ETH Zürich, 4. Januar 1951, 3 Seiten (unveröffentlicht)

Jänike, Johannes; Genser, Friedrich (Hrsg.): Gedanken über das Rechnen und Denken: Konrad Zuse, Selbstverlag Friedrich Genser, Düsseldorf 1996, VI, 215 Seiten (Reihe: Die Vergangenheit der Zukunft)

Jänike, Johannes; Genser, Friedrich (Hrsg.): Ein Leben zwischen Forschung und Praxis – Heinz Billing, Selbstverlag Friedrich Genser, Düsseldorf 1997, XIV, 257 Seiten (Reihe: Die Vergangenheit der Zukunft), Lebenserinnerungen

Johnson, Roger C.: Andres D. Booth – Britain's „fourth man", Department of Computer science and information systems, Birkbeck University of London, London, o.J (etwa 2009), 12 Seiten (unveröffentlicht)

Kämmerer, Wilhelm: Ziffernrechenautomaten, Akademie-Verlag, Berlin, 3., erweiterte Auflage 1963, 403 Seiten

Katz, Kaila: Historical content in computer science texts: A concern, in: IEEE Annals of the History of Computing, Band 19, 1997, Heft 1, Seiten 16–19

Kaufmann, Hans: Die Ahnen des Computers. Von der phönizischen Schrift zur Datenverarbeitung, Econ-Verlag, Düsseldorf, Wien 1974, 223 Seiten

Kidwell, Peggy Aldrich; Ceruzzi, Paul E.: Landmarks in digital computing, Smithsonian Institution Press, Washington, London 1994, 148 Seiten

Kneubühl, Fritz K.: Die Berechnung und Auswertung von Mikrowellen-Rotationsspektren durch ein Programm der elektronischen Rechenmaschine ERMETH, Dissertation, Juris-Verlag, Zürich 1959, 87 Seiten

Knuth, Donald E.: Von Neumann's first computer program, in: Computer Surveys, Band 2, 1970, Heft 4, Seiten 247–260

Koerber, Bernhard: Zuses Z4 an der ETH Zürich, in: Log in. Informatische Bildung und Computer in der Schule, 2010, Nr. 166/167, Seite 138 (Log in-Verlag, Berlin)

Korte, Bernhard: Zur Geschichte des maschinellen Rechnens, Bouvier-Verlag Herbert Grundmann, Bonn 1981, 80 Seiten (Bonner Akademische Reden 54)

Kradolfer, Peter: Einige Rosinen aus der Entwicklung der Rechenmaschinen, Verlag Sauerländer, Aarau 1988, 40 Seiten (Sonderdruck aus backup 3/87–3/88)

Kurzweil, Raymond: The age of intelligent machines, MIT Press, Cambridge, Massachusetts, 2. Auflage 1992, XIII, 565 Seiten

Land, Frank: The first business computer: A case study in user-driven innovation, in: IEEE Annals of the History of Computing, Band 22, 2000, Heft 3, Seiten 16–26

Landwehr, Dominik: Mythos Enigma. Die Chiffriermaschine als Sammler- und Medienobjekt, Transcript-Verlag, Bielefeld 2008, 252 Seiten

Landwehr, Dominik: Die Schweiz – kein technologiefreundliches Milieu, in: Peter Haber (Hrsg.): Computergeschichte Schweiz. Eine Bestandesaufnahme, Chronos-Verlag, Zürich 2009, Seiten 109–121 (Geschichte und Informatik, Band 17)

Läuchli, Peter: Berechnung und Drucken einer achtstelligen Logarithmentafel als Beispiel für das Arbeiten eines Rechenautomaten, in: Elemente der Mathematik, Band 11, Heft 6, Birkhäuser-Verlag, Basel 1956, Seiten 130–134

Läuchli, Peter: Erinnerungen an die Pionierzeit der Informatik, Presse- und Informationsdienst ETH Zürich 1993, 20 Seiten (Abschiedsvorlesung, 4. Juni 1993, kleine Schriften Nr. 23)

Lavington, Simon Hugh: A history of Manchester computers, NCC Publications, Manchester 1975, 44 Seiten/2. Auflage 1998, British Computer Society

Lavington, Simon Hugh: Early British computers. The story of vintage computers and the people who built them, Manchester University Press, Manchester 1980, 139 Seiten

Lavington, Simon Hugh: Manchester computer architectures, 1948–1975, IEEE Annals of the History of Computing, Band 15, 1993, Heft 3, Seiten 44–54

Lavington, Simon Hugh: Moving Targets. Elliott-Automation and the dawn of the computer age in Britain, 1947–1967, Springer-Verlag, London 2011, XXI, 504 Seiten

Leavitt, David: The man who knew too much. Alan Turing and the invention of the computer, W. W. Norton, New York, London, 2006, 319 Seiten

Leclerc, Bruno: From Gamma 2 to Gamma E.T.: The birth of electronic computing at Bull, in: Annals of the History of Computing, Band 12, 1990, Heft 1, Seiten 5–22

Lee, John A. N.: Computer pioneers, IEEE Computer Society Press, Los Alamitos, California, Washington, Brussels, Tokyo 1995, XIII, 816 Seiten

Lee, John A. N.: „Those who forget the lessons of history are doomed to repeat it“ or, Why I study the history of computing, in: IEEE Annals of the History of Computing, Band 18, 1996, Heft 2, Seiten 54–62

Lehmann, Nikolaus Joachim: Tischenrechenautomat contra Rechenfabrik. Ein Kleinstrechenautomat 1959 in Dresden, in: Hans Dieter Hellige (Hrsg.): Geschichten der Informatik. Visionen, Paradigmen, Leitmotive, Springer-Verlag, Berlin, Heidelberg 2004, Seiten 195–211

Liebig, Hans: Konrad Zuse, Erfinder des Computers – im Vergleich mit Alan Turing und John von Neumann, in: Informatik-Spektrum, 2011, Heft 6, Seiten 553–564 (Springer-Verlag, Heidelberg)

Ligonnière, Robert: Préhistoire et histoire des ordinateurs. Des origines du calcul aux premiers calculateurs électroniques, Editions Robert Laffont, Paris 1987, 356 Seiten

Ludwig, Karl-Heinz: Technik und Ingenieure im Dritten Reich, Droste-Verlag, Düsseldorf 1974, 544 Seiten

Lukoff, Herman: From dits to bits. A personal history of the electronic comuputer, Robotics Press, Portland, Oregon 1979, XVI, 219 Seiten

Lundstrom, David E.: A few good men from Univac, MIT Press, Cambridge, Massachusetts, London 1987, XII, 227 Seiten

Macrae, Norman: John von Neumann. The scientific genius, who pioneered the modern computer, game theory, nuclear deterrence, and much more, Pantheon Books, New York 1999, X, 406 Seiten

Mahoney, Michael S.: The history of computing in the history of technology, in: Annals of the History of Computing, Band 10, 1988, Heft 2, Seiten 113–125

Mahoney, Michael S.: What makes the history of software hard, in: IEEE Annals of the History of Computing, Band 30, 2008, Heft 3, Seiten 8–18

Marcus, Mitchell; Akera, Atsushi: Exploring the architecture of an early machine: The historical relevance of the ENIAC machine architecture, in: IEEE Annals of the History of Computing, Band 18, 1996, Heft 1, Seiten 17–24

Marguin, Jean: Histoire des instruments et machines à calculer. Trois siècles de mécanique pensante 1642–1942, Hermann, Paris 1994, 207 Seiten

Matis, Herbert: Die Wundermaschine. Die unendliche Geschichte der Datenverarbeitung: Von der Rechenuhr zum Internet, MITP, Bonn 2002, 392 Seiten

McCartney, Scott: ENIAC. The triumphs and tragedies of the world's first computer, Walker, New York 1999, VIII, 262 Seiten

McCracken, Daniel D.: Digital computer programming, Wiley, New York 1957, 253 Seiten

Mercouroff, Wladimir: Les chemins de l'informatique. Les hommes et les idées. La science et les techniques. Les machines et les applications, Arman Collin, Paris 1991, IV, 163 Seiten

Metropolis, Nicholas Constantine; Howlett, Jack; Rota, Gian-Carlo (Hrsg.): A history of computing in the twentieth century. A collection of essays, Academic Press, New York, London, Toronto, Sidney, San Francisco 1980, XIX, 659 Seiten (mit Beiträgen von Friedrich L. Bauer und Konrad Zuse)

Metropolis, Nicholas Constantine; Worlton, Jack: A trilogy on errors in the history of computing, in: Annals of the History of Computing, Band 2, 1980, Heft 1, Seiten 100–116

Minutes of 1947 patent conference, Moore School of Electrical Engineering, University of Pennsylvania, in: Annals of the History of Computing, Band 7, 1985, Heft 2, Seiten 100–116

Mooers, Calvin N.: The computer project at the Naval Ordnance Laboratory, in: IEEE Annals of the History of Computing, Band 23, 2001, Heft 2, Seiten 51–67

Mollenhoff, Clark R.: Atanasoff. Forgotten father of the computer, Iowa State University Press, Ames 1988, XV, 275 Seiten

Mons, Wilhelm; Zuse, Horst; Vollmar, Roland: Konrad Zuse. Ernst Freiberger-Stiftung, Berlin 2005, 168 Seiten

Montgomerie, G. A.: Digital calculating machines and their application to scientific and engineering work, Blackie, London, Glasgow 1956, 262 Seiten

Moreau, René: The computer comes of age. The people, the hardware, and the software, MIT Press, Cambridge, Massachusetts 1986, 226 Seiten

Moreau, René: Ainsi naquit l'informatique. Histoire des hommes et des techniques, Dunod, Paris, 4. Auflage 1987, VII, 224 Seiten

Morrison, Philip; Morrison, Emily (Hrsg.): Charles Babbage and his calculating engines. Dover Publications, New York 1961, XXXVIII, 400 Seiten

Mounin-Kuhn, Pierre: Prologue. History of Computing in France, in: Annals of the History of Computing, Band 11, 1989, Heft 4, Seiten 237–240

Mounin-Kuhn, Pierre: The Institut Blaise-Pascal (1946–1969) from Couffignal's machine to artificial intelligence, in: Annals of the History of Computing, Band 11, 1989, Heft 4, Seiten 257–261

Mounin-Kuhn, Pierre: Bull: A world-wide company born in Europe, in: Annals of the History of Computing, Band 11, 1989, Heft 4, Seiten 279–297

Mounin-Kuhn, Pierre: Specifications of twelve early computers made in France, in: Annals of the History of Computing, Band 12, 1990, Heft 1, Seiten 3–4

Musée national des techniques, Conservatoire national des arts et métiers: De la machine à calculer de Pascal à l'ordinateur: 350 ans d'informatique, 25. April – 23. September 1990, Paris 1990, 63 Seiten

Museum für Kommunikation (Hrsg.): Loading History – Computergeschichte(n) aus der Schweiz, Chronos-Verlag Zürich/Editions Payot, Lausanne 2001, 119 Seiten

Museumsführer, Heinz-Nixdorf-Museumsforum, Paderborn, 2. Auflage 2000, VI, 180 Seiten, mit Nachtrag (24 Seiten)

Musstopf, Günter (Hrsg.): Als die Computer Laufen lernten. Ein amüsanter Rückblick, perComp Verlag, Hamburg 2005, VIII, 180 Seiten

Nash, Stephen G. (Hrsg.): A history of scientific computing, ACM Press, New York 1990, XIX, 359 Seiten

Naumann, Friedrich: Vom Abakus zum Internet. Die Geschichte der Informatik, Primus-Verlag, Darmstadt 2001, 287 Seiten

Nef, Andreas; Wildi, Tobias: Informatik an der ETH Zürich 1948–1981. Zwischen Wissenschaft und Dienstleistung, ETH Zürich, Departement Informatik, September 2006, 57 Seiten

Nef, Andreas; Wildi, Tobias: Informatik an der ETH Zürich 1948–1981. Zwischen Wissenschaft und Dienstleistung. in: Peter Haber (Hrsg.): Computergeschichte Schweiz. Eine Bestandesaufnahme, Chronos-Verlag, Zürich 2009, Seiten 9–58 (Geschichte und Informatik, Band 17)

Neukom, Hans: ERMETH: The first Swiss computer, in: IEEE Annals of the History of Computing, Band 27, 2005, Heft 4, Seiten 5–22

Neukom, Hans: The second life of ENIAC, in: IEEE Annals of the History of Computing, Band 28, 2006, Heft 2, Seiten 4–16

Niehörster, Thomas: Konrad Zuse. Vater des Computers – seine Zeit in Hinterstein und Hopferau, Hindelanger Hefte, Nr. 3, 2007, 40 Seiten (Ursus-Verlag, Bad Hindelang)

Nofre, David: Unraveling Algol: US, Europe, and the creation of a programming language, in: IEEE Annals of the History of Computing, Band 32, 2010, Heft 2, Seiten 58–68

Norberg, Arthur L.: Computers and commerce. A study of technology and management at Eckert-Mauchly Computer Company, Engineering Research Associates, and Remington Rand 1946–1957, MIT Press, Cambridge, Massachusetts, London 2005, X, 347 Seiten

Oechtering, Veronika/Universität Bremen (Hrsg.): www.frauen-informatik-geschichte.de. Frauen in der Geschichte der Informationstechnik. Kompetenzzentrum Frauen in Informationsgesellschaft und Technologie, Bielefeld 2001, 79 Seiten

O'Regan, Gerard: A brief history of computing, Springer, London 2008, XIX, 245 Seiten

Petzold, Hartmut: Die Ermittlung des „Standes der Technik" und der „Erfindungshöhe" beim Patentverfahren Z391. Dokumentation nach den Zuse-Papieren, St. Augustin 1981, 44 Seiten, GMD-Studien Nr. 59

Petzold, Hartmut: Rechnende Maschinen. Eine historische Untersuchung ihrer Herstellung und Anwendung vom Kaiserreich bis zur Bundesrepublik, VDI-Verlag, Düsseldorf 1985, 579 Seiten

Petzold, Hartmut: Moderne Rechenkünstler. Die Industrialisierung der Rechentechnik in Deutschland, Verlag C.H. Beck, München 1992, 319 Seiten

Petzold, Hartmut: Hardwaretechnologische Alternativen bei Konrad Zuse, in: Hans Dieter Hellige (Hrsg.): Geschichten der Informatik. Visionen, Paradigmen, Leitmotive, Springer-Verlag, Berlin, Heidelberg 2004, Seiten 79–138

Pickstone, J. V.; Bowker, Geof: The Manchester heritage, in: IEEE Annals of the History of Computing, Band 15, 1993, Heft 3, Seiten 7–8

Piguet, Christian; Hügli, Heinz: Du zéro à l'ordinateur. Une brève histoire du calcul, Presses polytechniques et universitaires romandes, Lausanne 2004, VIII, 182 Seiten

Pinkerton, John M. M.; Hemy, Derek; Lenaerts, Ernest H.: The influence of the Cambridge Mathematical Laboratory on the LEO project, in: IEEE Annals of the History of Computing, Band 14, 1992, Heft 4, Seiten 41–48

Piper, Roger: The story of computers, Harcourt, Brace and World, San Diego, California, New York 1964,186 Seiten

Porter, Arthur: So many hills to climb. My journey as a computer pioneer, Beckham Publications, Silver Spring, Maryland, 2004, 420 Seiten

Pösch, Heinrich: Anleitung zur Programmierung elektronischer Ziffernrechner, R. v. Decker's Verlag, G. Schenk, Hamburg, Berlin 1960, 189 Seiten

Proceedings of a symposium on large-scale digital calculating machinery, Cambridge, Massachusetts, 7.–10. Januar 1947, MIT Press, Cambridge, Massachusetts, London/Tomash Publishers, Los Angeles, San Francisco 1985, XXIII+XIX, 302 Seiten

Pugh, Emerson W.; Aspray, William: Creating the computer industry, in: IEEE Annals of the History of Computing, Band 18, 1996, Heft 2, Seiten 7–17

Ralston, Anthony; Reilly, Edwin D. (Hrsg.): Encyclopedia of computer science, Nature Publishing Group, London 2000, 4. Auflage, 2034 Seiten

Ramunni, Girolamo: Louis Couffignal, 1902–1966: Informatics pioneer in France? in: Annals of the History of Computing, Band 11, 1989, Heft 4, Seiten 247–256

Ramunni, Jérôme: La physique du calcul: Histoire de l'ordinateur, Hachette, Paris 1989, 287 Seiten

Randell, Brian: An annotated bibliography on the origins of computers, in: Annals of the History of Computing, Band 1, 1979, Heft 2, Seiten 101–207

Randell, Brian (Hrsg.): The origins of digital computers. Selected papers. Springer-Verlag, Berlin, Heidelberg, New York, 3. Auflage 1982, XVI, 580 Seiten (mit Beiträgen von Konrad Zuse und Helmut Theodor Schreyer)

Randell, Brian: The origins of computer programming, in: IEEE Annals of the History of Computing, Band 16, 1994, Heft 4, Seiten 6–14

Raymond, François-Henri: An adventure with a sad ending: The SEA, in: Annals of the History of Computing, Band 11, 1989, Heft 4, Seiten 263–277

Reese, Martin: Neue Blicke auf alte Maschinen. Zur Geschichte mechanischer Rechenmaschinen, Verlag Kovac, Hamburg 2002, 211 Seiten

Reilly, Edwin D.: Milestones in computer science and information technology, Greenwood Press, Westport, Connecticut, London 2003, X, 381 Seiten

Reisig, Wolfgang; Freytag, Johann-Christoph (Hrsg.): Informatik. Aktuelle Themen im historischen Kontext, Springer, Berlin, Heidelberg 2006, VIII, 345 Seiten

Reitwiesner, George W.: The first operating system fort he EDVAC, in: IEEE Annals of the History of Computing, Band 19, 1997, Heft 1, Seiten 55–59

Rheingold, Howard: Tools for thought. The history and future of mind-expanding technology, MIT Press, Cambridge, Massachusetts, London 2000, 360 Seiten

Richards, R. K.: Electronic digital systems, John Wiley, New York, London, Sidney 1966, IX, 637 Seiten

Ritchie, David: The computer pioneers. The making of the modern computer, Simon and Schuster, New York 1986, 238 Seiten

Rochester, Nathaniel: The 701 project as seen by its chief architect, in: Annals of the History of Computing, Band 5, 1983, Heft 2, Seiten 115–117

Rode, Horst; Hansen, Klaus-Henning: Die Erfindung der universellen Maschine. Zur Geschichte der Datenverarbeitung in 50 Jahrhunderten, Metzler Schulbuchverlag, Hannover 1992, 268 Seiten

Rojas, Raul: Konrad Zuse's legacy: The architecture of the Z1 and Z3: in: IEEE Annals of the History of Computing, Band 19, 1997, Heft 2, Seiten 5–23

Rojas, Raul: How to make Zuse's Z3 a universal computer, in: IEEE Annals of the History of Computing, Band 20, 1998, Heft 3, Seiten 51–54

Rojas, Raul (Hrsg.): Die Rechenmaschinen von Konrad Zuse, Springer-Verlag, Berlin, Heidelberg 1998, VII, 221 Seiten

Rojas, Raul (Hrsg.): Encyclopedia of computers and computer history, Fitzroy Dearborn Publishers, Chicago, London 2001, 2 Bände, XIII+XI, 930 Seiten

Rojas, Raul: Konrad Zuse: 1910–2010, in: Information Technology, 2010, Heft 1, Seiten 3–4 (Oldenbourg-Wissenschaftsverlag, München)

Rojas, Raul; Darius, Frank; Göktekin, Cüneyt, Heyne, Georg: The reconstruction of Konrad Zuse's Z3, in: IEEE Annals of the History of Computing, Band 27, 2005, Heft 3, Seiten 23–32

Rojas, Raul, Göktekin, Cüneyt; Friedland, Gerald; Krüger, Mike; Scharf, Ludmila; Kuniss, Denis; Langmack, Olaf:: Konrad Zuses Plankalkül – Seine Genese und eine moderne Implementierung, in: Hans Dieter Hellige (Hrsg.): Geschichten der Informatik. Visionen, Paradigmen, Leitmotive, Springer-Verlag, Berlin, Heidelberg 2004, Seiten 215–235

Rojas, Raul; Hashagen, Ulf (Hrsg.): The first computers – history and architectures, MIT Press, Cambridge, Massachusetts 2000, XII, 457 Seiten (mit Beiträgen von Raul Rojas, Ambros P. Speiser, Friedrich L. Bauer, Hartmut Petzold)

Rojas-Esponda, Tania: The S1 and S2 Computing Machines – Konrad Zuse's work for the German military 1941–1945. Die Rechenmaschinen S1 und S2 – Konrad Zuses Arbeit für das Deutsche Militär, in: Information Technology, 2010, Heft 1, Seiten 13–22 (Oldenbourg-Wissenschaftsverlag, München)

Rosenheim, D. E.: Installation of the first production IBM 701, in: Annals of the History of Computing, Band 5, 1983, Heft 2, Seiten 146–147

Rutishauser, Heinz: Bericht über die Tätigkeit des Instituts im Studienjahr 1950/51, ETH Zürich, 9. Januar 1952, 3 Seiten (unveröffentlicht)

Rutishauser, Heinz: Automatische Rechenplanfertigung bei programmgesteuerten Rechenmaschinen, Birkhäuser, Basel 1956, 45 Seiten (Nachdruck)

Rutishauser, Heinz: Massnahmen zur Vereinfachung des Programmierens (Bericht über die in 5-jähriger Programmierungsarbeit mit der Z4 gewonnenen Erfahrungen), in: Johannes Wosnik (Hrsg.): Elektronische Rechenmaschinen und Informationsverarbeitung. Nachrichtentechnische Fachberichte. Beihefte der NTZ, Band 4, 1956, Seiten 26–30

Rutishauser, Heinz; Speiser, Ambros P.; Stiefel, Eduard: Programmgesteuerte digitale Rechengeräte (elektronische Rechenmaschinen), Birkhäuser, Basel 1951, 102 Seiten

Rutland, David: Why computers are computers. The SWAC and the PC. In the celebration of the 50th anniversary of electronic computers. Wren Publishers, Philomat, Oregon 1995, XV, 178 Seiten

Sale, Anthony E.: The rebuilding of Colossus at Bletchley Park, in: IEEE Annals of the History of Computing, Band 27, 2005, Heft 3, Seiten 61–69

Samuel, Andreas/koe: Ein Museum zum Mitmachen. Das ZUSEUM in Bautzen, in: Log in, Informatische Bildung und Computer in der Schule, 2010, Nr. 165, Seiten 4–5 (Log in-Verlag, Berlin)

Sandner, Günther; Spengler, Hans: Die Entwicklung der Datenverarbeitung von Hollerith-Lochkartenmaschinen zu IBM Enterprise Servern. Von 1887 bis 2000 in 10 Epochen, Sander, Böblingen 2006, 128 Seiten

Schai, Alfred: Die elektronischen und magnetischen Schaltungen der ERMETH, in: Scientia Electrica, Band 3, 1957, Heft 4, Seiten 127–140

Scharrer, Matthias: Wie der erste Compi an die ETH kam. Technologie. Am Anfang der Informatik in der Schweiz stand eine Maschine aus Nazi-Deutschland, in: Aargauer Zeitung, 11. Januar 2011, Seite 12

Scharrer, Matthias: Ein Zimmer genügte nicht für die Z4, in: Landbote, 17. Januar 2011, Seite 25

Schlaeppi, Hans: Entwicklung einer programmgesteuerten elektronischen Rechenanlage am Institut für angewandte Mathematik der ETH, in: Zeitschrift für angewandte Mathematik und Physik, Band 5, 1954, Seiten 435–436

Schmundt, Hilmar: Rassenforschung am Rechner, in: Der Spiegel, Nr. 24, 14. Juni 2010, Seiten 118–119

Schreyer, Helmut Theodor: Die Entwicklung des Versuchsmodells einer elektronischen Rechenmaschine, Gesellschaft für Mathematik und Datenverarbeitung mbH, St. Augustin, Bericht, Nr. 143, 1983, Seiten 23–40 (Oldenbourg, München)

Schreyer, Helmut Theodor: Grundschaltung eines während des letzten Weltkrieges entwickelten elektronischen Rechners, Gesellschaft für Mathematik und Datenverarbeitung mbH, St. Augustin, Bericht, Nr. 143, 1983, Seiten 41–52 (Oldenbourg, München)

Schreyer, Helmut Theodor: An experimental model of an electronic computer, in: Annals of the History of Computing, Band 12, 1990, Heft 3, Seiten 189–197

Schunke, Katja: Zur Rezeption des Plankalküls von Konrad Zuse. Die Einordnung in die Programmiersprachenkonzepte zur Zeit seiner Veröffentlichung, Technische Universität Berlin, Forschungsberichte des Fachbereichs Informatik, Bericht 2000-5, Berlin 2000, 93 Seiten

Schwarz, Hans-Rudolf: The early years of computing in Switzerland, in: Annals of the History of Computing, Band 3, 1981, Heft 2, Seiten 121–132

Schweier, Ursula; Saupe, Dietmar: Funktions- und Konstruktionsprinzipien der programmgesteuerten mechanischen Rechenmaschine “Z1”. Gesellschaft für Mathematik und Datenverarbeitung mbH, St. Augustin, August 1988, VII, 151 Seiten und 37 Seiten Anhang (Arbeitspapiere der GMD, Nr. 321)

Shelburne, Brian J.: Burton, Christopher P.: Early programs on the Manchester Mark 1 prototype, in: IEEE Annals of the History of Computing, Band 20, 1998, Heft 3, Seiten 4–15

Shirley, Thomas: Computers, their history, present applications, and future, Holt Rinehart and Winston, New York 1965, 175 Seiten

Shurkin, Joel N.: Engines of the mind. The evolution of the computer from mainframes to microprocessors, W. W. Norton, New York, London 1996, 363 Seiten

Siefkes, Dirk; Braun, Anette; Eulenhöfer, Peter; Stach, Heike; Städtler, Klaus (Hrsg.): Pioniere der Informatik. Ihre Lebensgeschichte im Interview. Interviews mit Friedrich L. Bauer, Christiane Floyd, Joseph Weizenbaum, Niklaus Wirth und Heinz Zemanek, Springer-Verlag, Berlin, Heidelberg 1999, XIII, 143 Seiten

Singh, Simon: Geheime Botschaften. Die Kunst der Verschlüsselung von der Antike bis in die Zeiten des Internet, dtv, München, 7. Auflage 2006, 458 Seiten

Slater, Robert: Portraits in silicon, MIT Press, Cambridge, Massachusetts, London 1987, XIV, 374 Seiten

Smiley, Jane: The man who invented the computer. The biography of John Atanasoff, digital pioneer, Doubleday, New York u.a. 2010, 246 Seiten

Smith, Charles V. L.: Electronic digital computers, McGraw-Hill, New York, Toronto, London 1959, IX, 443 Seiten

Smith, Ludovic: Crash! The story of information technology, Exposure Publishing, Liskeard 2007, V, 263 Seiten

Smith, Richard E.:A historical overview of computer architecture, in: Annals of the History of Computing, Band 10, 1989, Heft 4, Seiten 277–303

Sobel, Robert: IBM. Colossus in transition, Times Books, New York 1981, VIII, 360 Seiten

Sobel, Robert: IBM und die globale Herausforderung, Orell Füssli, Zürich, Schwäbisch Hall 1986, 262 Seiten

Sobeslavsky, Erich; Lehmann, Nikolaus Joachim: Zur Geschichte von Rechentechnik und Datenverarbeitung in der DDR 1946–1968, Hannah-Arendt-Institut für Totalitarismusforschung, Technische Universität Dresden, Dresden 1996, 166 Seiten

Speiser, Ambros P.: Das programmgesteuerte Rechengerät an der Eidgenössischen Technischen Hochschule in Zürich, in: Neue Zürcher Zeitung, 30. August 1950, Mittagsausgabe, Nr. 1796 (50), Blatt 5 (Technik)

Speiser, Ambros P.: Über die Konstruktion von Rechengeräten mit linearen Potentiometern sowie die mathematischen Grundlagen der zugehörigen Kurvenanpassungen, Institut für angewandte Mathematik, ETH Zürich 1951, 56 Seiten

Speiser, Ambros P.: „ERMETH", Projekt einer elektronischen Rechenmaschine an der Eidgenössischen Technischen Hochschule in Zürich und bisherige Entwicklungsergebnisse, in: Neue Zürcher Zeitung, 4. August 1954, Mittagsausgabe, Nr. 1903 (79), Blatt 6 (Technik)

Speiser, Ambros P.: Projekt einer elektronischen Rechenmaschine an der E.T.H. (ERMETH), in: Zeitschrift für angewandte Mathematik und Mechanik, Band 34, August/September 1954, Heft 8/9, Seiten 311–312

Speiser, Ambros P.: Eingangs- und Ausgangsorgane sowie Schaltpulte der ERMETH, in: Johannes Wosnik (Hrsg.): Elektronische Rechenmaschinen und Informationsverarbeitung. Nachrichtentechnische Fachberichte. Beihefte der NTZ, Band 4, 1956, Seiten 87–89

Speiser, Ambros P.: Entwurf eines elektronischen Rechengerätes unter besonderer Berücksichtigung der Erfordernis eines minimalen Materialaufwandes bei gegebener mathematischer Leistungsfähigkeit. Birkhäuser, Basel, Stuttgart, 3. unveränderte Auflage 1957, IV, 54 Seiten, 13 Seiten Anhang

Speiser, Ambros P.: Neue technische Entwicklungen, in: Walter Hoffmann (Hrsg.): Digitale Informationswandler. Probleme der Informationsverarbeitung in ausgewählten Beiträgen, Friedrich Vieweg, Braunschweig 1962, Seiten 67–109

Speiser, Ambros P.: Digitale Rechenanlagen. Grundlagen – Schaltungstechnik – Arbeitsweise, Betriebssicherheit, Springer-Verlag, Berlin, Heidelberg, New York, 2., neu bearbeitete Auflage 1967, XVI, 454 Seiten

Speiser, Ambros P.: The relay calculator Z4, in: Annals of the History of Computing, Band 2, 1980, Heft 3, Seiten 242-243

Speiser, Ambros P.: Die Z4 an der ETH Zürich. Ein Stück Technik- und Mathematikgeschichte, in: Elemente der Mathematik, Band 36, 1981, Heft 6, Seiten 145–153

Speiser, Ambros P.: Die Zukunft der Computer aus der Sicht des Jahres 1950. Rückblick auf ein Stück „Technological forecasting", in: Neue Zürcher Zeitung, Nr. 127, 5. Juni 1985, Seite 71 (Forschung und Technik)

Speiser, Ambros P.: Die Anfänge der Informatik an der ETH Zürich, in: Informatik-Bulletin, Nr. 51, Oktober 1987, Seiten 4–9 (Hrsg.: Computerkommission und Institut für Informatik der ETH Zürich)

Speiser, Ambros P.: 95 Semester ETH – der Weg zur Informatik. Presse- und Informationsdienst ETH Zürich 1992, 17 Seiten (Abschiedsvorlesung)

Speiser, Ambros P.: Wer hat den Computer erfunden? Referat, gehalten an der Diplomfeier der Abteilung Informatik der ETH Zürich, 1996, 6 Seiten, in: Physik in unserer Zeit, 28. Jahrgang 1997, Nr. 4, Seiten 146–148 (VCH Verlagsgesellschaft, Weinheim)

Speiser, Ambros P.: IBM Research Laboratory Zurich. The early years, in: IEEE Annals of the History of Computing, Band 20, 1998, Heft 1, Seiten 15–35

Speiser, Ambros P.: Ein Apparat, dicht bepackt mit Hebeln, Blechen, Federn, Stahlstiften. Wie Konrad Zuses Z4-Computer 1950 nach Zürich gelangte, in: Neue Zürcher Zeitung, Nr. 112, 16. Mai 2003, Seite 75 (Medien und Informatik)

Speiser, Ambros P.: Konrad Zuses Z4 und die ERMETH: Ein weltweiter Architektur-Vergleich, in: Hans Dieter Hellige (Hrsg.): Geschichten der Informatik. Visionen, Paradigmen, Leitmotive, Springer-Verlag, Berlin, Heidelberg 2004, Seiten 171–194

Speiser, Ambros P.: Episoden aus den Anfängen, in: ETH-Rat (Hrsg.): Informatik in ETH-Bereich. Vom Relaisrechner zum Grosscomputer, Zürich 1994, Seiten 8–70 (Impulse der ETH: Forschung, Lehre, Praxis)

Speiser, Ambros P.: Episoden aus den Anfängen der Informatik an der ETH, in: Informatik-Spektrum, 2008, Heft 6, Seiten 600–612 (Springer-Verlag, Heidelberg)

Spencer, Donald D.: The timetable of computers. A chronology of the most important people and events in the history of computers. Camelot Publishing Company, Ormond Beach, Florida 1999, 192 Seiten

Steinbuch, Karl: Die informierte Gesellschaft. Geschichte und Zukunft der Nachrichtentechnik, Rowohlt, Deutsche Verlags-Anstalt, Stuttgart 1966, 249 Seiten

Steinbuch, Karl (Hrsg.): Taschenbuch der Nachrichtenverarbeitung, Springer-Verlag, Berlin, 2., überarbeitete Auflage 1967, XXIII, 1468 Seiten

Stern, Nancy Beth: The BINAC: A case study in the history of technology, in: Annals of the History of Computing, Band 1, 1979, Heft 1, Seiten 9–20

Stern, Nancy Beth: John von Neuman's influence on electronic digital computing, 1944–1946, in: Annals of the History of Computing, Band 2, 1980, Heft 4, Seiten 349–362

Stern, Nancy Beth: Who „invented" the first electronic digital computer? in: Annals of the History of Computing, Band 2, 1980, Heft 4, Seiten 375–376

Stern, Nancy Beth: From ENIAC to UNIVAC. An appraisal of the Eckert-Mauchly computers, Digital Press, Bedford, Massachusetts 1981, IX, 266 Seiten

Stern, Nancy Beth: Burks on the stored program concept, in: Annals of the History of Computing, Band 4, 1982, Heft 2, Seiten 183–184

Stiefel, Eduard: Bericht über die Tätigkeit des Instituts im Studienjahr 1951/52, ETH Zürich, 31. Dezember 1952, 6 Seiten (unveröffentlicht)

Stiefel, Eduard: Bericht über die Tätigkeit des Instituts für angewandte Mathematik im Jahre 1953, ETH Zürich, 9. Januar 1954, 7 Seiten (unveröffentlicht)

Stiefel, Eduard: Bericht über die Tätigkeit des Instituts für angewandte Mathematik im Jahre 1954, ETH Zürich, 7. Januar 1955, 11 Seiten (unveröffentlicht)

Stiefel, Eduard: Bericht über die Tätigkeit des Instituts für angewandte Mathematik im Jahre 1955, ETH Zürich, 4. Januar 1956, 10 Seiten (unveröffentlicht)

Stiefel, Eduard: Bericht über die Tätigkeit des Instituts für angewandte Mathematik im Jahre 1956, ETH Zürich, 20. Dezember 1956, 11 Seiten (unveröffentlicht)

Stiefel, Eduard: Bericht über die Tätigkeit des Instituts für angewandte Mathematik im Jahre 1957, ETH Zürich, 20. Dezember 1957, 8 Seiten (unveröffentlicht)

Stiefel, Eduard: Bericht über die Tätigkeit des Instituts für angewandte Mathematik im Jahre 1958, ETH Zürich, 20. Dezember 1958, 10 Seiten (unveröffentlicht)

Stiefel, Eduard: Bericht über die Tätigkeit des Instituts für angewandte Mathematik im Jahre 1959, ETH Zürich, 21. Dezember 1959, 9 Seiten (unveröffentlicht)

Stiefel, Eduard: Bericht über die Tätigkeit des Instituts für angewandte Mathematik im Jahre 1960, ETH Zürich, 20. Dezember 1960, 9 Seiten (unveröffentlicht)

Stiefel, Eduard: Bericht über die Tätigkeit des Instituts für angewandte Mathematik im Jahre 1961, ETH Zürich, 20. Dezember 1961, 10 Seiten (unveröffentlicht)

Stiefel, Eduard: Bericht über die Tätigkeit des Instituts für angewandte Mathematik im Jahre 1962, ETH Zürich, 21. Dezember 1962, 12 Seiten (unveröffentlicht)

Stiefel, Eduard: Bericht über die Tätigkeit des Instituts für angewandte Mathematik im Jahre 1963, ETH Zürich, 21. Dezember 1963, 9 Seiten (unveröffentlicht)

Stiefel, Eduard: Bericht über die Tätigkeit des Instituts für angewandte Mathematik im Jahre 1964, ETH Zürich, 15. Dezember 1964, 7 Seiten (unveröffentlicht)

Stiefel, Eduard: Elektronische Rechenmaschinen, in: Neue Zürcher Zeitung, 18. Oktober 1948, Mittagsausgabe, Nr. 2140 (60), Blatt 2 (Technik)

Stiefel, Eduard: La machine à calculer arithmétique „Z4" de l'Ecole polytechnique fédérale à Zurich (Suisse) et son application à la résolution d'une équation aux dérivées partielles du type elliptique, in: Colloques internationaux du Centre National de la Recherche Scientifique, Nr. 37 (Les machines à calculer et la pensée humaine, Paris, 8–13 janvier 1951). Editions du CNRS, Paris 1953, Seiten 33-40

Stiefel, Eduard: Rechenautomaten im Dienste der Technik. Erfahrungen mit dem Zuse-Rechenautomaten Z4, in: Arbeitsgemeinschaft für Forschung des Landes Nordrhein-Westfalen, Heft 45. Westdeutscher Verlag, Köln, Opladen 1954, Seiten 29–65

Stiefel, Eduard: Elektronische Rechenautomaten als Beispiel zur allgemeinen Kybernetik, in: Verhandlungen der Schweizerischen Naturforschenden Gesellschaft, Kommissionsverlag H.R. Sauerländer, Aarau 1955, Seiten 53–62

Stiefel, Eduard: Einsatz der Rechenautomaten in der Technik, in: Bulletin des SEV (Schweizerischer Elektrotechnischer Verein), 1957, Heft 11, Sonderdruck, 7 Seiten

Stiller, Andreas: Der Rechenplaner. Zum hundertsten Geburtstag von Konrad Zuse, in: Magazin für Computertechnik, c't, 2010, Heft 14, 21. Juni 2010, Seiten 26–27 (Heise-Verlag, Hannover)

Stiller, Andreas: Verkehrter von Neumann, in: Magazin für Computertechnik, c't, 2010, Heft 15, 5. Juli 2010, Seite 12 (Heise-Verlag, Hannover)

Stock, John Robert: Die mathematischen Grundlagen für die Organisation der elektronischen Rechenmaschine der Eidgenössischen Technischen Hochschule. Dissertation, ETH Zürich 1956, 73 Seiten

Stromberg, Martin; Vangerow, Andreas: Computergeschichte und Militär, Ausarbeitung zum Seminar „Gedankengeschichte der Informatik, Universität Bielefeld, Technische Fakultät, Sommersemester 2001, 32 Seiten (unveröffentlicht)

Swartzlander, Earl E.: Computer design development. Principal Papers, Hayden Books, Rochelle Park, New Jersey 1976, 310 Seiten

Swedin, Eric G.; Ferro, David L.: Computers. The life story of a technology, John Hopkins University Press, Baltimore 2007, IX, 167 Seiten

Taub, A. H.: (Hrsg.): John von Neumann. Collected works, Pergamon Press, Oxford, London, New York, Paris 1963, Band 5: Design of computers, theory of automata and numerical analysis, IX, 784 Seiten (mit Beitrag: Arthur Walter Burks; Herman Heine Goldstine; John von Neumann: Preliminary discussion of the logical design of an electronic computing instrument, Seiten 34–79)

Tiburski, Jens: Die Erfindung des Computers. Zuses Z3, in: Log in. Informatische Bildung und Computer in der Schule, 2010, Nr. 163/164, Seiten 104–107 (Log in-Verlag, Berlin)

Tobler, Beatrice: Z4 und ERMETH: Maschinen im Dienste des wissenschaftlichen Rechnens, in: Museum für Kommunikation (Hrsg.): Loading History – Computergeschichte(n) aus der Schweiz, Chronos-Verlag Zürich/Editions Payot, Lausanne 2001, Seiten 12–21

Tobler, Beatrice: Geräte und Geschichten. Computer im Museum, in: Peter Haber (Hrsg.): Computergeschichte Schweiz. Eine Bestandesaufnahme, Chronos-Verlag, Zürich 2009, Seiten 207–222 (Geschichte und Informatik, Band 17)

Tomasczewski, Dolores: GMD erstellt dokumentarische Auswertung der persönlichen Unterlagen von Konrad Zuse, in: Der GMD-Spiegel, September 1979, Heft 3, Seiten 40–53

Tomash, Erwin; Cohen, Arnold A.: The birth of ERA: Engineering Research Associates, Inc., 1946–1955, in: Annals of the History of Computing, Band 1, 1979, Heft 2, Seiten 83–96

Toole, Betty Alexandra: Ada Byron, Lady Lovelace, an analyst and metaphysician, in: IEEE Annals of the History of Computing, Band 18, 1996, Heft 3, Seiten 4–12

Trimble, George R.: The IBM 650 magnetic drum calculator, in: Annals of the History of Computing, Band 8, 1986, Heft 1, Seiten 20–29

Turck, J. A. V.: Origin of modern calculating machines. A chronicle of the evolution of the principles that form the generic make-up of the modern calculating machine, The Western society of engineers, Chicago 1921, 196 Seiten

Turing, Alan Mathison: On computable numbers, with an application to the Entscheidungsproblem, in: Proceedings of the London Mathematical Society, Band 42, Teil 3, 30. November 1936, Seiten 230–240

Turing, Alan Mathison: On computable numbers, with an application to the Entscheidungsproblem, in: Proceedings of the London Mathematical Society, Band 42, Teil 4, 23. Dezember 1936, Seiten 241–265

Turing, Alan Mathison: On computable numbers, with an application to the Entscheidungsproblem, A correction, in: Proceedings of the London Mathematical Society, Band 43, 1937, Seiten 544–546

Tweedale, Geoffrey: A Manchester computer pioneer: Ferranti in retrospect, in: IEEE Annals of the History of Computing, Band 15, 1993, Heft 3, Seiten 37–43

Ulbricht, Heinz: Die Chiffriermaschine Enigma. Trügerische Sicherheit. Ein Beitrag zur Geschichte der Nachrichtendienste, Technische Universität Carola-Wilhelmina, Braunschweig 2005, VIII, 206 Seiten

Venetz, Louis A.: „Wer immer strebend sich bemüht, den können wir erlösen". Gespräch mit Konrad Zuse, in: Output, 1992, Nr. 1, Seiten 24–28

Vernay, Jacques: IBM France, in: Annals of the History of Computing, Band 11, 1989, Heft 4, Seiten 299–311

Voltz, Hannspeter: Menschen und Computer. Streifzüge durch die Geschichte der Datenverarbeitung, Markt & Technik, Haar bei München 1993, 288 Seiten

von Neumann, John: Entwicklung und Ausnutzung neuerer mathematischer Maschinen, in: Arbeitsgemeinschaft für Forschung des Landes Nordrhein-Westfalen, Heft 45. Westdeutscher Verlag, Köln, Opladen 1954, Seiten 7–27

von Neumann, John: The principles of large-scale computing machines, in: Annals of the History of Computing, Band 10, 1989, Heft 4, Seiten 243–256 von Neumann, John: First draft of a report on the EDVAC, IEEE Annals of the History of Computing, Band 15, 1993, Heft 4, Seiten 27–75

Vorndran, Edgar P.: Entwicklungsgeschichte des Computers. Eine kurzgefasste Geschichte der Rechen- und Datentechnik, VDE-Verlag, Berlin, Offenbach, 2., überarbeitete Auflage 1986, 164 Seiten

Waize, Alfred: Die Welt der Rechenmaschinen. Die wechselvolle Geschichte der Rechenmaschinenentwicklung von den Anfängen bis zum Ende in Sömmerda, Desotron Verlagsgesellschaft, Erfurt 1999, 144 Seiten

Waldburger, Heinz: Gebrauchsanleitung für die ERMETH (Elektronische Rechenmaschine der ETH), Institut für angewandte Mathematik, ETH Zürich 1960

Weinhart, Karl: Informatik und Automatik. Führer durch die Ausstellung, Deutsches Museum, München 1990, 216 Seiten

Weiss, Eric: Konrad Zuse orbituary, in: IEEE Annals of the History of Computing, Band 18, 1996, Heft 2, Seiten 3–5

Weiss, Robert: Die Geschichte der Datenverarbeitung, Sperry, Zürich 1984, 44 Seiten

Weizenbaum, Joseph: Social and political impact of the long-term history of computing, in: IEEE Annals of the History of Computing, Band 30, 2008, Heft 3, Seiten 40–42

Wheeler, David J.: The EDSAC programming system, in: IEEE Annals of the History of Computing, Band 14, 1992, Heft 4, Seiten 34–40

Wheeler, Joyce M.: Applications of the EDSAC, in: IEEE Annals of the History of Computing, Band 14, 1992, Heft 4, Seiten 27–33

Wieland, H. R.: Computergeschichte(n) – nicht nur für Geeks. Von Antikythera zur Cloud, Galileo Press, Bonn 2011, 605 Seiten (mit DVD)

Wildes, Karl L.; Lindgren, Nilo A.: A century of electrical engineering and computer science at MIT, 1882–1982, MIT Press, Cambridge, Massachusetts, London 1985, XIII, 423 Seiten

Wilkes, Maurice Vincent: Automatic digital computers, Wiley, New York 1957, X, 305 Seiten

Wilkes, Maurice Vincent: Mauchly's position on von Neuman's role in drafting the EDVAC report, in: Annals of the History of Computing, Band 2, 1980, Heft 4, Seiten 376–377

Wilkes, Maurice Vincent: Memoirs of a computer pioneer, MIT Press, Cambridge, Masssachusetts, London 1985, VIII, 240 Seiten

Wilkes, Maurice Vincent: EDSAC 2, in: IEEE Annals of the History of Computing, Band 14, 1992, Heft 4, Seiten 49–56

Wilkes, Maurice Vincent: Computing perspectives, Morgan Kaufmann Publishers, San Francisco, California 1995, X, 207 Seiten

Wilkes, Maurice Vincent: Arithmetics on the EDSAC, in: IEEE Annals of the History of Computing, Band 19, 1997, Heft 1, Seiten 13–15

Wilkes, Maurice: What I remember of the ENIAC, in: IEEE Annals of the History of Computing, Band 27, 2005, Heft 4, Seiten 30–31

Wilkes, Maurice Vincent; Wheeler, David John; Gill, Stanley: The prepartion of programs for an electronic digital computer, with special referene to the EDSAC and the use of a library of subroutines, Addison-Wesley Cambridge, Massachusetts 1951/Tomash Publishers, Los Angeles, San Francisco 1982, XXXI, 167 Seiten

Williams, Michael R.: The origins, uses, and fate of the EDVAC, in: IEEE Annals of the History of Computing, Band 15, 1993, Heft 1, Seiten 22–38

Williams, Michael Roy: A history of computing technology, IEEE Computer Society Press, Los Alamitos, California 1997, XI, 426 Seiten

Williams, Michael Roy; Campbell-Kelly, Martin (Hrsg.): The early British computer conferences, MIT Press, Cambridge, Massachusetts, London/Tomash Publishers, Los Angeles, San Francisco 1989, XVI, 508 Seiten (mit Ambros P. Speiser: A brief account of the work done at the Zurich Institute of Applied Mathematics, Seiten 193–194)

Winegrad, Dilys: Celebrating the birth of modern computing: The fiftieth anniversary of a discovery at the Moore School of Engineering of the University of Pennsylvania, in: IEEE Annals of the History of Computing, Band 18, 1996, Heft 1, Seiten 5–9

Winkler, Jürgen F. H.: Konrad Zuse und die Optik-Rechenmaschine in Jena, in: Log in. Informatische Bildung und Computer in der Schule, 2010, Nr. 166/167, Seiten 132–136 (Log in-Verlag, Berlin)

Winkler, Jürgen F. H.: Konrad Zuse and Switzerland. Physik-Anekdoten (11), in: SPG-Mitteilungen, Mai 2011, Nr. 34, Seiten 42–44 (Schweizerische Physikalische Gesellschaft)

Wirth, Niklaus: A brief history of software engineering, in: IEEE Annals of the History of Computing, Band 30, 2008, Heft 3, Seiten 32–39

Wittmann, Armin: Dr. h.c. ETH Konrad Zuse. Geschichte der Computer weltweit. Entwicklung der Computer an der ETH Zürich, Seminararbeit, Institut für Verhaltensforschung der ETH Zürich, Zürich 1994, 22 Seiten

Wosnik, Johannes; Walther, A.; Hofmann, W. (Hrsg.): Elektronische Rechenmaschinen und Informationsverarbeitung/Electronic digital computers and information processing, Vieweg, Braunschweig 1959, 229 Seiten (Nachrichtentechnische Fachberichte, Band 4, 1956, Nachdruck 1959), VIII, 229 Seiten (mit Beiträgen von Heinz Rutishauser, Ambros P. Speiser, Theodor Fromme)

Wulforst, Harry: Breakthrough to the computer age, Charles Scribner's Sons, New York 1982, 185 Seiten

Wurster, Christian: Der Computer. Eine illustrierte Geschichte, Taschen GmbH, Köln 2002, 335 Seiten

Wüthrich, Urs: Ein Oldtimer verblüfft die Fachwelt, in: Berner Zeitung, 4. Juni 2011, Seite 3

Yoffie, David B. (Hrsg.): Competing the age of digital convergence, Harvard Business School Press, Boston, Massachusetts 1997, VIII, 464 Seiten (Alfred D. Chandler: The computer industry. The first half-century, Seiten 37–122)

Yost, Jeffrey R.: A bibliographic guide to resources in scientific computing, 1945–1975, Greenwood Press, Westport, Connecticut 2002, 263 Seiten

Zehnder, Carl August: Silicon Valley an der Limmat – aber mit Schweizer Akzent, Vortrag an der ETH Zürich, Science City, 6. November 2011, 31 Folien

Zellmer, Rolf: Die Entstehung der deutschen Computerindustrie. Von den Pionierleistungen Konrad Zuses und Gerhard Dirks' bis zu den ersten Serienprodukten der 50er und 60er Jahre. Dissertation, Universität Köln 1990, XI, 403 Seiten

Zemanek, Heinz: Das geistige Umfeld der Informationstechnik, Springer-Verlag, Berlin, Heidelberg 1992, IX, 303 Seiten (Kapitel: Geschichte der Informationsverarbeitung, Seiten 25–50)

Zientara, Marguerite, u. a.: The history of computing. A biographical portrait of the visionaries who shaped the destiny of the computer industry, Computerworld Communications, Framingham, Massachusetts 1981, 56 Seiten

Zobel, Carsten; Amler, Volker: Am Anfang war das Blech. Das Werk des Computerpioniers Konrad Zuse, in: Magazin für Computertechnik c't, 1989, Heft 3, Seiten 232–250 (Heise-Verlag, Hannover)

Zoppke, Till: Konrad Zuse und seine Rechenmaschinen, in: Information Technology, 2010, Heft 1, Seiten 5–11 (Oldenbourg-Wissenschaftsverlag, München)

Zoppke, Till; Rojas, Raul: The virtual life of ENIAC: Simulating the operation of the first electronic computer, in: IEEE Annals of the History of Computing, Band 28, 2006, Heft 2, Seiten 18–25

Zuse, Horst: Geschichte der Programmiersprachen, Technische Universität Berlin, Forschungsberichte des Fachbereichs Informatik, Bericht 1999-1, Berlin 1999, 69 Seiten

Zuse, Horst: Die heutige Dokumentierung von Konrad Zuses Pionierleistung für die Informatik, Vortrag an der ETH Zürich, Juni 2000, 9 Seiten (unveröffentlicht)

Zuse, Horst: Konrad Zuses Werk, März 2010, 124 Seiten (unveröffentlicht)

Zuse Horst: Nachbau der Zuse Z3 zu Konrad Zuses hundertstem Geburtstag im Jahr 2010, Präsentation auf der Ausstellung „Weltwissen" im Gropiusbau Berlin, 23. September 2010 bis 9. Januar 2011, 7 Seiten (unveröffentlicht)

Zuse, Konrad: Über sich selbst reproduzierende Systeme, in: Elektronische Rechenanlagen, Band 9, April 1967, Heft 2, Seiten 57–64

Zuse, Konrad: Die ersten programmgesteuerten Relais-Rechenmaschinen, in: Martin Graef (Hrsg.): 350 Jahre Rechenmaschinen, Carl Hanser-Verlag, München 1973, Seiten 51–56

Zuse, Konrad: Gesichtspunkte zur Beurteilung algorithmischer Sprachen, Gesellschaft für Mathematik und Datenverarbeitung, Abteilung für Informationswesen. St. Augustin 1975, Nr. 105, 156 Seiten

Zuse, Konrad: Installation of the German computer Z4 in Zurich in 1950, in: Annals of the History of Computing, Band 2, 1980, Heft 3, Seiten 239-241

Zuse, Konrad: Der Plankül, Gesellschaft für Mathematik und Datenverarbeitung, Bericht Nr. 63, Bonn 1972, XVI, 353 Seiten (Nachdruck: GMD Research Series, Nr. 25, GMD – Forschungszentrum für Informationstechnik, Sankt Augustin 2001, XVIII, 353 Seiten)

Zuse, Konrad: Rechnender Raum, in: Spektrum der Wissenschaft Spezial, 2007, Heft 3, Seiten 6–15

Zuse, Konrad: Der Computer – Mein Lebenswerk. Mit Geleitworten von Friedrich L. Bauer und Heinz Zemanek, Springer-Verlag, Berlin, Heidelberg, 5., unveränderte Auflage 2010, XV, 218 Seiten

Zuse KG: Programmgesteuerte Rechenanlage Typ Z 5, Neukirchen, Kreis Hünfeld, 1953, 30 Seiten

Zuse KG: Zuse. 25 Jahre Entwicklung programmgesteuerter Rechenanlagen, Bad Hersfeld, 1961, 34 Seiten (Hrsg.: Presseabteilung)

Charles Babbage-Institut, Minneapolis

The Charles Babbage Institute reprint series for the history of computing (16 Bände, 1947–1992)

Ceruzzi, Paul E.: Sammlung von Zuse-Unterlagen am Charles-Babbage-Institut der Universität Minnesota, Minneapolis: http://purl.umn.edu/60298

CBI Newsletter: http://www.cbi.umn.edu/newsletter.html

Zeitschrift zur Geschichte der Informatik

IEEE Annals of the History of Computing (IEEE Computer Society, Los Alamitos, California, http://www.computer.org/portal/web/annals/home): international führende Zeitschrift zur Informatikgeschichte

Elektronische Dokumente

Knauer, Mathias: Konrad Zuse. Porträt des Computerpioniers und seiner Maschinen, Film, Kamera: Rob Gnant, 72 Minuten, Begleitbroschüre, 42 Seiten, attacca Filmproduktion, Zürich 1990

Knauer, Mathias: Konrad Zuse. Ein Filmporträt des Computerpioniers und seiner Maschinen. Kamera: Rob Gnant, 72 Minuten, DVD, Begleitbroschüre, 42 Seiten, attacca Filmproduktion, Zürich 1990/2010

Tobler, Beatrice; Bruderer, Herbert: Videodokumentation zur Rechenmaschine M9, Museum für Kommunikation, Bern, August 2011 (DVD, videocompany.ch, Zofingen, 2h10')

Vom Rechenbrett zum Web-PC, Springer-Verlag, Berlin, Heidelberg 2001, CD (Meilensteine der Naturwissenschaft und Technik)

Zuse, Horst: Konrad Zuses Werk, DVD, 2010 (www.zuse.de)

Schriften zur M9

Powers: Programmgesteuerte Rechenmaschine M9. Technische Daten (Prospekt), 4 Seiten, sowie Programmschalttafel, 4 Seiten, Remington Rand AG, Lochkartenmaschinen Zürich, o.J.

Rechnen mit Dezimalzahlen in Ja-Nein-Wert-Verschlüsselung, Dipl.-Ing. K. Zuse, Ingenieurbüro und Apparatebau, Berlin, 16. Januar 1950, 14 Seiten (theoretische Grundlagen des Rechenlochers)

Rechenlocher-Funktionsmodell, Dipl.-Ing. K. Zuse, Ingenieurbüro und Apparatebau, Berlin, Januar 1950, 16 Seiten, sowie Änderungsvorschlag Additionswerk 1:1, 17. Februar 1950, 1 Seite

Remington Rand: M9. Panneau-Punkte. Programmierungsunterlagen. Relais-Liste, Zürich, o.J.

Remington Rand: Dokumentation zur M9. Sammlung Fred Winteler, Zürich 1955–1958 (im Museum für Kommunikation, Bern)

Zuse KG: Bau- und Konstruktionsunterlagen zur M9. 1953/1954. Museum für Kommunikation, Bern

Sammlung von Max und Markus Forrer, Bütschwil/Oberhelfenschwil

vgl. auch Ernst Inauen: Relaisrechner mit Lochstreifeneingabe und -ausgabe, Zürich 1962

Plakat

Weiss, Robert und Micha: Meilensteine der Computer-, Elektronik- und Telekommunikations-Revolution: Die wichtigsten Produkte, Firmen, Ereignisse und Entwicklungen, die in den letzten Jahren Computer-, Elektronik- und Telekommunikationsgeschichte schrieben, Plakat, 2009, www.computerposter.ch

Weitere Quellen

Staats-, Stadt- und Unternehmensarchive, ETH-Archiv, Handelsregisterämter, Museen

Webseiten

http://datenbanksammlungen.mfk.ch/eMuseumPlus (Objektdatenbank, Museum für Kommunikation)

http://de.wikipedia.org/wiki/Wikipedia (Stichworte: ERMETH, Remington Rand, Heinz Rutishauser; Ambros Speiser, Eduard Stiefel, Z4, Konrad Zuse, Zuse KG),

http://konrad-zuse-archiv.de (Forum Hoyerswerda),

http://konrad-zuse-gesellschaft.gi-ev.de (Konrad-Zuse-Gesellschaft),

http://konrad-zuse-gesellschaft.gi-ev.de/zuse-jahr-2010.html (Zuse-Jahr),

http://www.AlanTuring.net (Turing-Archiv für die Geschichte der Informatik),

http://www.chstm.manchester.ac.uk/research/nahc/ (National Archive for the History of Computing),

http://www.computer.org/portal/web/annals/home (Annals of the History of Computing),

http://www.deutsches-museum.de/archiv (Archiv Deutsches Museum),

http://www.ethistory.ethz.ch/besichtigungen/objekte/lilith (Lilith),

http://www.ethistory.ethz.ch/rueckblicke/departemente/dinfk (Geschichte der ETH Zürich),

http://www.ethistory.ethz.ch/rueckblicke/departemente/dinfk/weitere_seiten/angewandte_mathematik/index_DE/popupfriendly (Institut für angewandte Mathematik),

http://www.ethistory.ethz.ch/rueckblicke/departemente/dinfk/weitere_seiten/angewandte_mathematik/material_dokumente/1949_vertrag-z4.pdf (Mietvertrag Z4),

http://www.ethistory.ethz.ch/rueckblicke/departemente/dinfk/weitere_seiten/angewandte_mathematik/material_dokumente/bibliografie_DE/popupfriendly#angewandte_mathematik (Schriftenverzeichnis),

http://www.ethz.ch/libraries/collections/pictures (Bildarchiv der ETH-Bibliothek),

http://www.hagley.org/library/collections/searchguide.html (Sperry-Konzernarchiv), http://www.hnf.de/interaktiv/links.asp (Computer- und Technikmuseen im Internet),

http://www.inf.ethz.ch/about/history/tvbroadcast/index_DE (Geschichte der ETH Zürich),

http://www.konrad-zuse.de (Konrad Zuse),

http://www.library.ethz.ch/de/Ressourcen/Bilder (Bildarchiv der ETH-Bibliothek),

http://www.library.ethz.ch/de/Ressourcen/Digitale-Kollektionen (digitale Bibliothek),

http://www.siemens.com/history/de/siemens_corporate_archives/profil.htm (Siemens-Konzernarchiv),

http://www.sr.ethbib.ethz.ch/digbib/home (Schulratsprotokolle der ETH Zürich),

http://www.turingarchive.org (digitales Turingarchiv),

http://www.zib.de/zuse/home.php (Konrad-Zuse-Internetarchiv),

http://www.zuse.de (Horst Zuse),

http://www.zuse-jahr-2010.de.

Schulratsprotokolle

Die Protokolle des Schulrats der Eidgenössischen Technischen Hochschule Zürich sind im Netz unter http://www.sr.ethbib.ethz.ch/digbib/home verfügbar. Diese Urkunden stellen eine zuverlässige Quelle zur Geschichte der ETH Zürich dar. Sie liegen seit der Gründung 1854/55 bis zur Bildung des ETH-Bereichs im Jahre 1968 vor. Ein Jahrgang umfasst jeweils die Protokolle des Schweizerischen Schulrates, die Verfügungen des Präsidenten (auch Präsidialprotokolle genannt), den gemeinsamen Anhang und ein gemeinsames Register. Schutzfrist: Aus Gründen des Persönlichkeitsschutzes unterliegen die Schulratsprotokolle einer 50-jährigen Schutzfrist.

Dokumente zum Stichwort „Zuse“

Schulratsprotokolle 1949
Sitzung Nr. 6 vom 08.10.1949, Seiten 268–271

Präsidialverfügungen 1949
Präsidialverfügung Nr. 1341 vom 26.09.1949, Seite 1341
Präsidialverfügung Nr. 1499 vom 15.10.1949, Seite 1499
Präsidialverfügung Nr. 1500 vom 15.10.1949, Seite 1500
Präsidialverfügung Nr. 1501 vom 15.10.1949, Seite 1501

Präsidialverfügungen 1950
Präsidialverfügung Nr. 48 vom 12.01.1950, Seite 48
Präsidialverfügung Nr. 1880 vom 30.12.1950, Seite 1880

Schulratsprotokolle 1951
Sitzung Nr. 2 vom 21.04.1951, Seite 128

Schulratsprotokolle 1952
Sitzung Nr. 4 vom 12.07.1952, Seiten 325 und 327

Präsidialverfügungen 1952
Präsidialverfügung Nr. 1885 vom 23.12.1952, Seite 1885

Schulratsprotokolle 1953
Sitzung Nr. 2 vom 25.04.1953, Seite 143

Schulratsprotokolle 1954
Sitzung Nr. 6 vom 20.11.1954, Seite 429

Präsidialverfügungen 1955
Präsidialverfügung Nr. 284 vom 16.02.1955, Seite 284

Schulratsprotokolle 1957
Sitzung Nr. 6 vom 09.11.1957, Seite 559

Dokumente zum Stichwort „ERMETH"

Schulratsprotokolle 1954
Sitzung Nr. 6 vom 20.11.1954, Seite 429
Sitzung Nr. 7 vom 20.12.1954, Seite 530

Präsidialverfügungen 1955
Präsidialverfügung Nr. 2072 vom 02.12.1955, Seite 2072

Schulratsprotokolle 1956
Sitzung Nr. 4 vom 11.06.1956, Seite 265

Präsidialverfügungen 1956
Präsidialverfügung Nr. 1923 vom 13.10.1956, Seite 1923

Schulratsprotokolle 1957
Sitzung Nr. 6 vom 09.11.1957, Traktandenliste und Seite 559

Präsidialverfügungen 1957
Präsidialverfügung Nr. 473 vom 07.03.1957, Seite 473
Präsidialverfügung Nr. 1416 vom 15.07.1957, Seite 1416
Präsidialverfügung Nr. 2203 vom 30.10.1957, Seite 2203
Präsidialverfügung Nr. 2253 vom 05.11.1957, Seite 2253

Anhang 1957
Anhang

Präsidialverfügungen 1958
Präsidialverfügung Nr. 337 vom 11.02.1958, Seite 337

Schulratsprotokolle 1959
Sitzung Nr. 2 vom 02.05.1959, Seiten 207 und 223

Präsidialverfügungen 1959
Präsidialverfügung Nr. 12 vom 06.01.1959 , Seite 12

Anhang 1959
Anhang, Seite 614

Schulratsprotokolle 1960
Sitzung Nr. 3 vom 07.05.1960, Seite 313

Präsidialverfügungen 1960
Präsidialverfügung Nr. 102 vom 12.01.1960, Seite 102

Museen mit Zuse-Maschinen

Die Museen haben meist eine oder mehrere der späteren Maschinen, vor allem die Geräte Z11, Z22, Z23, Z25 und Z64 (Graphomat). Die im Krieg zerstörten Modelle Z1 und Z3 gibt es nur als Nachbauten. Die Z4 und die M9 sind als Originale vorhanden. Von der Z4 wurde nur ein Stück gebaut, von der M9 hat soweit bekannt nur eine Anlage überlebt. Von den Geräten Z1 bis Z10 (=M10) existieren nur noch zwei Originalmaschinen: Z4 (München) und M9 (Bern). Hinzu kommen vier Nachbauten: Z1 (Berlin), Z3 (München, Hünfeld, Paderborn). Ab der Z11 sind noch grössere Stückzahlen verfügbar. Ältere Maschinen sind insbesondere in München, Berlin und Bern zu finden. Die umfangreichsten Bestände stehen in Berlin, Hoyerswerda, Hünfeld, Kassel, Kiel, München und Paderborn.

Arithmeum, Bonn	http://www.arithmeum.uni-bonn.de
Computer History Museum, Mountain View, Kalifornien	http://www.computerhistory.org
Computerschausammlung der Fachhochschule Kiel	http://www.fh-kiel.de/index.php?id=186 und http://www.mediendom.de
Deutsches Museum, München	http://www.deutsches-museum.de
Deutsches Technikmuseum Berlin	http://www.sdtb.de
Fachhochschule Suderburg	http://www.ostfalia.de
Heinz-Nixdorf-Museumsforum, Paderborn	http://www.hnf.de
Konrad-Zuse-Computermuseum, Hoyerswerda	http://www.konrad-zuse-computermuseum.de
Konrad-Zuse-Museum, Hünfeld	http://www.zuse-museum-huenfeld.de
Museum für Kommunikation, Bern	http://www.mfk.ch

Staatliche Museen, Kassel (Astronomisch-Physikalisches Kabinett Mathematik und Informationstechnik)	http://www.museum-kassel.de/index_ navi.php?parent=1416
Technische Sammlungen, Dresden	http://www.tsd.de
Technisches Museum Wien	http://www.tmw.at
Zentrum für Kunst und Medientechnologie, Karlsruhe	http://www.zkm.de
Zuseum, Bautzen	http://www.zuseum.de

Weitere bedeutende technische Museen (Auswahl)

Canada Science and Technology Museum, Ottawa	http://www.sciencetech.technomuses.ca
Museum of the History of Science, Oxford, UK	http://www.mhs.ox.ac.uk
Science Museum, London, UK	http://www.sciencemuseum.org.uk
The National Museum of Computing, Milton Keynes, UK	http://www.tnmoc.org

Weitere Computermuseen in der Schweiz

Computermuseum im Gymnasium Bäumlihof, Basel	http://cmgb.blogspot.com
Computermuseum Schweiz (Männedorf)	http://www.computermuseum.ch
Computissimo (zurzeit nur im Netz)	http://www.computissimo.ch
ENTER-Museum (Solothurn)	http://www.pcmuseum.ch (http://www.enter-online.ch)
Musée Bolo (ETH Lausanne)	http://www.bolo.ch (http://www.smaky.ch; http://www.memoires-informatiques.org;)
Siemens Forum (Zürich)	http://w5.siemens.ch/siemensforum

Vereinigungen zur Informatikgeschichte

Arbeitsgemeinschaft Geschichte und EDV (D)	http://www.age-net.de
Britische Gesellschaft für Computergeschichte (GB)	http://www.computerconservationsociety.org
Konrad-Zuse-Gesellschaft (D)	http://konrad-zuse-gesellschaft.gi-ev.de/
Österreichische Gesellschaft für Informatikgeschichte (A)	http://www.oegig.at
Verein Geschichte und Informatik (CH)	http://www.ahc.-ch.ch

Zeitzeugen

Zeitzeugen der Z4
Appenzeller, Hans Rudolf (Kanada), Bloch, Marcel; Böhm, Corrado (Italien); Engeli, Max; Hochstrasser, Urs; Lanker, Emil; Läuchli, Peter; Primas, Hans; Schwarz, Hans-Rudolf; Waldburger, Heinz

Zeitzeugen der ERMETH
Bauder, Alfred; Engeli, Max; Ganz Alfred (USA); Läuchli, Peter; Oehler, Oscar; Schwarz, Hans-Rudolf; Streckeisen, Paul; Szigeti, Paul; Waldburger, Heinz; Waldvogel Jörg; Zehnder Carl August

Zeitzeugen der M9
Baeumler, Alarich (†, Deutschland); Forrer, Max; Huggler, Werner; Inauen, Ernst; Stadelmann, Hansjürg; Steinmann, Josef; Winteler, Fred

Zeitzeugen sowohl der Z4 wie auch der ERMETH
Appenzeller, Hans Rudolf (Kanada); Engeli, Max; Läuchli, Peter; Schwarz, Hans-Rudolf; Waldburger, Heinz

Die obige Übersicht umfasst die noch lebenden, bekannten Zeitzeugen. Es wurden noch weitere Zeitzeugen ermittelt. In diesen Fällen konnte entweder keine Anschrift ausfindig gemacht werden, oder es kam weder ein mündlicher noch ein schriftlicher Gedankenaustausch zustande. Mit allen oben erwähnten Zeitzeugen wurden Gespräche geführt, meist telefonisch, in vier Fällen schriftlich (Hans Rudolf Appenzeller, Kanada; Alarich Baeumler †, Deutschland; Corrado Böhm, Italien; Alfred Ganz, USA). Fast alle Zeitzeugen sind über 80-jährig und z.T. über 90-jährig. Leider liess sich nur ein Zeitzeuge der Z4 für einen längeren schriftlichen Bericht gewinnen: Urs Hochstrasser. In seinen äusserst wertvollen und sehr ausführlichen Beitrag sind auch Erfahrungen anderer Zeitzeugen der Z4 eingeflossen. Hochstrasser beseitigt die Legende vom überaus zuverlässigen und aufsichtlosen Bertieb der Z4.

Nachwort

Z4-Praktikum nur für Genies?

Im ETH-Vorlesungsverzeichnis des Sommersemesters 1952 wurde angekündigt: „Praktikum an der programmgesteuerten Rechenmaschine Z4 (Zuse) am Institut für angewandte Mathematik. Prof. Stiefel, Dr. Rutishauser, Dr. Speiser". Rutishauser, mein Mathematiklehrer am Gymnasium, hatte mir „die Maschine" kurz nach ihrer Installation einmal gezeigt. Daher war mein Interesse geweckt. Bei der Ankündigung der Lehrveranstaltung tauchte die Frage auf: „Ist das für normale Leute oder muss man da ein Genie sein?" Seine Antwort: „Komm nur". Wir waren wenige Hörer, vielleicht ein Dutzend Mathematiker aus der Industrie: BBC, Sulzer usw., Max Anliker, Assistent bei Prof. Hans Ziegler, Heinz Waldburger, Bauingenieur-Student und Militärpatient, der sich langsam von Bandscheibenvorfall-Operationen in den Vorjahren erholte.

Meine Vorlesungsnotizen zeigen, dass Stiefel nicht in Erscheinung trat. Rutishausers 56 Seiten betrafen folgende Themen: Struktur einer programmgesteuerten Rechenmaschine, externes Rechenprogramm, Rechenbefehle, Flussdiagramm, numerische Anwendungen, sauber strukturiertes Programmieren, Rechnen mit Befehlen. Hinzu kamen die 16 Seiten der „Bedienungsanweisung Z 4", die er gewiss verbessert hatte, und das kurze „Reglement für die Bedienung der programmgesteuerten Rechenmaschine" vom 20. September 1950. Die 20 Seiten Notizen zu Speisers Vorträgen erklärten das Funktionieren von elektrischen und elektronischen digitalen Schaltungen und deren Kombinationen für die Rechen- und Datenübertragungsfunktionen.

Die Anstellung

1953 begann die Arbeit für den Eigenbau der *E*lektronischen *R*echen*M*aschine der *ETH*. Der hervorragende Professor Stiefel, Mathematiker und Computervordenker, hatte dazu schon vorher mit sicherer Hand die besten Mitarbeiter für sein ERMETH-Projekt gewählt: als Chef-Mathematiker den genialen Dr. Rutishauser und als Chef-Ingenieur den fachlich souveränen und industrieverbundenen Dr. Speiser. Alle brauchten Assistenten und technische Mitarbeiter. So bekam ich ab Januar 1953 zunächst eine Halbassistenz: Student ohne Diplom, etwa 210.- Franken im Monat, welch ein Glück! Die erste Arbeit: Korrekturlesen für die Habilitationsschrift von Rutishauser. Dabei ging es um die rechnergesteuerte Übersetzung von Programmen.

Hammer und Meissel verwandeln eine digitale 1 in eine 0

Besonders lehrreich war es, Urs Hochstrasser, der schon zwei Jahre Erfahrung mit der Zusemaschine hatte, als Rechenknecht und Nachtoperator zu helfen. Im Maschinenraum stand ja auch ein einfaches Feldbett für die kurzen nächtlichen Zeitabschnitte, in denen die grüne Kontrolllampe der Z4 „rechnet“ meldete. Das Rechnen war mit erheblichem Getöse verbunden. Leuchtete hingegen die (rote) Anzeige „wartet“, wurde es still, und – verkehrte Welt – der verantwortliche Bediener hatte zu erwachen. Für die Korrektur von Filmstreifen standen verschiedene Werkzeuge zur Verfügung: ein kleiner Holzblock, ein kleiner Hammer und ein Lochmeissel, und schon wurde aus der digitalen „1“ eine „0“: ein handfester Editor!

Sturzflug: 50 Stunden Rechenzeit für 2,4 Sekunden Flug

Es gab zeitraubende Rechnungen, etwa für den Sturzflug des Düsenflugzeugs P-16: Von Freitagabend bis Sonntagabend. Differenzialgleichungen mit variablen Koeffizienten zur Darstellung der Steuerbewegung des Piloten, der aus 30^0 Neigung die Horizontale erreichen will; Flugzeit: 2,4 Sekunden, Rechenzeit: 50 Stunden. Nach der ersten Nacht war auf meinem Millimeterpapier immer noch eine gerade Linie zu sehen.

Rutishausers Vorlesungen und Algol

1954 trug Rutishausers Vorlesung die Überschrift *„Programmgesteuertes Rechnen“.* Er verfeinerte diese Einführung in die Praxis der Programmierung schrittweise. Sie war schon ganz auf die ERMETH ausgerichtet. Zur Vorlesung habe ich eine gekürzte Niederschrift verfasst. Diese erschien 1959 in meiner „Gebrauchsanleitung für die ERMETH“, die vom Institut für angewandte Mathematik herausgegeben wurde. Somit waren alle für die Anwender erforderlichen Programmier- und Gerätekenntnisse festgeschrieben.

Das Wechselbad von Theorie und Praxis an der ETH war äusserst anregend. Rutishauser war dabei ein echter Meister, zurückhaltend, zusammenführend, stets hilfsbereit. Zuses geniale Erfindungen und sein einzigartiger Rechenautomat liessen an der ETH dank Stiefel, Rutishauser und Speiser eine eigenständige schweizerische Informatik-Kultur wachsen. Nicht die beim Bau von Prozessoren und Magnetspeichern erworbenen technischen Kenntnisse überlebten, sondern Rutishausers Programmiergrundsätze. Sie flossen in die von ihm geschaffene Programmiersprache Algol ein, die leider industriell zu spät kam. Sie bildet aber unbestritten den Ursprung der Informatiktechnologie der ETH mit den Programmiersprachen Pascal (erfolgreich dank ausländischen Partnern), Modula, Oberon und Zonnon von Niklaus Wirth und Jürg Gutknecht.

Kein Silicon Valley

Dass in der Schweiz kein Silicon Valley entstand, muss wohl ähnlichen Widerständen angelastet werden, wie Zuse sie erlebte. Er erzählte, dass er für die Vorführung seiner Maschine vor einer militärischen Delegation als Anwendung eine Matrizeninversion wählte. Der General fragte seinen Adjutanten, was diese Maschine denn könne. „Herr Jeneral, der Inschenör

Zuse hat 'ne Maschine erfunden, wo Matrizen invertieren kann". Zuse bekam die erhoffte finanzielle Unterstützung nicht; die Berechnung einer Geschossflugbahn hätte sie gewiss gebracht.

Erste Informatikvorlesung auf dem europäischen Festland

Die Studierenden in den ersten Z4-Jahren waren sich wohl nicht bewusst, dass 1952 in Zürich meines Wissens die erste Informatikvorlesung auf dem europäischen Kontinent stattfand. Und vermutlich ahnte niemand, dass wir dank Zuse und dank des Triumvirats unserer Lehrer an der weltweiten Entwicklung der Informationstechnologie teilnahmen.

Heinz Waldburger

Sach- und Personenverzeichnis

Abakus (Rechenrahmen) 1
ABB XII, 8, 39
ABC (Rechenautomat) 1, **67–68**, **72–74**, 84, **86, 93, 95**, 97–101, 103, 105, siehe auch Atanasoff-Berry-Rechner
Abfühlbox 121, 137, 154
Abtaster 8, 14, 23
ACE (Rechenautomat) XIII, 1, **49**, 52, 64, 68, 73, **76**, **90**, **93, 95**, 97–99, 101–102, 104–105
Action this day 48
Ada (Programmiersprache) 53, 81
Adressumrechnung 56
Aerodynamische Versuchsanstalt, Göttingen 6, 17
Aiken, Howard Hathaway 17, 52, 58, **67–68**, 79, **88**, 107
Aiken-Code 84, 87, 98
akustischer Speicher 69
Alexander, Samuel N. 92
Algol (Programmiersprache) **12**, 26, 43, 112–113, 206
Algorithmenmodell 48
Algorithmus/Algorithmen 12, 31, 35, **38, 44,** 48, 57
Allzweckmaschine 84, 102
Allzweckrechner 52
Amer, Roshdi Abdel-Rahmann 40, 112
American Telephone & Telegraph Company (AT&T) 79, 86, 93, 95, siehe auch AT&T
Ammann, Hans 40, 112
Analogrechner 72, 79
analytical engine 53
analytische Maschine XVIII, **53, 58,** 66–68
Anfangswertproblem 9, 14
Angehrn, Theodor 81
Annals of the History of Computing 197
Ansprechwicklung 120
Anweisung XVIII, 46, 50, **52**, 58, 84, 205
APEC (Rechenautomat) 75–76
Appenzeller, Hans Rudolf 40, 111, 204
Arbeitsablaufplan 157–159
Arbeitsspeicher 51, 53, 107, 109, siehe auch Hauptspeicher
ARC (Rechenautomat) 75–76
Arithmeum, Bonn 202
ASCC (Rechenautomat) XIII, 1, 16–17, 55, 58, 61, **67–68, 73–74**, 77–78, 83, **88, 93, 95**, 98, 102
Aspray, William 46, 54
Assembler (Programmiersprache) 80
AT&T (American Telephone & Telegraph Company) 79, 86, 93, 95, siehe auch American Telephone & Telegraph Company
Atanasoff, John Vincent 57, 61, **66–67, 72–73**, 77–79, 85–**86, 93, 95**
Atanasoff-Berry-Rechner 1, 61, **66–67, 72–73,** 77, 85–**86, 93, 95**, siehe auch ABC
Atlas (Rechenautomat) 16, 70, 90
Atombombe 16, 55
Auf- und Abrundung 151
Ausgabewerk 51, 58
Automatentheorie 47
Avidac (Rechenautomat) 68

Babbage, Charles XIII, XVIII, 49, **53**, 56–**58**, **66–68,** 197
Bachmann, Walter Karl 80

Backus, John 44
Baeumler, Alarich XIV, **118**, 121, 204
Ballistik 79
Bauer, Friedrich Ludwig 1, 3, 7, 46, **54, 63**
BBC, Baden XII, 8, 107, 205, siehe auch Brown, Boveri, Baden
BBC, Mannheim 10
bedingter Befehl 52, 56, 86–91
bedingter Sprungbefehl 6, 51 56, **62,** 126
Befehl V, 9, **12–13**, 21–22, 39, 46, **52**–53, 56, 84, 205
Befehlsspeicher 56
Befehlstreifen 13
Bell Labs 69, 72, siehe auch Bell Telephone Laboratories
Bell Labs Model 1 (Rechenautomat) 1, **86**, 93, 95
Bell Telephone Laboratories 61, **67, 77**, 79, **86**, 93, 95, siehe auch Bell Labs
Bell-Relaisrechner 61
Bendix G-15 (Rechenautomat) 90
Berechenbarkeitstheorie 47
Bernays, Paul 49–50
Bernoulli-Zahlen 53
Berry, Clifford Edward 67, 86
Besatzungszone 64–65
Besk (Rechenautomat) 68
Besm (Rechenautomat) 68
Betriebssystem 78
Beyer, Kurt 54–55
Biermann, Ludwig 62
Bigelow, Julian Himely 91
Billing, Heinz XIV, **17**, 56, **62**, **64–65**, 69
BINAC (Rechenautomat) 1, 68, 71–74, 77, 84, **90, 93, 95**, 97–99, 101–102, 104–105
binär 86–106 (Tabellenspalte)
binär verschlüsselt 52, 87, 89, 92, 119, 126
Binärstelle 118
Binärsystem 12, siehe auch Dualsystem
Binärzahl 118–119, siehe auch Dualzahl
biquinär (Verschlüsselung) 91, 98
Bird, Raymund 75
Birkbeck College, London 62, **75–76**
Bletchley 48–49
Bletchley Park **48–49**, 70, 73, **86**
Bloch, Richard 55, 59
Blum, Peter 79–81
Böhm, Corrado 8, **14–16**, 23, 40, 42, 44, 204
Bolo-Museum, ETH Lausanne 80, siehe auch Musée Bolo, ETH Lausanne
Bombe (Rechengerät) 48, 86
Booth, Andrew Donald 69, **75,** 78
Boutros, Youssef 40, 112
Braunsche Röhre 69
britische Post, London 15, 61
British Tabulating Machine (BTM), Letchworth 75, siehe auch BTM
Britten, Kathleen H.V. 75
Broadhurst, Sid W. 86
Bromley, Allan 54
Brooker, Tony 75
Brooks, Frederick P. 110
Brown, Boveri (BBC), Baden 32, 34, siehe auch BBC, Baden
Brown, Boveri (BBC), Mannheim 10
BTM 1200 (Rechenautomat) 75–76
BTM (British Tabulating Machine), Letchworth 75–76
Bundesamt für Bildung und Wissenschaft, Bern 16, 20, 116
Bundesgericht 79, 86
Bundespatentgericht 1
Bureau of Standards Ost, Washington, D.C. 30, 77, **92**, 94–95
Bureau of Standards West, Los Angeles 77, **92**, 94–95
Burks, Alice Row 54, 57
Burks, Arthur Walter 12, 50, 54, 57, 79, **87, 91**
Burroughs 79, 125
Bus (Datenweg) 51
Bush, Vannevar 67
Byron, Augusta Ada 53

C++ (Programmiersprache) 26
Caminer, David 88

Campbell, Robert 55
Carl Zeiss, Jena 62–63
CDC 109, 116
Cellatron (Rechenautomat) 63
Centro svizzero di calcolo scientifico (CSCS), Manno 116
Ceres 1, 2, 3 (Rechenautomaten) 81, 112–113
Cern, Genf 36, 112
Ceruzzi, Paul E. 54, 84, 197
Chandler, W.W. 86
Chedaker, Joseph 87
Church, Alonzo 48
Churchill, Winston 48, 70
Church-Turing-These 45
Clark, Wesly 69
Cobol (Programmiersprache) 55
Cohen, Arnold A. 90
Cohen, Bernard 68
Colossus (Rechenautomat) XIII, 1, 15, 49, **58**, 61, **66–68, 70,** 73–74, 76, 84, **86, 93, 95,** 97–98, 100–101, 103, 106
Columbia-Universität, New York 76, 79, **91, 93, 95**
Compiler (Übersetzer) 12, 44, 113
Complex Number Calculator (Rechenautomat) 1, 61, **66–67**, 72–74, 77, **86, 93, 95**–96, 98–101, 103, 105, 119
Computer V–VI, XI, XIII, XVII, 1–2, 12, 15, 20–23, 25–27, 43, 45–46, 49–50, **52–57**, **61–62**, **64–70**, **72–75**, 77–79, 81–82, 84–87, 89–90, 92–97, 104, 106, 110, 115, 118, 128
Computer History Museum, Mountain View 128, 202
Computermuseen 127, 202–203
Computerpionier 54, **67**, 89, 92, 94, 96, 198
Computerschausammlung Fachhochschule Kiel 127, 202
Computist 77
Computor 77
Contraves, Zürich 6, 17, **39**, 63, **79–81,** siehe auch Oerlikon Contraves, Zürich
Control Data Corporation 70, 79, 109, 116
Coombs, Allen W. M. 86
Copeland, B. Jack 44, 46, 49, 54, 56, 64
Cora 1 (Rechenautomat) XII, 63, 69, **79–83**
Cora 2 (Rechenautomat) 79–81
Coragraph (Zeichentisch) 80–81
Crawford, Perry O. 92
Cray (Rechenautomat) 116
Cray Research 70
Cray, Inc. 70
Cray, Seymour 70, 116
CSCS (Centro svizzero di calcolo scientifico), Manno 116

D1, D2, D4a (Rechenautomaten) 62–63, 69
Dask (Rechenautomat) 68
Datenaustausch 84
Datenkanal 51
Datenspeicher **7, 12–13, 45–46,** 56, 58, 75
Datenübertragung 84, 205
Datenweg 51
Dauphin (Rechner für Selbstbau) 82
Davis, Martin 50, 54
DD-Zahl (Dezimal-Dualzahl) 119
Defense calculator (Rechenautomat) 16
Dekade 118
Departement für Informatik (ETH Zürich) XIV, 5, 115
Departement für Mathematik (ETH Zürich) 115
DERA (Rechenautomat) 63
DEUCE (Rechenautomat) 49, 68, 73, 76, 90
Deutsche Versuchsanstalt für Luftfahrt 2–3
Deutsches Museum, München XII–XIII, **7, 10**, 16, 64–65, 123–124, 127, 202

Deutsches Technikmuseum Berlin XII, **7**, 127, 202
Deutsch-Französisches Forschungsinstitut, Saint-Louis (Elsass) 10–11, 16
dezimal 86–106 (Tabellenspalte)
Dezimal-Dualzahl 119
Dezimalstelle 12, 118
Dezimalsystem 107, 109, 119, 126
Dezimalzahl 21, 87, 91, 98, 119, 126
Dezimalziffer 84, 86, 89, 92, 118–119
Differenzialgleichung 8–9, **14**, 16, **30–37**, 39, 206
Differenzmaschine 53
Dioden 23, 80
Direktzugriff 57, 68, 73, 84
DISER 81
Drehschalter 50, 58, 84, 87–89, 92, 103
Drei-Exzess-Code 119, 122
Dreyer, Hans-Joachim 63
dual-dezimales Zahlensystem 86, 89
Dualsystem 12, 17, 109, 119, 126, siehe auch Binärsystem
Dualzahl 21–22, 119, siehe auch Binärzahl
Durfee, Benjamin M. 88
DYSEAC (Rechenautomat) 92

Echtzeitrechner 16, 81
Echtzeitverarbeitung 92
Eckert, John Presper XIII, 12, **50–52**, **54–55**, **57–59**, 66–67, 77–79, 86–**87**, 89–90
Eckert, Wallace John 79, 91
Eckert-Mauchly Computer Corporation (EMCC), Philadelphia 70, 77, 90, 93, 95, siehe auch EMCC
Eckert-von-Neumann-Maschine 54
Eckhard, Alfred 118
EDSAC (Rechenautomat) 1, 54, **67–68**, 73–74, 76, 84, **87**–88, **93**, **95**, 97–102, 104–105
EDVAC (Bericht) 12, **50**, **52**, 58, 67, **78**, 84
EDVAC (Rechenautomat) 1, 51, **68**, 77, 84, **87**, **93**, **96**–102, 104–105
EDVAC-Patent 51
Eingabewerk 51
Einstein, Albert 44, 64
Einzelfertigung 86–106 (Tabellenspalte)
Einzweckgerät 72
Einzweckmaschine 84
Einzweckrechner 101
Electricité de France 10
Electronic Control Company, Philadelphia 70
elektromechanisch 86–106 (Tabellenspalte)
elektromechanischer Relaisspeicher 69
Elektronenrechner 17, 47, 49, 51, 62, 66, 78, 111
Elektronenröhre 6, 23, 25, 69, 89, 101
Elektronenstrahlröhre 69
Elektronenstrahlspeicher 57, 68
elektronisch 86–106 (Tabellenspalte)
elektronischer Laufzeitspeicher 69
elektrostatischer Speicher 68–69
Elliott 152 (Rechenautomat) 76
Elliott 401, 402 (Rechenautomaten) 76
Elliott Brothers, London 70, 76
EMCC (Eckert-Mauchly Computer Corporation), Philadelphia 70–71, 73, siehe auch Eckert-Mauchly Computer Corporation
Emulation 85
Endlosschleife 14
Engel, Emil 40, 111
Engeler, Erwin 10
Engeli, Max XIV, 7, 40, 42, 204
Engineering Research Associates (ERA), St. Paul 70–71, 77, **90**, **93**, **96**
English Electric Company, Stafford 49, 70, 90
English Electric Computers, Stafford 70
English Electric, Stafford 76
Engstrom, Howard T. 90
ENIAC (Rechenautomat) XIII, 1, 12, 15–16, **50–52**, **54–55**, **57–58**, 61, **67–68**, 70, 72–74, 77, 79, 84, 86–**87**, **93**, **95**, 97–100, 102–103, 105

Enigma (Verschlüsselungsmaschine) 48, 50
Entscheidungsproblem 44, 50, 67
Entzifferung 48
Epsitec 82
ER 56 (Rechenautomat) 63, 69
Era 1101 (Rechenautomat) 16, **70**–71, **74**, 77, **90, 93, 96**–100, 102, 104, 106
ERA (Engineering Research Associates), St. Paul 70
Erfindungshöhe 78
ERMETH (Rechenautomat) V, XI, XVII, 10–11, 18, 22, 25, **39–42**, 63, 68, 79, 81, 84, **107–113**, 116, 125, 129, 201, 204–206
ETH Lausanne XII, XVII, **79–80**, **82–83**, 112, 116, 203
Europäisches Laboratorium für Elementarteilchenphysik, Genf 36, 112
Everett, Robert Rivers 92
Exzess-3-Code 119, 122

Fachgruppe für Computerwissenschaften (ETH Zürich) 5, 115
Fachgruppe Informatik- und Computergeschichte (Gesellschaft für Informatik) 3
Fachgruppe Informatik und Zeitgeschichte 3
Felker, Jean Howard 69
Fenstertechnik 113
Fernmelderelais 69, siehe auch Telefonrelais
Fernschreiber 24, 71, 86
Fernsehen 78
Fernsteuerung 73, 86
Ferranti Ltd., Manchester 49, **70**, **76,** 78, **87,** 93, 95
Ferranti Mark (Rechenautomat) 1, 49, **70**–71, **73**–74, **76**, **87**–88, **93, 95**, 97–99, 101–102, 104, 106
Ferritkern 84
Ferritkernspeicher 69
fest verdrahtet 45, 52, 58, 72, 84, 104
Festkomma 86–106 (Tabellenspalte)
Festkommarechner 99–100
Festkommarechnung 62, 75, siehe auch Festpunktrechnung
Festprogramm 103
Festpunktrechnung 53, siehe auch Festkommarechnung
Festspeicher 52
Feuerleitsystem 79–81
FFA (Flug- und Fahrzeugwerke Altenrhein) 24–25, siehe auch Flug- und Fahrzeugwerke Altenrhein
FIAT 65
Fieldguard 80–81
Filmstreifen V–VI, 14, **21–23**, **25**, 206
First Draft of a Report on the EDVAC 12, 50, 67
Flatterrechnung XII, 19, **24–27**, 34, 42
Fliegermuseum Dübendorf 50
Flowers, Thomas H. 66–67, **86**
Flug- und Fahrzeugwerke Altenrhein (FFA) XII, 19, **24, 34–35,** 39, 42, siehe auch FFA
formale Sprache 2, 26, 47
Forrer, Markus 123, 127, 198
Forrer, Max XIV, **120, 123–125, 127**, 132, 136, 198, 204
Forrester, Jay Wright 92
Fortran (Programmiersprache) 26
Fromme, Theodor 10
Funkenbildung 119
Funksprüche 43, 86
Funktionseinheit 51–52
Funkverkehr 48, 81
Füssl, Wilhelm 7, 64, 123

G1, G1a, G2, G3 (Rechenautomaten) 17, 62–64
Gander, Walter XIV, 110
Gantenbein, Peter 40, 112
Ganz, Alfred 40, 112, 204
Geldgeber 2, 75
General Electric 79
Generation 0, 1, 2 (Rechner) 55, **66,** 97
George (Rechenautomat) 68
gespeichertes Programm 52, 57

Gfeller, Bümpliz 107
Gigabooster (Rechenautomat) 82
Gill, Stanley 54
Girsberger, Hans-Peter 81
Gleichrichter 121, 132
Gleitkomma 86–106 (Tabellenspalte)
Gleitkommarechner 99–100
Gleitkommarechnung 62–63, 84, 100, siehe auch Gleitpunktrechnung
Gleitpunktrechnung XVII, **1**, 7, 43, **62–63**, 71, 74–75, 84, 87, **89**, 91, siehe auch Gleitkommarechnung
Gold, Tom 87
Goldstine, Herman Heine 12, **50**, 54, **78–79**, **91**
Government Code and Cypher School (britischer Geheimdienst) 48
Grande Dixence (Staumauer) 9, 19–**20**, 22, **30**
Graphomat (Z64) 111, 202
Grassmann, Winfried K. 12
Griosch, Herbert 79
Grundeinheit 58
Grundrechenart **13, 5**3, 121, 126
Guignard, André 82, 112
Gunzinger, Anton 81
Gutknecht, Jürg XIV, 113, 206
Gutknecht, Martin XI, XIV, 39, 42, **116**

Haag-Streit, Köniz 80
Haddad, Jerrier A. 91
Hagley-Museum, Wilmington XIII
Halbleiterspeicher 69
halblogarithmische Darstellung 12
Halteproblem 44
Haltewicklung 120
Hamilton, Francis E. 88, 91
Hardware 27, 78, 115
Harris, J. R. 69
Harvard Mark 1 (Rechenautomat) XIII, 1, 16–17, **55, 58,** 61, 67–68, 72–74, 77–78, 83, **88, 93, 95**–96, 98–100, 102–103, 105
Harvard-Universität, Cambridge 17, **55, 67**, 76–79, 88, 93, 95
Hasler, Bern 24, 36, 39, 107
Hastings, Ismay 48
Hauptspeicher **51–52**, 56, 69, 84, siehe auch Arbeitsspeicher
Heath Robinson (Rechengerät) 86
HEC (Rechenautomat) 75–76
Heinz-Nixdorf-Museumsforum, Paderborn XII, 127, 202
Heisenberg, Werner 64
Hellige, Hans Dieter 3
Hemy, Derek 88
Henrici, Peter 40, 115
Henschel-Flugzeug-Werke 2
Hexagon AB, Stockholm 111
Hilbert, David 31, 49
Hilbertsches Entscheidungsproblem 44, 50
Hinsley, Francis Harry 48
Hinterberger, Hans XIV
Hochleistungsrechenzentrum 116
Hochstrasser, Urs XI, XIII–XIV, XVII, 7, 9, 14, 16, **18–19**, **30, 32, 34–35, 37, 40**, 42, 116, 204, 206
Hodges, Andrew 54, 64
Hollerith, Herman 65, 67, 75
Honeywell 57, **79**, 86
Hopper, Grace Murray 55, 59
Hörfunk 78
Hromkovic, Juraj XIV
Huggler, Werner XIV, 120, 128, 204
Hughes, Ernest S. 91
Hürlimann, Annemarie 40, 111
Huskey, Harry Douglas 49, 54, 90, **92**
Hybridrechner 91–92

IAM (Institut für angewandte Mathematik, ETH Zürich) V, XI, 20, 22, **29, 40–42**, 115, siehe auch Institut für angewandte Mathematik (ETH Zürich)
IAS, siehe Institute for Advanced Study, Princeton
IAS Rechner 51, 58, 68, 74, 77, **91, 93, 96**–100, 102, 104–105

IBM 16–17, 24–25, 42, 58, 61, **71**, 75, 77–79, **88**, 91, 93, 95, 107, 112, siehe auch International Business Machines Corporation
IBM 360 (Rechenautomat) 110
IBM 650 (Rechenautomat) 1, 71, 74–75, 77, 84, **91, 93, 96**–100, 102, 104, 106
IBM 701 (Rechenautomat) 1, 16, 68, 71, 74–75, 77, 90–**91, 93, 96–100,** 102, 104, 106
IBM 704 90
IBM 7070 91
IBM ASCC (Rechenautomat) XIII, 1, 16–17, 55, 58, 61, **67**–68, 73, 77–78, 83, **88, 93, 95**, 98, 102
IBM CPC (Rechenautomat) 66
IBM SSEC (Rechenautomat) 1, 72–74, 77, 83, **91–93, 95**–100, 102–105
IBM, Endicott (New York) 17, 77, 88, 91, 93, 95–96
IBM, Poughkeepsie (New York) 77, 91, 93, 96
IBM-Forschungslabor, Rüschlikon 42, 107
ICCE (Rechenautomat) 75–76
ICT-Rechner 75
IEEE Annals of the History of Computing 197
Illiac (Rechenautomat) 68
Imperial College, London 62, 64, 75–76
Inauen, Ernst XIV, **119**–120, 122–123, 128, 130, 204
Institut für angewandte Mathematik (I-AM, ETH Zürich) V, XI, XIV, XVII, **5–6**, 15–20, 25, 27, 29–30, 34, **36–40**, 42, **109–111**, 113, 115, 125, 205–206, siehe auch IAM (ETH Zürich)
Institut für Informatik (ETH Zürich) 115
Institut für wissenschaftliches Rechnen (ETH Zürich) 115
Institute for Advanced Study (IAS), Princeton 51, 61, 68, 76–77, **91,** 93, 96
integrierte Schaltung 23, 80
International Business Machines Corporation 25, 61, **91,** 93, 95–96, siehe auch IBM
International computers and tabulators (ICT) 75
Internet 27, 47, 78
Interpreter 46
Iowa State College, Ames 61, **67–68**, 76–77, **86,** 89, 93, 95
Iteration 13, 15, 53

Jacquard, Joseph-Marie 67
Jacquard-Webstuhl 53
Johnniac (Rechenautomat) 68

Kabelverbindung 84, 87, 103
Kaiser-Wilhelm-Institut für Physik, Berlin 64
Kämmerer, Wilhelm 62
Kartendoppler 130, 157–158
Kartenleser 53, 117, 121, 128, 130
Kartenlocher 117, 130, 158
Kartenmischer 130, 157
kartenprogrammiert 66
Kartenprüfer 130
Kartensortierer 130, 158
Kartenstanzer 53, 121, 128, 130
Kartenstation 129, 133
Kasperek, Joachim 81
Kathodenstrahlröhre 57, 69
Kathodenstrahlröhrenspeicher 68, 84
Keen, Harold 48
Kernspeicher 62–63, **69**, 80–81, 90, 109
Kilburn, Thomas 67, 78, **87–88**
King, Ada 53
Kinofilm 12
Kitz, Norbert 75
Knuth, Donald E. 57
Komplexitätstheorie 47
konjugierte Gradienten 21, 27, 32, 37
Konrad-Zuse-Computermuseum, Hoyerswerda 127, 202
Konrad-Zuse-Gesellschaft 204

Konrad-Zuse-Museum, Hünfeld 7, 128, 202
Konstantenregister 84
Kortum, Herbert 62
Koutroufiotis, Dimitri 41, 112
Kreuzwähler 107
Kriegsauftrag 3, 15
Krypt(o)analytiker 16
künstliche Intelligenz 48
Kurzzeitspeicher 51

Laett, Harry 8, 15, 23, 41–42
Lake, Clair D. 88
Langzeitspeicher 51
Larson, Earl Richard 79, 86
Lattmann, Max 6, 17, 80
Läuchli, Peter **VI**, XI, 14, **41**, **107**, 111–112, 204
Laufzeit 46, 51, 57–58
Laufzeitspeicher 57, **68–69**, 73, 84
Lavington, Simon 54
Lebedew, Sergei 57
Lehman, Manny 75
Lehmann, Nikolaus Joachim 62, 69
Leibnitz, Gottfried Wilhelm 67
Leica Geosystems, Heerbrugg 111
Leiterplatte 80
Leitwerk XII, 51, 58, 109
Leitz Ernst, Wetzlar 31–32, 89, 124
Lennaerts, Ernest H. 87
Leo (Rechenautomat) 1, 71, 74, 76, 87–**88**, **94**, **96**–99, 101–102, 104, 106
Leo Computers, London 70, 88, 94, 96
Lilith (Rechenautomat) 81, 112–113
Lindgren, Nilo A. 53
Liste der Aufträge (Z4) 30
Lochband 58, 71, 80, siehe auch Lochstreifen
Lochkarte 25, 52–53, 58, 72, 80, 84, 91, 104, 118, 123, **126–127**, **130**, 160
Lochkartenanlage 125, 130
Lochkartendoppler 157
Lochkarteneinheit 121, **138–139**, 149
Lochkartengerät 121, 125, 157
lochkartengesteuert 52, 72
Lochkartenleser 53, 121, 128
Lochkartenmaschine 25, 66, 121, 127, **130**–131, **137**
Lochkartenmischer 157
Lochkartenstanzer 53, 121, 128
Lochkartenstation 129, 133
Lochkartentechnik 71, 130
Lochkartenzentrale 127
Lochspalte 160
Lochstreifen 7, **12–13**, **62**, 72, 84, 86, 88–89, 92, 103–104, 109, 126, siehe auch Lochband
Lochstreifenabtaster 14
lochstreifengesteuert 12, 52, 56, 72
Lochstreifenleser 71, 80, 84
Lochstreifensteuerung 73, 84
Logitech 82, 112
Lohnabrechnung 127, 161–162
Londoner Mathematische Gesellschaft 44, 50
Lovelace, Ada 53
Lukoff, Herman 87
Lyons (J., John), London 71, 76, 88, 94, 96

M.2, M.3 (Rechenautomaten) 75
M9 (=Z9) XI–XIV, XVII, 61, 71, 84, 89, **117–130**, 131–162 (Bilder), 198, 202, 204, siehe auch Z9
M10 (=Z10) XVII, **124–125**, 202, siehe auch Z10
MAC (Rechenautomat) 75
Madas (Tischrechner) XII, 20, 24
MADM (Rechenautomat) 88
Magnetband 47, 68, 71, 109
magnetische Trommel 109
magnetischer Kernspeicher 69
magnetischer Speicher 69
magnetischer Trommelspeicher 69
Magnetkernspeicher 62, 69, 109
Magnetophonspeicher 16
Magnetplatte 68
Magnettrommel 69, 78, 107
Magnettrommelrechner 69
Magnettrommelspeicher 17, **62**, 63, **69**

Mailüfterl (Rechenautomat) XIII, 63, 69
Manchester Baby (Rechenautomat) 1, 72–74, 76, **88, 94–95,** 97–99, 101–102, 104–105
Manchester Mark (Rechenautomat) 1, 68, 76, 87–88
Maniac (Rechenautomat) 68
Mark (Colossus), siehe Colossus
Mark (Ferranti), siehe Ferranti Mark
Mark (Harvard), siehe Harvard Mark und IBM ASCC
Mark (Manchester), siehe Manchester Mark
Massachusetts Institute of Technology (MIT), Cambridge 61, 76, **92,** 94, 96, sieh auch MIT, Cambridge
Massenspeicher 47, 51, 58, 109
Mauchly, John William 12, 50–52, 54–55, **57–59**, 66–67, 70, 77–79, 86–**87**, **89–90**, 93, 95
Maus 82, 112–113
Max-Planck-Gesellschaft (MPG) 17, 64
Max-Planck-Institut für Physik, Göttingen 17, 62–65
mechanische Rechenmaschine 6
mechanischer Rechenlocher 124
mechanischer Rechner 58, 69, 89
mechanischer Speicher 8, 69
mechanisches Rechengerät XVIII
Mehrzweckrechner 102
Meier, Annemarie 41, 112
Messerli, Rudolf 41, 111
Metropolis, Nicholas Constantine 54
Michaelson, Sidney 75
Mietvertrag (Z4) 6, 17–18, 199
Mikroprogramm 49, 53, 62
Mikroprogrammierung 75
Mikroprogrammsteuerung 49, 62
Miniaturisierung 78
MIT (Massachusetts Institute of Technology), Cambridge 69, 77, siehe auch Massachusetts Institute of Technology, Cambridge
Mithra, Zürich 117–118, 124–126
Model 1 (Rechenautomat) 1, **86, 93, 95**, 119
Modula (Programmiersprache) 112, 206
Moore School of Electrical Engineering, Philadelphia 50–52, 57–59, 79
Mosaic (Rechenautomat) 76, 90
Mühle (Rechenwerk von Babbage) 53
Musée Bolo, ETH Lausanne XII, XVII, 83, 203, siehe auch Bolo-Museum, ETH Lausanne
Museen der Stadt Dresden 127, siehe auch Technische Sammlungen (Dresden)
Museum für Kommunikation, Bern XII–XIV, XVII, 109, **127–129**, 138–142 (Bilder), 198, 202
Music (Rechenautomat) 82

N-20 (Düsenflugzeug) 21
Nachbau (Rechenautomat) **7, 68, 70**, 72, 74, 85, 91, 202
Nachtleben (Zürich) 7, 23
National Cash Register (NCR) 79
National Physical Laboratory (NPL), Teddington **49**, 61, 64, 76, **90**, 93, 95, siehe auch NPL
National Science Foundation 116
Nato 49
Nazi 43
NCR (National Cash Register) 79
NEC (Rechenautomat) 116
Neukom, Hans 127
Neumann, John von, siehe von Neumann, John
Newman, Eduard A. 90
Newman, Maxwell Herman Alexander 56, 86
Nicholas (Rechenautomat) 76
nichtnumerische Daten 71
nichtnumerische Informationen 27
Nicoud, Jean-Daniel 82, 112
Nixdorf Computer AG, Paderborn 62, siehe auch Heinz-Nixdorf-Museumsforum, Paderborn
Nixdorf, Heinz 62

Norris, William C. 70, 90
NPL (National Physical Laboratory), Teddington **49**, 61–62, **64–65,** siehe auch National Physical Laboratory (NPL), Teddington
NSDAP 65
numerische Analysis 20
numerische Anwendung 205
numerische Auswertung 30
numerische Daten 71
numerische Integration 15, 33, 35–36
numerische Lösung 14, 20
numerische Mathematik 8, 25, 36
numerische Methode 30, 115
numerischer Versuch 38
numerisches Rechnen V
numerisches Verfahren 26
Nur-Lese-Speicher 52

Oberon (Programmiersprache) 112–113, 206
Objektcode 12
Oerlikon Contraves, Zürich 80, siehe auch Contraves, Zürich
Oerlikon-Bührle, Zürich 30, 32, 135
Olsen, Kenneth 69
On Computable Numbers (Alan Turing) 43–44, 52, 67
Oprema (Rechenautomat) 62–63
Oracle (Rechenautomat) 68
Ordvac (Rechenautomat) 68

P-16 (Düsenflugzeug) XII, 19, 24–26, 42, 206
Panel (Schalttafel) 143–144
Panneau (Schalttafel) 143–144
Panneau-Relais-Schrank (Rechenautomat) 121, 140
Papian, William 69
Parallelbetrieb 136
parallele Datenübertragung 84
paralleler Datenaustausch 84
paralleler Vektorrechner 116
paralleler Zugriff 84
Parallelrechenwerk 118
Parallelrechner 86–106 (Tabellenspalte)
Parallelverarbeitung 53, 84
Pascal (Programmiersprache) 12, 26, 42, 112–113, 206
Pascal, Blaise 67
Patent 1, 51, 78–**79**, 86
Patentamt 1, 68
Patentanmeldung 1, 56, 62, 68
Patentschrift 53
Patentstreit 70, 79, 86
Patentzeichnung 56
PERM (Rechenautomat) 16, 63, 68
Petzold, Hartmut 3, 10, 16, 64
Philco, Philadelphia 69
Philco-Ford 79
Pilot ACE (Rechenautomat) **49**, 73, 76, **90**
Piloty, Hans 16, 63
Piloty, Robert 16, 63
Pinkerton, John M. M. 88
Pionierzeit 29
Plankalkül XVII, 2, 43–44, 56
Porter, Arthur 64–65
Pösch, Heinrich 10
Post Office Research Station, Dollis Hill 67, 76, **86**, 93, 95
Powers, Frankfurt 117, 121, 198
Prädikatenlogik 44
Prellzeit 119
Princeton-Maschine 68
programmgesteuert 86–106 (Tabellenspalte)
programmierbar 86–106 (Tabellenspalte)
Programmierbarkeit 55, 84, 89, 92
Programmiersprache V, XVII, **2**, **12**, 43–44, 47, 53, 55, 78, 80–81, 112–113, 206
Programmkette 146
Programmspeicher 7, **12**, **52**, 56, 58
Programmspeicherung 12, **50**, 55–56, 104
Programmstecktafel 58
Programmsteuerung **47**, 55, **58**, 62, 68, 86, 88–89
Prozessor 51, 71, 84, 116, 206
Prozessrechner 81, 89

Prüfbericht (Z4) 8, 15
Pufferspeicher 84

Quecksilberlaufzeitspeicher 68
Quecksilberspeicher 68–69
Quellcode 12

Radio Corporation of America (RCA) 79
Randell, Brian 54
Randwertproblem 27, 30, 32, 34
Raubkopie 78
Raydac (Rechenautomat) 70
Raytheon Manufacturing Company, Waltham 70
RCA (Radio Corporation of America) 79
Rechenlocher XI–XIII, XVII, 25, 71, **117, 121, 123–130,** 138, 198
Rechenplan 12, 56–57
Rechenplanfertigung 12, 39, 113
Rechenstanzer 71, 130
Rechentechnik XVII, 1, 6, 43, 62, 110, 121
Rechenvorschrift 44
Rechenwerk 7–8, **12**, 22–23, 26, **51**, 53, **58**, 68, 84, **109, 117–118,** 121, 124, 126, 136
Rechenzentrum 18, 20, 24–25, 42, **109**, 123, 136
Rechnerbau XI, 2, 50, **62, 76–77**
Rechnergeneration 66
rechnergestützte Wissenschaft 115
Register (Speicherregister) 52, **84**
Reichsluftfahrtministerium 2
Reihenfolgezugriff 57, 68
Relais XII, **6–8,** 13, **22**–23, 83–84, 101, 109, **117–118**, 120, 124, 126, 130, 133, 145, 147–148
Relaisanlage 84
Relaisgehäuse XIII
Relaisgestell 121
Relaismaschine 17, 25, 61, 71, 74, 121
Relaisrahmen **121, 124**, 128, **130**, 133, 137, 147
Relaisrechenmaschine 62, 69, 80
Relaisrechner V, **5**, 10–11, 15, 56, 63, 66, 71, **74–77**, 86–89, 93–96, 118–119, 121–122, 129
Relais-Röhren-Rechner 96
Relaisschrank **121**, 127, **132,** 135, 158
Relaisspeicher 69
Relaistechnik 2
Remington Rand, Zürich XI–XIII, XVII, 16, 51, 61, **70–71**, 77, 79, 89, 94, 96, **117–118,** 120–121, **123–125,** 128–131, 136–138, 146, 160, 198
Renwick, William 87
Rheinmetall Air Defence, Zürich 80–81
Rieter, Winterthur 123, 127, 131
Ritchie, David 54
Rochester, Nathaniel 91
Röhre (Elektronenröhre) 2, 69, 83–84, 109, 124, 126
Röhrenrechner 10, 49, 51, 55, **62–63**, 66, 70, **74, 76–77**, 79, 81, **86–97**, **107**
Rojas, Raul 2, 7
Rosin, Robert 54
Rössler, Max 41, 112
Rutishauser, Heinz V, IX, XI, 6, 9, **12**, 23, 25, 29–30, 32, 34, **36–40**, 43–44, **107**, 111–**113**, 115, **205–206**
RZETH (Rechenzentrum der ETH Zürich) 42, 109

S1 (Spezialrechner) 15, 89
S2 (Spezialrechner) 15, 89
Saint-Louis (LRSL) 10–11
Sale, Anthony E. 70
SAM (Seminar für angewandte Mathematik, ETH Zürich) 15, siehe auch Seminar für angewandte Mathematik (ETH Zürich)
Samelson, Klaus 63
Sandwichkontakt 121, 137, 154
Santschi, Marc XIV
Sauer, Robert 63
Schai, Alfred 41–42, **107,** 111–112
Schallwellenspeicher 68–69
Schaltbrett 25
Schaltglied 7, 12–13

Schaltkreis 80–81
Schaltplan 145
Schalttafel 84, 86, 103, **121, 124,** 126, **135**–137, 143–144, 146, siehe auch Stecktafel
Schaltwalze 120–121, **141–142**
Schaltwerk 47
Schär, Josef 41, 112
Schardin, Hubert 10
Schickard, Wilhelm 67
Schlaeppi, Hans 41–42, **107**, 111
Schreib-Lese-Kopf 46–47, 78
Schreib-Lese-Speicher 52
Schreyer, Helmut Theodor 64–65, 89
Schrittschalter 12
Schulratsprotokoll 6, 17, 29, 42, 200–202
Schwab, Christoph XIV
Schwarz, Hans-Rudolf **XII**, XIV, **25, 34–35, 41**–42, 112, 204
Schweizerische Post XIV
Science Museum, London 70, 128, 203
Scrib (Rechenautomat) 82, 112
SEAC (Rechenautomat) 68, 73, 77, **92, 94, 95**, 97–99, 101–102, 104–105
Seaguard 80–81
SEC (Rechenautomat) 75
Seeber, Robert R. 91
SEL (Standard Elektrik Lorenz), Stuttgart 69, siehe auch Standard Elektrik Lorenz, Stuttgart
Selbstmodifikation 46
selbstveränderliches Programm 58
Seminar für angewandte Mathematik (SAM, ETH Zürich) XI, XIV, 5, 115, siehe auch SAM (ETH Zürich)
sequentieller Zugriff 57
serielle Datenübertragung 84
serieller Datenaustausch 84
serieller Zugriff 84
serielles Rechenwerk 58
Serienfertigung 86–106 (Tabellenspalte)
Serienrechenwerk 136
Serienrechner 86–106 (Tabellenspalte)
Sharpless, T. Kite 87
Sheldon, John W. 66
Sieberling, Charles 41, 111
Siemens & Halske, München 63, 69
Siemens 2002 (Rechenautomat) 63, 69
Siemens, München XII, 10
Siklossy, Tibor 41, 112
Silliac (Rechenautomat) 68
Simulation 25–26
Skyguard 80–81
Slutz, Ralph 92
Smaky (Rechenautomat) 82, 112
Smil (Rechenautomat) 68
Snyder, Richard L. 87
Software 78, 115, 118
Sortiermaschine 130, 157, 159
Speicheradresse 84
Speicherband 46–47
Speicherbelegungsschaltung 153
Speicherplatzmangel 21
Speicherprogramm XIII, XVII, 46, **52, 54–56**, 58–59, 73, 78, 126
speicherprogrammiert 86–106 (Tabellenspalte)
speicherprogrammierter Rechner 12, 46, 49, 54, 57, 73
Speicherprogrammierung 12, **46**, 50, **52–58**, 78, 89, 92
Speicherregister 84
Speichertrommel 56, 107
Speicherwerk **7**–8, **13,** 52–**53**, 84, **121**, 133, 140, 145
Speicherzelle 8, **21**, 26, 47, **52**, 68
Speicherzugriff 84
Speiser, Ambros P. V, IX, XI, XIII, **6**–7, 9, 22–23, 37, **40**, 42, 52, 54, 81, **107**, 111, **113**, 205–206
Sperry 125
Sperry Corporation XIII
Sperry Rand 57, **79**, 86, 125
Spezialrechner 86–106 (Tabellenspalte)
Spinnerei & Weberei Dietfurt, Bütschwil 120, **123**, 132–133, 135, 146–147, 160–162
Sprungbefehl 6, **51**, 62, 126
SSEC (Rechenautomat) 1, 72–74, 77, 83, **91–93, 95**–100, 102–105

SSEM (Rechenautomat) 1, 67, 73, **88, 94–95**
Stadelmann, Hansjürg XIV, 120, **127,** 204
Stadtverwaltung Winterthur 120, 123, 127
Standard Elektrik Lorenz (SEL), Stuttgart 63, 69, siehe auch SEL, Stuttgart
Stecktafel 58, 62, 84, 89, 92, 103–104, **118, 121**, siehe auch Schalttafel
stecktafelgesteuert 52, 72
Steckverbindung 50, 72
Steinmann, Josef XIV, 120, **123–124, 128–130,** 143–144, 204
Stern, Nancy 54, 57
Steuereinheit 47, 51
Steuerprogramm 45, 47
Steuerstift 12
Steuerwerk 51–52, 58, 84
Stibitz, George Robert 66–67, **86**, 119
Stibitz-Code 84, 86, 89, 92, 118–**119**
Stiefel, Eduard V, IX, XI, XIV, XVII, **5–7, 14–17,** 19–21, 23, 25, 29–30, 37–38, 40, 56, 80, **107, 110–113,** 125, 205–206
Stock, John Robert 41, 107, 111
Stofer, Alfred 41, 112
Sturzenegger, Arthur 81
Supercomputer 84, 116
Supercomputing Systems 82
SWAC (Rechenautomat) 68, 73, 77, **92, 94–95**, 97–100, 102, 104–105
Szigeti, Paul 41, 112, 204

Tabelliermaschine (Tabulator) 130, 157, 159, siehe auch Tabulator
Tabulator (Tabelliermaschine) 25, 75, siehe auch Tabelliermaschine
Taschenrechner 84
Tätigkeitsbericht (IAM) 18, 29, 39, 42, 109, 125
Tatum, Liston 66
Technische Hochschule Darmstadt 63, 65, 77
Technische Hochschule Dresden 62–63, 69, 77
Technische Hochschule München 16, 63, 77, siehe auch Technische Universität München
Technische Hochschule Wien 63, 69, 77
Technische Sammlungen (Dresden) 127, 203, siehe auch Museen der Stadt Dresden
Technische Universität Darmstadt, siehe Technische Hochschule Darmstadt
Technische Universität Dresden, siehe Technische Hochschule Dresden
Technische Universität München 1, 3, 62, siehe auch Technische Hochschule München
Technische Universität Wien 69, siehe auch Technische Hochschule Wien
Technisches Museum Wien 127, 203
Technorama, Winterthur 109, 127
Telecommunications Research Establishment (TRE), Malvern 76
Telefonrelais 12, 22, siehe auch Fernmelderelais
Telefunken, Backnang 63, 69
Telekommunikation 78
Tetrade 118–119
theoretische Informatik 47
Thomale, Hans 81
Tischrechenmaschine V, 77
Tobler, Beatrice XIV, **128**, 130, 198
Tocher, Keith 75
Tomica, Katharina 81
Tompkins, Charles Brown 90
Tootill, Geoff C. 87–88
Toth, Peter 79–82
TR4 (Rechenautomat) 63, 69
Tradic (Rechenautomat) 69, 77
Transac S-1000 (Rechenautomat) 69
Transistor 23, 69, 80
Transistoranlage 96
Transistorrechner XII, XVII, 10, **63**, 66, **69**, 77, **79–83,** 89, 91, 97, 109, 127
TREAC (Rechenautomat) 76
Troy, James J. 91
Trommelspeicher 17, **62**, 69, 109

Turing, Alan Mathison XIII–XIV, XVIII, 12, **43–46, 48–52**, **54–59, 64–67**, 86, **90**
Turing-Archiv 56, 64
Turing-Jahr XVIII, 43
turingmächtig 45
Turingmaschine 42, **44–49**, 57–**58**, siehe auch universelle Turingmaschine
Turingpreis 48, 112
Turingtest 48
turingvollständig 45
TX-0 (Rechenautomat) 69

Übersetzungsprogramm 2
UCC (Rechenautomat) 75
Ultraschallspeicher 68–69
Umlaufspeicher 68–69
unbedingter Sprungbefehl 51
unendlicher Speicher 46–47
Unisys XII, 16, 51, 123, 125
Univac (Rechenautomat) 1, 51, 61, 68, **70–71**, 74, 77, 84, **89, 94, 96**–99, 101–102, 104, 106, 120, **123–124,** 127
Universalmaschine 1, 66, 102
Universalrechner 86–106 (Tabellenspalte)
universelle Turingmaschine XVIII, **44, 46**, 52, **58**–59, 66–67, siehe auch Turingmaschine
Universität Cambridge 48–51, 54, 64, **67,** 76, **87**–88, **93, 95**
Universität Kalifornien, Los Angeles 92, 94, 95
Universität London 62, 75–78
Universität Manchester 49, 51, 65, 67, 76–78, **87–88**, **93–95**
Universität Pennsylvania, Philadelphia **50–52**, 58, **66–68**, 73, 76–77, **87, 93, 95–96**
Universität Princeton 76, siehe auch Institute for Advanced Study (IAS), Princeton
Universität Saskatchewan 12, 64, 75

Untergestell (Lochkartengerät) **121**, 128, 132, **134,** 137, **139,** 147, 149, 154, 158
Unterprogramm **14,** 49, **51**, 84, 87, 89, 100
URR1 (Rechenautomat) 69
US Bureau of Standards Ost, Washington, D.C. 77, **92,** 94–95
US Bureau of Standards West, Los Angeles 77, **92,** 94–95

V4 (=Z4, Rechenautomat) 6, 66
Vakuumröhre 69
Vektorrechner 116
Verhör XIV, 65
Verkehrsbetriebe Zürich 81
Verschlüsselungsmaschine (Enigma) 48, 50
Versuchsmodell 6, 66, 72, 75, 88–89
Verzögerungsleitung 57, 73
Verzögerungsspeicher 68–69
Videodokumentation (M9) 128, 198
Vielzweckgerät 102
Vielzweckrechner 66
von Neumann, John XIII, 12, **43, 49–59,** 66–67, 78–79, 84, **91**, 107
Von-Neumann-Architektur **51**, 54, 57, 59, 71, 100
Von-Neumann-Maschine 12, 52, **54**, 57–**58,** 64, 67, 84
Von-Neumann-Rechner XIII, XVII, 12, 43, **45–46, 50–52, 54**, **57–59**, 66, 75, 79, 101–102, 109, 126

wahlfreier Zugriff 57
Waldburger, Heinz XI, XIII–XIV, 25, **34, 41**–42, 81, **107**, 204–205, **207**
Waldvogel, Jörg XIV, 41, 112, 204
Walther, Alwin Oswald 63–65
Walther, H. 41, 111
Waltisbühl & Co. 125, 127
Waltisbühl, Rudolf 120, 127
Warren, S. Reid 50
Wartungsplan (M9) 155–156

Webseiten 199
Weder, Oskar 117, 120
Weizac (Rechenautomat) 68
Welchman, W. Gordon 48
Western Electric 79
Wharf Engineering Company 75
Wheeler, David John 87
Whirlwind (Rechenautomat) XIII, 1, 16, 68, 74, 77, **92, 94, 96**–100, 102, 104–105
Wild Heerbrugg 111
Wildes, Karl L. 53
Wilkes, Maurice Vincent 49, 54, **67**, **87**
Wilkinson, James H. 49, 90
Willers, Friedrich 62, 65
Williams, Frederic Calland 67, 78, **87–88**
Williams, Michael 54
Williams, Samuel B. 86
Williams-Kilburn-Speicherröhre 73
Williams-Röhre 69
Winteler, Fred XIV, 120, 123, **127**, 198, 204
Wirkbild 148–150
Wirth, Niklaus 43, 81, 112–113, 206
wissenschaftliches Rechnen V, XI, 6, 71, **115**, 126
Wittwer, Männedorf 107
Womersley, John Ronald 64–65
World Wide Web 112
Worlton, Jack 54

Z1 XIII, 2, **7**, 61, 72, 89, **124**, 202
Z2 2, 7, 89, **124**
Z3 XVII, **1–3, 7**, 43, **58**, 63, 66–67, 72–74, 84**, 89, 94, 95**–96, 98, 100, 102–103, 105, **124**, 202
Z5 89, 124
Z6 124
Z7 124
Z8 124
Z9 (=M9) XIII, 121, 124, siehe auch M9
Z10 (=M10) XIII, 124, 202, siehe auch M10
Z11 56, 63, **71**, 89, **124**, 202
Z22 56, 63, 89, 111, 202
Z23 63, 69, 89, 202
Z25 127, 202
Z64 (Graphomat) 111, 202
Zahlenspeicher 53
Zahlenspeicherung 56
Zahlenspeicherzelle 26
Zahlensystem 1, 86, 89
Zamecnikova, Ingrid VII, XIV, 45
ZAMM (Zeitschrift für angewandte Mathematik und Mechanik) 17, siehe auch Zeitschrift für angewandte Mathematik und Mechanik
Zehnder, Carl August XIV, 41, 112, 204
Zehnersystem 77, 98, 109, **119**, 126
Zeichengerät 53
Zeichentisch (Coragraph) 79–80
Zeichentisch (Graphomat) 111
Zeichenvorrat 47
Zeiss, Jena 62–63
Zeiss-Rechenautomat 62
Zeitschrift für angewandte Mathematik und Mechanik (ZAMM) XIV, 16, 27, 34, 36–38, siehe auch ZAMM
Zeittafel 63, 73, 76–77
Zeitzeuge XI, XIV, XVII, 14, 16, 18–**19, 29**, 39, 42, **112**, 116, 125, 128–129, **204**
Zeitzeugenbericht XVII, 7, 9, 18, 42, 116
Zemanek, Heinz 54, 69
Zentrum für Kunst und Medientechnologie, Karlsruhe 127, 203
Zettler electronics 117
Zettler-Elektro-Apparate 117
Ziffernrechner (Digitalrechner) 37
Zonnon (Programmiersprache) 206
ZRA 1 (Rechenautomat) 62
Zuse KG XI–XII, XVII, 6, **10**, 17, 62–63, 69–**71**, **117–118**, 121, **124–127**, 198
Zuse KG, Bad Hersfeld 63, 124
Zuse KG, Neukirchen 6, 17, 63, 70
Zuse, Horst 7, 64
Zuse-Jahr XVIII, 16, 43
Zuse-Museen, siehe Computermuseen
Zustand (Turingmaschine) 47
Zustandsänderung 47

zuverlässig (Betrieb der Z4) **7,** 20, **23–25**
Zuverlässigkeit (Z4) XIII, XVII, **23,** 62
Zweiersystem 77, 98, 109, 119, 126
Zwillingsrechner 62
Zwitter 73, 83
Zwitterrechner 74, 77, 96–97

www.ingramcontent.com/pod-product-compliance
Lightning Source LLC
LaVergne TN
LVHW080650011026
849160LV00014B/1380
* 9 7 8 3 4 8 6 7 1 3 6 6 4 *